成渝地区双城经济圈
文化旅游一体化发展研究

王　苹　等著

人民出版社

目　　录

导　言

文化旅游一体化是目前国家有关社会、经济、文化发展的顶层决策，也是业界和学界的焦点话题，促进文化和旅游产业一体化发展，既是顺应世界经济产业结构转型和发展低碳经济潮流的必然选择，也是满足我国在社会结构不断优化背景下所催生的庞大中产阶层群体追求更高生活质量的需要。

2020 年 1 月，习近平总书记在主持召开中央财经委员会第六次会议上发表重要讲话强调，要推动成渝地区双城经济圈建设，在西部形成高质量发展的重要增长极。同源山水孕育的成渝地区不忘初心、牢记使命，相向而行，在西部携手打造带动全国高质量发展的重要增长极和新的动力源，服务国家战略大局的能力不断增强。近年来，我国区域协调发展战略持续向纵深推进，多地积极尝试探索符合地方特点的文化旅游一体化发展的有益模式。《成渝地区双城经济圈建设规划纲要》指出，坚持"川渝一盘棋"思维，发挥优势、错位发展，优化整合区域资源，加强交通、产业、科技、环保、民生政策协同对接，做到统一谋划、一体部署、相互协作、共同实施，辐射带动周边地区发展，显著提升区域整体竞争力。成渝地区因为地缘相近、文脉相通、自然与人文景观资源丰富，往往显示出区域板块联动性强的特点。随着区域性东西南北发展格局的联动拓展，文化旅游一体化在长期经济发展过程中日益凸显出强劲的经济社会优势。

2017 年，习近平总书记在文艺工作座谈会上的讲话中指出，"人民对包括文艺作品在内的文化作品的质量、品位、风格等的要求变高，文学、戏剧、电影、电视、音乐、舞蹈、美术、摄影、书法、曲艺、杂技以及民间文艺、群众文艺等各领域都要跟上时代发展、把握人民需求"，强调要系统梳理传统文化资源，将文化资源进行有吸引力的文化展示,让文物、遗产和文学都活起来,其实质是强调相关产业的手段和技术对文化艺术的创造性利用。2018 年 3 月,国务院办公厅印发《关于促进全域旅游发展的指导意见》,指出文旅融合的具体措施是"科学利用传统村落、文物遗迹及博物馆、纪念馆、美术馆、艺术馆、世界文化遗产、非物质文化遗产展示馆等文化场所开展文化、文物旅游,推动剧场、演艺、游乐、动漫等产业与旅游业融合开展文化体验旅游",其中所隐含的文化和旅游融合是指加强文化面向旅游者的展示。同年 4 月,新组建的文化和旅游部职能定位为"增强和彰显文化自信""提高国家文化软实力和中华文化影响力"。可见,政府文件表述的文旅融合是将物质与非物质文化变成一种旅游资源,要通过不同的技术手段和商业模式把文化展示出来,从而实现增强文化自信和传播中华文化的目标。

据 2021 年 10 月高德地图发布《国庆出行报告》显示,9 月 30 日至 10 月 5 日,全国十大热门旅游城市中,成都、重庆分别位列第三、第五。以旅游收入排序来看,成都、重庆都是大热的网红城市。成都实现旅游收入 232.20 亿元,接待游客 1873.70 万人次;重庆实现旅游收入 73.93 亿元,接待游客 1273 万人次。可以预见,受周边游热度进一步提升、城市 IP 持续深化的影响,成渝双城经济圈都市经济圈旅游出行更加繁荣。

巴蜀既是一个地域概念也是一个文化概念,在几千年历史长河中,巴蜀儿女在巴蜀大地上生生不息,创造了具有明显地域特征的灿烂的巴蜀文化。巴蜀文化是一种内涵丰富,特色独具,影响深远的文化,是中国文化不可分割的重要组成部分,经历了上千年的历史的洗练和变革,形成了自己的风格与特点,并在历史的浪涛中变得更加意蕴深厚。巴蜀文化具有很强的辐射能力,蜀通过巴,与楚江水上下,一苇可航,"蜀风"早与"楚流"交流混融,因此从古至今,蜀文化都与楚文化具有紧密联系。在广汉三星堆和成都金沙遗址中出土有象牙、海贝,阿坝州茂县则出土了琉璃珠,这些来自印度洋北部地区和南海的物品,充分证明巴蜀先民与南方世界早有交通和交流。除与中原、楚、秦文化相互渗透影响而外,巴蜀文化主要表现在对滇黔夜郎文化和昆明夷、南诏文化的辐射,还远达东南亚大陆,在金属器、墓葬形式等方面对东南亚产生了深刻久远的影响。巴蜀地区是西南丝绸之路的出发点和主经之地,自古与西南各族和南亚各国保持着密切交往,巴蜀文化影响了西南各族乃至南亚诸国,使巴蜀文化冲破了自身的地域特色进而具有大西南意义和国际文化交流意义。

巴与蜀都是我国古代的族称、国名和地名。二者不仅在地域关系上相互毗邻,而且自古以来关系密切,因历史上"蜀之为国,与巴同囿"。发现"四川胡焕庸线"的《中国国家地理》执行总编单之蔷提出,假如把这一规律中的"人口"换成"国家级风景名胜区",其他地方竟然可以一字不改。国内有观点认为巴蜀应属同一文化,事实上,巴蜀文化渊源不同,实质内涵各异。"巴有将,蜀有相",巴人"少文学",勇猛善战,"质直""敦厚",喜"巴渝舞",唱《竹枝歌》,形成独特的"巴渝文化",与人才济济、文化发达的蜀地不可同日而语。但是,经过了长期相互融合,两地文化渐趋一同。

对古蜀国的历史梳理,可以看出文化交融历史呈现出波澜壮阔和不断提升的态势。巴蜀自古人丁繁衍、经济繁盛,而文化尤为繁荣交融。史载鱼凫是从长江中游迁入,杜宇来自云南,开明王朝的开国之君鳖灵则是楚人。先秦时期,蜀地"不晓文字,未有礼乐"。早期蜀人无文字,但属地"山林泽鱼,园囿瓜果",巴地使用象形文字:其民质直好义,土风敦厚,受组织形式和邻国楚秦的影响,此时巴、蜀文化差异已经存在。迈入秦汉,蜀地辄徙其豪侠于蜀,于成都"修正里匮,市张列肆"使秦风大化于蜀。西汉时,属地学于京师者比齐鲁焉。属地成为了"天府之国",近20万平方公里的四川盆地,由于气候温润,物产丰富,中原人就将原来称为关中平原的"天府"转到了四川,《华阳国志》谓之"水旱从人,不知饥馑,时无荒年,天下谓之天府也"。汉赋中的大家诸如司马相如、王褒、严遵、杨雄等都是蜀郡人。巴国则与"蜀有相",士人比肩接踵相较,"巴有将",巴人仍保持其"勇敢能战"的本色,东汉时,巴人善战仍名冠全国。此时期巴、蜀一个偏"武",一个偏"文",差异较大。当历史车轮驶入魏晋南北朝,蜀地晋代"搢绅邵右之畴,比肩而进,世载其美","其忠臣孝子,烈士贞女,不胜咏述",巴地依然"风淳俗厚,世挺名将",巴蜀文化差异更加明显。隋唐时期,在社会经济的发展下,巴蜀差异逐渐缩小,蜀地经济文化繁荣,"人多工巧","敏慧轻急","颇慕文学,时有斐然","士多自闲,聚会宴饮",巴地则"其居处风俗,衣服饮食,颇同于僚,而亦与蜀人相类"。随后到了两宋,宋代巴文化已"化为中华",与蜀文化渐趋一同。除人才多少略有差别外,巴、蜀文化习俗已相差无几,此时蜀地"庠塾聚学者众","文学之士,彬彬辈出焉",人才济济。而北宋时的渝州(今重庆)与蜀地"风俗一同"。开州(今开县)、达州(今达县)、渠州(今渠县)"皆重田神,善祀好歌"。费著的《岁华纪丽谱》详细记载了宋代成都游宴的盛况:"成都游赏之盛甲于西蜀,盖地大物繁而俗好娱乐"每逢岁时节庆,成都官府都要举办盛大宴会。北宋词人仲殊赞道:"成都好,蚕市趁遨游。夜放笙歌喧紫陌,春游灯火上红楼。车马溢瀛洲。"彼时的成都就是一座不夜城。明清时期,巴蜀各府州县与全国其他地区一样,都设有官学和书院,就连三峡地区的夔州、忠州也不例外。明代哲学家、教育家王守仁游览蜀地山水写下了"溆浦江边泊,云中见驿楼。滩声回树远,崖影落江流。柳发新年绿,人归隔岁舟。穷途时极目,天北暮云愁"的诗歌,充分展现了文人墨客与旅游采风的自觉融合。元代,成都城市样貌大体依宋代样型,文化依然繁盛,而历史上的巴国则"地瘠民贫,务本力稿,其士亦喜静退,不为剿锐"。据《大明一统志》所载,明代巴蜀各府州基本上都是"民俗淳朴""好义多儒""好文尚礼"等概括性的语言,其间差别无从提起。到了清代,巴蜀两地民俗已然大体相同,此时期巴渝与蜀地在文化特征上已大体相同。鸦片战争后,列强沿长江逐渐深入内地,巴地首当其冲。帝国主义列强以重庆为据点,设主教,办教堂,管辖云、贵、川三省教务,从而使巴渝地区的教堂大量涌现,远多于蜀地和西南其他地区。而随着新文化运动的推进,重庆成为川东的文化中心,抗战时期有大量北地文化科研机构迁往重庆及附近地区。

现存的巴蜀文化旅游资源丰富,仅蜀地就拥有世界自然与文化遗产6处,国家级历史文化名城7座,省级历史文化名城24座,省级历史文化名镇22座,全国重点文物保护单位82处,省、市、县重点文物保护单位3000余处,各种博物馆、纪念馆、陈列馆64所,其他人文景点200多个。巴蜀文化的文物古迹主要包括历代寺庙、园林、古建筑、古城镇、古堰、古塔、石刻、古墓、古碑等。2020年,成渝地区双城经济圈生产总值达6.6万亿元,占全国比重较2019年提高0.2个百分点,增长极和动力源特征初步显现。巴蜀更充分发挥其得天独厚的历史文化底蕴、资源禀赋、区位优势,深入推进产业系统、金融中心的共建、国际消费目的地的打造、文化旅游的交流等方面的一体化发展,以"一个点位就是一个大消费场景"特色场景联动产业发展的理念,聚焦山地运动、生态康养等主导产业,深耕极限运动、冰雪运动、休闲运动、研学旅行、生态度假、运动疗养、中医康养等多元细分领域,发力沉浸式旅游体验,在智慧文旅、人工智能、数字文博、遗产旅游、演艺娱乐等产业融合领域,利用文化旅游力量赋能品牌升级,以新型旅游产业体系驱动增大文化附加值,进一步深挖巴蜀文化的精神和内在价值,不断深化中国西部文化旅游高质量发展的重要增长极和新的动力源。

随着现代文化旅游一体化蓬勃兴起,文化与旅游的深度融合显得更为重要,文旅一体化决定着旅游的品位与前途,也影响着文化的价值与繁荣。面对文旅发展新局面带来的"建设高品质生活宜居地""打造巴蜀文化走廊"的发展要求,亟需深度挖掘巴蜀传统文化资源,全面理清巴蜀古今发展脉络,更充分认识和准确把握立足成渝地区文旅发展的当前与面向未来的重大关系,加大以新的视野谋划文旅一体化发展前景;充分认识和准确把握挖掘巴蜀文旅资源与构建公共文化服务体系的重大关系,进一步明确成渝地区现代公共文化服务体系的目标任务;充分认识和准确把握推进成渝地区文旅一体化与文旅产品生产之间的重大关系,着力打造文旅产业精品线路,重点突破成渝地区文旅发展要素瓶颈,进一步壮大成渝文旅产业的基础承载。

成渝地区双城经济圈给巴蜀儿女强烈的历史使命感:面对世界百年未有之大变局,从西南腹地走向开放前沿,构筑长江上游生态屏障,成渝地区担起拓宽战略回旋空间的重任。完整准确全面贯彻新发展理念,创新研究巴蜀文旅发展思路,已经成为巴蜀学者的职责和使命。对此,本书课题组深入学习和贯彻落实习近平总书记关于文化和旅游工作的重要论述和党中央决策部署,秉承理论结合实践,深入认识和准确把握传承弘扬优秀传统文化与社会主义核心价值观之间的重大关系,进一步促进"五位一体"协调发展;认识和准确把握传承弘扬优秀传统文化与先进文化建设之间的重大关系,进一步用先进文化建设成果提升人民幸福指数;认识和准确把握传承优秀传统文化与遗产保护利用之间的重大关系,进一步为社会发展注入物质资源和精神财富。坚持规划引领,主动融入巴蜀文旅一体化格局,打造优势互补、协调联动的发展共同体,继续加大川渝两地战略协同、政策衔接、规划对接,着力提升文旅产业竞争力、着力提升优质产品供给力、着力提升文旅综合支撑力,实现旅游经济效益和生态效益的有机统一,深入研究和探讨推进成渝地区文旅一体化,充分利用成渝地区双城经济圈建设聚资源、聚资金、聚政策、聚人才的优势,加强与邻近省份合作,强化与国际友好城市联系,把巴蜀文化旅游走廊建设成为具有国际范、中国味、巴蜀韵的世界重要文化旅游目的地和开放合作高地。

第一章　文化旅游一体化理论综述

文化和旅游产业不但具有天然契合性,还具有地域共享性特征。促进区域性文化和旅游产业融合发展既是顺应世界经济产业结构转型和发展低碳经济潮流的必然选择,也是满足我国在社会结构不断优化背景下所催生的庞大中产阶层群体追求更高生活质量的需要。

第一节　研究背景

根据文化和旅游部《2019 年文化和旅游发展统计公报》数据显示,2019年,全国规模以上文化及相关产业企业实现营业收入 8.66 万亿元,同比增长7%。全年旅游总收入 6.63 万亿元,同比增长 11.1%,比 2011 年翻了近两番。因此,推动文化旅游高质量发展理应成为区域经济社会可持续发展的重要内容。

一、文化旅游面临转型升级

改革开放以来,随着中国经济与国民收入的增长,旅游不再只是特定阶层和少数人的享受,而是逐步成为国民大众日常生活常态。根据马蜂窝发布的《全球旅游消费报告 2019》报告显示,2018 年,全国人均可支配收入增长6.5%,与此同时恩格尔系数降至 28.4%,包括旅游消费在内的服务消费持续提升。旅游正成为国民日常生活中不可或缺的一部分。数据显示,63%的国民每年在旅游上的花费超过万元。从消费占比看,56%的国民旅游花费占生活总消费的 20%以上。①

受新冠肺炎疫情影响,文化和旅游业采取阻断式防御措施,受到大范围的严重冲击,全球文化旅游业都受到较大冲击,成为减收最大的行业之一。尤其是新冠肺炎疫情再次触发人们思考社会发展和进步的终极目标,重新审视健康、民生、可持续发展以及人类幸福等重大议题。新时代的文化产业和旅游业被赋予了超越"产业"视角的幸福价值和精神内核,承担着至关重要的经济社会分工和精神文明赋能,承载着增进社会和谐和人民幸福的重大使命。②

文化旅游行业作为脆弱性比较强的行业,是新冠肺炎疫情影响的重灾区,其影响必然是深远的,也必然导致行业生存方式和发展方式的巨变。大文化旅游产业中的电影、旅行、酒店、交通、餐饮等基于线下消费场景的行业,在疫情暴发期间受到重创,疫情未完全结束前亦无法得到全面恢复。

从全国来看,据对全国 5.9 万家规模以上文化及相关产业企业调查,2020年一季度,上述企业实现营业收入 16889 亿元,按可比口径计算,比上年同期下降 13.9%;文化新业态特征较为明显的 16 个行业小类实现营业收入5236 亿元,增长 15.5%。另外,据中国旅游研究院测算,预计 2020 年一季度及全年,国内旅游人次将分别负增长 56%和 15.5%,全年同比减少 9.32亿人次;国内旅游收入分别负增长 69%和 20.6%,全年减收 1.18 万亿元。到 2020 年底,预计全国游客人数下降至 50.74 亿人次,全国旅游收入降至4.55 万亿元。

分行业来看,根据《文化及相关产业分类(2018)》,2020 年一季度文化产业的九大门类中有八个门类出现增幅下降。其中,创意设计服务、内容创作生产和文化投资运营 3 个行业受疫情影响相对较小,营业收入分别下降 2.5%、7.7%和 10.0%。因集聚性较强,营业场所受到疫情防控的高强度管制,文化娱乐休闲服务受影响最大,单个门类营收同比下降了

① 马蜂窝网:《全球旅游消费报告 2019》,http://www.mafengwo.cn/gonglve/zt-944.html。

② 白长虹:《在 2020 中国旅游产业博览会"天津旅游装备"高峰论坛上的演讲》,https://www.163.com/dy/article/FP36T0PO0514U96D.html。

59.1%。因疫情中新闻信息报道总量的增多，消费者通过互联网浏览各类信息的频率和时长都有所上升，新闻信息服务业在第一季度营收上升了11.6%。

分产业类型看，文化制造业营业收入6596亿元，同比下降18.5%；文化批发和零售业2648亿元，下降27.3%；文化服务业7645亿元，下降2.9%。

分领域看，文化核心领域营业收入10305亿元，同比下降10.7%；文化相关领域6584亿元，下降18.4%。

分区域看，东部地区实现营业收入12741亿元，同比下降13.9%，占全国比重为75.4%；中部、西部和东北地区分别为2366亿元、1620亿元和162亿元，分别下降15.3%、9.6%和24.8%，占全国比重分别为14.0%、9.6%和1.0%（如表1-1所示）。此外，影响不仅体现在经济收益方面，对文化旅游市场观念与消费行为、产业结构与供给体系、企业经营与运作方式等方面都将造成较大的影响。

虽然疫情已对文化旅游产业产生较大影响，但事物的发展都有两面性。习近平总书记指出："扩大消费是对冲疫情影响的重要着力点，要加快释放新兴消费潜力，把复工复产与扩大内需结合起来，把被抑制、被冻结的消费释放出来，把在疫情防控中催生的新型消费、升级消费培育壮大起来，使实物消费、服务消费得到回补。"新冠肺炎疫情在给文化旅游行业带来巨大消费损失的同时，也将带来产业结构的一次调整，会孕育出新的增量市场和投资机会。当前，需要通过提振文化旅游消费，畅通产业循环、市场循环，加快文化旅游产业复苏。

（一）康养体育旅游将迎来更大规模的发展

本次疫情的暴发突如其来，对人们的健康意识的培养是前所未有的，预计康养旅游和体育旅游将在疫情解除后率先复苏，同时，各种康养和体育小镇的发展将进入一轮黄金发展期。全民康养的需求将助推康养旅游和体育旅游产业进入更高速的发展阶段，也将催生更多具有市场竞争力的项目和运营企业。

表 1-1　2020 年一季度全国规模以上文化及相关产业企业营业收入情况①

	绝对额 （亿元）	比上年同期增长 （%）	所占比重 （%）
总计	16889	-13.9	100.0
按行业类别分			
新闻信息服务	1739	11.6	10.3
内容创作生产	3823	-7.7	22.6
创意设计服务	2736	-2.5	16.2
文化传播渠道	1841	-31.6	10.9
文化投资运营	47	-10.0	0.3
文化娱乐休闲服务	119	-59.1	0.7
文化输助生产和中介服务	2419	-21.7	14.3
文化装备生产	1029	-19.8	6.1
文化消费终端生产	3136	-15.1	18.6
按产业类型分			
文化制造业	6596	-18.5	39.1
文化批发和零售业	2648	-27.3	15.7
文化服务	7645	-2.9	45.3
按领域分			
文化核心领域	10305	-10.7	61.0
文化相关领域	6584	-18.4	39.0
按区域分			
东部地区	12741	-13.9	75.4
中部地区	2366	-15.3	14.0
西部地区	1620	-9.6	9.6
东北地区	162	-24.8	1.0

注：1. 表中速度均为未扣除价格因素的名义增速；
　　2. 表中部分数据因四舍五入，存在总计与分项合计不等的情况。

（二）在线旅游服务市场占有率将进一步提升

疫情期间，OTA 等在线旅游服务企业相比于旅行社企业而言抗风险能力

———————

① 中国新闻网：《2020 年一季度规模以上文化及相关产业企业营业收入降 13.9%》，http://www.chinanews.com/cj/2020/04-30/9172279.shtml。

更强,对客服务能力和品牌美誉度将进一步提升,在一批中小旅行社退出市场之际,OTA 企业的市场占有率将进一步提升。同时,此次疫情期间,人们的在线消费习惯进一步获得培养,后续,更多细分领域的在线服务都将获得市场机会。

(三)中端文化旅游产品需求将更加旺盛

疫情过后,酒店市场的消费能力将受到一定的影响。受经济受损的影响,企业差旅和游客出行的预算都可能有所降低,由此,高端酒店的入住率可能会有所下降,而传统经济型酒店在产品服务品质上难以满足目前的主力市场消费需求,因此,中端酒店品牌更有市场需求。部分单体酒店或小型品牌酒店在经受此次疫情冲击后,也会寻求被大型连锁集团并购或加入连锁品牌经营,由此,中端连锁酒店从供给和需求两端来看,都将进一步增长。

(四)城市周边微度假项目将更有市场机会

受我国假日制度和民众度假需求的影响,未来 2—3 天的家庭出游将占据越来越大的市场份额。同时,出游的便利性、休闲的品质、产品的丰富度也将是消费者重要的考量因素。重庆、成都这种特大城市拥有更为庞大、更具消费能力的群体,也拥有更加完善的交通和服务体系,产业资本和优秀人才也更富集,因此,在城市 2—3 小时出游范围内的本地游、周边游、区域游,将聚集更多的服务于城市家庭游客的品质度假项目。

(五)文化旅游与其他发展领域融合将越来越普遍

在自然界中,两个或多个生态系统结合的区域是最富有生命力的区域,也是最容易孕育新物种的区域。在文化旅游领域,也有同样的规律存在,文化、体育、农业与旅游跨界融合将批量出现在市场中,涵盖经济、潮经济、萌经济等新潮消费的商业服务与文化旅游的结合,则会孕育更多的新物种,给市场带来更丰富的产品和服务供给。

二、文化旅游深度融合发展

文化旅游行业是消费行业,文化旅游消费产品具有不可储存性,受新冠肺炎疫情影响,我国文化旅游企业受到较大冲击,由于消费受到全面抑制,整个产业链企业都受到影响,资源端、渠道端和产业服务端均无一幸免,营业收入下降明显。对广大文化旅游企业和从业者而言,最大的共识应是"应对寒冬、抱团取暖",抓住疫情催生文化旅游行业转型的契机,结合市场动态需求,不断创新模式和内容。利用更多科技手段,提高产品和服务的创新性和管理效益。在营销方面,挖掘线上营销、自媒体营销等多元路径。

(一)数字消费大幅增长

得益于大数据、人工智能、云计算、移动互联网为代表的数字科技的发展和应用,疫情期间,网络游戏、网络视频、数字音乐、网络教育、知识付费等新兴业态用户大规模增长,多地推出"云旅游",故宫直播吸引3000多万人在线游览。可以预见,疫中及疫后数字化技术将为文化旅游产业发展持续赋能。在疫情影响下,文化和旅游部已率先启动虚拟现实、增强现实、全息技术等在文化旅游项目中的研究和应用推广,云赏花、云看展、线上邀约和网红直播带货等成为常态,线上线下互动将持续深入;在中央关于"新基建"的总体部署下,多地"新基建"项目库相继出炉,积极探索文化旅游产业与新基建的融合点,力求通过文化旅游新基建实现疫后文化旅游行业的重振。[①]

(二)品质消费成为趋势

在此次新冠疫情影响之下,各行各业都经历了一次大浪淘沙的考验,加快了优胜劣汰的步伐。一些核心竞争力不强、产品和服务粗制滥造、同质化严重的文化旅游项目,将会遇到生死存亡的危机;反之,那些真正拥有高品质文化旅游产品体系、能够给游客带来良好体验的产品,将在疫情结束后实现快速恢复,并从整体上推动整个文化旅游产业的高质量发展。

(三)生态消费不断重视

新冠肺炎疫情暴发,长时间的隔离期、心理上的紧张状态,以及健康安全意识的普遍提升,使人们更加关注生态、关注健康、关注亲情,并比往常更加向往亲近绿色和自然。疫情后,人们在选择文化旅游产品时,会在一定程度上发生心态上的转变,将会有更多休闲、散心、康养等方面的需求,并且会更加看重旅游目的地的卫生防疫保障情况。随着疫情形势的好转,社会秩序的恢复,绿

---

① 曾繁文:《疫情对文化旅游产业后续发展影响的思考》,https://www.baiguanw.cn/a/news/guandian/408262.html。

色生态游、体育运动游、康养亲子游可能会迎来一次快速增长,文化旅游产业将会呈现出生态化发展的强劲势头。

(四)品牌消费建立信任

疫情之后,原本品牌力较强的文化旅游企业,凭借自身拥有的庞大受众基础和品牌信任基石,通过开发品牌文创产品、线上游览、提前预售产品等方式,迅速调整并恢复。而没有品牌化发展的文化旅游企业,可能还会持续经历寒冬。一些拥有国家级文化产业示范园区、国家级旅游度假区、国家文化和科技融合示范基地、国家文化产业与旅游产业融合发展示范区、国家级夜间文化旅游消费集聚区、国家文化与金融合作示范区、国家全域旅游示范区、全国乡村旅游重点村等国家级品牌文化旅游发展区域受益于区域品牌的打造,也会快速恢复,提升游客的消费能力。

三、文化旅游区域联动协同

旅游业作为区域经济系统的一部分,它的基本要素如旅游资源、设施、旅游服务和旅游者等空间差异性也是极其普遍和客观的。区域性也是旅游活动最为明显的特征,单一的景点或地区旅游都不能满足游客的基本需要及最大化效用,也违背旅游发展的一般规律,因此其运行发展必然表现出区域经济运作的一般规律和特征。进行区域旅游一体化研究实质上是研究的区域旅游合作问题,它是区域经济发展中旅游区际分工与联系的一种表现形式。

近年来,各地纷纷出台文化旅游区域合作的制度规定,甚至纳入区域国民经济发展规划。例如,"推动文化旅游合作发展"被列入《长江三角洲区域一体化发展规划纲要》,提出共筑文化发展高地、共建世界知名旅游目的地。深化旅游合作,统筹利用旅游资源,推动旅游市场和服务一体化发展。依托长江、沿海、域内知名河流、名湖、名山、名城等特色资源,共同打造一批具有高品质的休闲度假旅游区和世界闻名的东方度假胜地。联合开展旅游主题推广活动,推出杭黄国际黄金旅游线等精品线路和特色产品。依托高铁网络和站点,推出"高铁+景区门票""高铁+酒店"等快捷旅游线路和产品。整合区域内红色旅游资源,开发互联互通的红色旅游线路。建设旅游信息库,建立假日旅游、旅游景区大客流预警等信息联合发布机制。探索推出"畅游长三角""惠民一卡通""旅游护照"等产品,改善游客旅游体验。加强文化政策互惠互享,推动文化资源优化配置,全面提升区域文化创造力、竞争力和影响力。加强革命文物保护利用,弘扬红船精神,继承发展优秀传统文化,共同打造江南文化等区域特色文化品牌。构建现代文化产业体系,推出一批文化精品工程,培育一批文化龙头企业。继续办好长三角国际文化产业博览会,集中展示推介长三角文化整体形象。加强广播电视产业跨区域合作发展。推动美术馆、博物馆、图书馆和群众文化场馆区域联动共享,实现城市阅读一卡通、公共文化服务一网通、公共文化联展一站通、公共文化培训一体化。加强重点文物、古建筑、非物质文化遗产保护合作交流,联合开展考古研究和文化遗产保护。

第二节　研究现状

一、文化旅游相关概念

(一)文化旅游消费

消费是最终需求,既是生产的最终目的和动力,也是人民对美好生活需要的直接体现。习近平总书记在第二届进博会开幕式上指出:"中国将增强国内消费对经济发展的基础性作用,积极建设更加活跃的国内市场,为中国经济发展提供支撑,为世界经济增长扩大空间。"消费对经济发展的基础性作用,有利于优化生产和消费等国民经济重大比例关系,构建符合我国长远战略利益的经济发展方式,促进经济平稳健康发展;有利于实现需求引领和供给侧结构性改革相互促进,带动经济转型升级,推动高质量发展,建设现代化经济体系;有利于保障和改善民生,实现经济社会发展互促共进,更好满足人民日益增长的美好生活需要。[①]

文化旅游作为服务消费的重要内容,既是人民追求美好生活的新写照,也是未来推动中国经济高质量发展的新动力。基于此,为贯彻落实《中共中央国务院关于完善促进消费体制机制进一步激发居民消费潜力的若干意见》,

---

① 新华社:《中共中央国务院关于完善促进消费体制机制进一步激发居民消费潜力的若干意见》,http://www.xinhuanet.com/politics/2018-09/20/c_1123462073.htm。

提升文化和旅游消费质量水平,增强居民消费意愿,以高质量文化和旅游供给增强人民群众的获得感、幸福感,国务院办公厅于2019年8月印发《国务院办公厅关于进一步激发文化和旅游消费潜力的意见》(国办发〔2019〕41号,以下简称《意见》),顺应文化和旅游消费提质转型升级新趋势,深化文化和旅游领域供给侧结构性改革,从供需两端发力,不断激发文化和旅游消费潜力。

从供给侧角度,《意见》提出要推出一系列消费惠民措施,提升入境旅游环境,推进消费试点示范,着力丰富产品供给,推动旅游景区提质扩容等措施。例如,推动国有景区门票降价,实施景区门票减免、景区淡季免费开放、演出门票打折等政策,举办文化和旅游消费季、消费月,举办数字文化旅游消费体验等活动。鼓励把文化旅游消费嵌入各类消费场所,依托社区生活综合服务中心、城乡便民消费服务中心等打造群众身边的文化旅游消费网点。整合已有资源,提升入境旅游统一宣介平台(含 APP、小程序等移动端)水平。鼓励打造中小型、主题性、特色类的文化旅游演艺产品,打造一批高品质旅游景区、重点线路和特色旅游目的地,为人民群众提供更多出游选择等。

从需求侧角度,《意见》提出要发展假日和夜间经济,提高消费便捷程度,推进消费试点示范,促进产业融合发展等措施。例如,确定一批国家文化和旅游消费试点城市,推动试点城市、示范城市建设国际消费中心城市,在依法合规的前提下鼓励发行文化和旅游消费联名银行卡并给予特惠商户折扣、消费分期等用户权益。拓展文化和旅游消费信贷业务,以规范发展为前提创新消费信贷抵质押模式,开发不同首付比例、期限和还款方式的信贷产品。落实带薪休假制度,鼓励单位与职工结合工作安排和个人需要分段灵活安排带薪休假、错峰休假。丰富夜间文化演出市场,优化文化和旅游场所的夜间餐饮、购物、演艺等服务。促进文化、旅游与现代技术相互融合,发展基于5G、超高清、增强现实、虚拟现实、人工智能等技术的新一代沉浸式体验型文化和旅游消费内容。丰富网络音乐、网络动漫、网络表演、数字艺术展示等数字内容及可穿戴设备、智能家居等产品,提升文化、旅游产品开发和服务设计的数字化水平等。

由此可见,激活文化和旅游消费潜力,既是着眼满足人民群众对美好生活的需要,不断提升文化旅游的体验感、获得感,逐步实现文化旅游资源全民共享,又是激发经济发展活力,推动文化旅游业从量到质发展。

(二)文化旅游产业融合

产业融合作为技术革命与技术扩散过程的产物,这一概念最早可追溯到美国学者卢森伯格(1963),他通过对美国机械工具产业早期演变的研究,从技术角度最早提出产业融合的概念,即不同的产业在生产过程中通过对相同的生产技术的依赖而密切联系起来,从而逐渐形成了一个独立的、专业化的机械工具产业。

但将产业融合纳入经济学研究范围则是刚起步不久,而且各国学者从不同角度提法各异,至今没有形成统一的表述。几个具有代表性的观点如下:(1)从产业融合的原因和过程的角度。欧洲委员会(1997)绿皮书将产业融合定义为"产业联盟与合并、技术网络平台和市场等三个角度的融合"。日本学者植草益(2001)在《产业组织理论》一书中指出,加快技术创新、放宽制度限制而降低行业间的壁垒和加强行业企业间的竞合关系是产业融合的主要原因。(2)从产品、服务和产业结构的角度。OECD(1992)对产业融合做出如下定义:伴随产品功能的改变生产该产品的公司或组织之间边界的模糊。(3)从产业创新和产业发展角度。我国学者厉无畏等(2003)认为,产业融合是不同产业或同一产业内的不同行业之间相互渗透、相互交叉,最终融为一体,逐步形成新产业的动态发展过程。于刃刚等(2006)认为,产业融合是一个动态发展过程,包括三个连续阶段:第一阶段是各产业相互分立的阶段,第二阶段是各产业由分立走向融合的阶段,第三阶段是产业融合实现阶段。

综合以上对产业融合概念的解释,并结合本文对旅游产业与文化产业的融合发展研究,将旅游与文化产业的融合定义为旅游产业与文化产业之间相互交叉、相互渗透而逐步形成新产品、新业态的动态发展过程。

世界旅游组织将文化旅游定义为:人们为了满足自身的文化需求而前往日常生活以外的文化景观所在地进行的非营利性活动。根据王文祥(2010)的梳理,国外学者对文化旅游的定义有从旅游者目的角度展开,如学到他人的历史和遗产,以及他们的当代生活和思想(麦金托什,1985);也有从游客特征的角度进行定义的,认为文化旅游是对体验文化经历有兴趣的游客的旅游行为（Reisinger，1994）；还有人界定了文化旅游的内容，包括物质和非物质文化等不同方面（J.Jamieson，1994）。国内学者更加强调文化和旅游的融合性，认为文化旅游是一种特殊的文、旅体验活动。有人提出了文化旅游所具有的制度文化、传统文化、民族文化和民间文化四大体现（魏小安，1987）；还有学者总结了文化旅游的民族性、艺术性、神秘性、多样性和互动性等特征（吴芙蓉、丁敏，2003）。从本质属性来看，文化与旅游两者具有内在的关联性，文化是旅游的内涵属性，而旅游则是文化产品的重要载体和价值实现途径（方忠、张华荣，2018）。

文化和旅游产业的内在融合主要体现在两个方面，一是文化是旅游产业发展的支撑和根源，而旅游产业可带动文化资源价值的增值和延伸创新；二是在旅游产业的发展进程中汇集了众多人力、资本要素，在各个区域形成了优势领域可为文化产业的发展提供基础支撑，而文化产业则对旅游产业的发展进行相关优化（方忠、张华荣，2018）。两大产业在具体的融合方式上也较为多样。张雷（2009）结合文化资源的存在形态与利用方式，认为有开发型、体验型、再现型和创造型这四种旅游与文化产业融合的模式。张海燕等（2013）认为旅游业与文化业融合运作模式的具体实现形式主要有文化旅游圈融合运作模式、项目开发融合运营模式、文化旅游节庆与会展推广模式以及文化旅游产品创新吸引模式四种。

由于文化产业对于旅游产业的依附性，文化旅游产业的融合也可被理解为旅游产业的融合。麻学锋等（2010）总结了四条旅游产业融合路径：资源融合路径、技术融合路径、市场融合路径以及功能融合路径。其中，资源融合路径即其他产业以旅游资源的形式融入文化产业；技术融合路径即通过技术的渗透融合，将原属于不同产业的价值链活动环节，全部或部分无摩擦地渗透到另一产业中，形成新产业；市场融合路径即市场成为相关产业融入旅游产业的有效途径；功能融合路径即其他产业的功能、作用也为旅游所具有的诸多功能之一。何建民（2011）总结了旅游产业融合的四种形式：产业间融合，即旅游产业与其他相关产业融合；产业内融合，即旅游产业内不同行业的融合；在本地融合，即将旅游相关产业集聚在一个空间里；跨行政区融合，即指位于不同国家或行政管辖区的旅游产业与其他产业及旅游产业内部行业间的融合。

（三）文化旅游一体化

随着区域经济联系、文化交流的不断加强，区域旅游合作也在日益增强，从政府、企业到消费者，都希望打破行政区划的阻隔，有效整合资源，谋求共同发展。近年来，"区域旅游"曾两度被评为年度旅游业发展十大热点。2014年，国务院发布《关于促进旅游业改革发展的若干意见》（国发〔2014〕31号），再次明确提出：推动区域旅游一体化是增强旅游发展的动力。旅游一体化是伴随着区域一体化进程逐步发展起来的。在我国旅游市场竞争日益激烈的形势下，国内各区域之间的旅游合作呈现加快的趋势，长三角地区、环渤海地区、珠三角地区、长株潭地区的旅游一体化进程加快，区域旅游一体化成为旅游行业最引人瞩目的焦点之一。与区域旅游一体化的实践相比，理论研究相对滞后。当前，旅游需求日趋多元化、个性化，人们有着越来越强烈的精神文化享受的需求，文化愈发成为旅游产业发展的灵魂和生命线，不断发掘旅游目的地的文化内涵，加快文化与旅游的深度融合，已经成为海内外旅游界的共识。因此，区域文化旅游一体化既是当前区域经济发展的新趋势，又是区域旅游业转型升级的重要途径。

关于文化旅游一体化的概念，学界有较多讨论。以"旅游一体化"为主题，对中国知识资源总库中的"中国期刊全文数据库"收录文献进行检索，发现我国旅游一体化研究分为三个阶段：起步阶段（2002—2006年）、加速阶段（2007—2013年）和稳定阶段（2014年至今）。起步阶段以定性研究为主，研究内容集中对旅游一体化基本理论的探讨；加速阶段在研究方法、研究深度和广度上进一步拓展，研究内容集中在运行模式与路径、利益主体与利益协调机制等方面；稳定阶段以实证研究为主，研究内容集中在某一地区实现旅游一体化的分析和构想。

文化旅游一体化是相关文化旅游产业主体在特定的区域范围内打破行政体制和区划的限制，对其旅游资源和旅游产业要素进行系统的整合布置，实现区域内旅游产品和旅游要素的最优配置，从而提高该区域旅游产品的整体质量和市场竞争力，以便获取最大综合效益的旅游经济行为（丁江涛，2015），强调的是以文化为主题统摄的文化旅游一体化。也有学者认为文化旅游一体化是指一些地域相邻、旅游业发展水平相近或者利益诉求趋于一致的地区，打破区域壁垒,打破贸易和投资的各种地方保护主义限制,相互沟通与开放,同时加强旅游合作与互动,共谋区域旅游业发展大计,最大限度地减少"行政区经济"的壁垒,形成无障碍的旅游联合,实行统一的旅游政策,实现旅游资源优势互补,最终取得规模经济效益的合作发展机制(徐文燕,2008)。[①] 有学者则认为文化旅游一体化是指通过条约或合同形式,两个或两个以上的国家或全球范围内两个或多个旅游部门、旅行社,实行某种形式的旅游联合,建立起超国家的旅游决策或管理机构,制定共同的政策措施,实施共同的行为准则,规定较为具体的共同目标,实现成员国的旅游资源在本地区内自由流动,促进地区性的专业分工,从而发挥规模经济效益,迅速发展该地区的旅游业(吴义良,2012)。[②] 吴泓指出"文化旅游一体化既是一个过程,又是一种状态"。从动态角度看,文化旅游一体化是指区域内不同国家或地区,通过平等协商彼此间达成旅游联盟,利用区域共同市场逐步消除旅游生产要素流动障碍,实现旅游产业专业分工和规模经济的渐进过程;从静态角度看,文化旅游一体化是全要素协调的一种状态,包括旅游者、旅游产品、旅游资金、旅游技术、旅游服务、旅游劳动力、旅游交通、旅游信息等要素的自由流通,表现为统一的旅游大市场。应该说,学界已就区域文化旅游一体化的概念基本达成共识。所谓区域文化旅游一体化是相关旅游经济主体在特定的区域范围内打破行政体制和区划的限制,对其旅游资源和旅游产业要素进行系统的整合布置,实现区域内旅游产品和旅游要素的最优配置,从而提高该区域旅游产品的整体质量和市场竞争力,以便获取最大综合效益的旅游经济行为。[③]

　　总之,文化旅游一体化是经济一体化的重要方面,实质是实现各合作方的旅游竞合,建立一个没有行政壁垒的无障碍旅游区,实现旅游各要素的自由流通。研究者普遍认为应该包含旅游规划、资源配置、服务设施、标准和市场这五个方面的合作,文化旅游一体化具体包括旅游政策一体化、旅游产品一体化、旅游市场一体化、旅游企业一体化,同时,这四个层面相互依存相

————————

　　① 　徐文燕:《基于竞合模式的县域旅游经济一体化深度协作研究——以黑龙江省为例》,《南京财经大学学报》2008 年第 2 期。

　　② 　吴义良:《安徽省区域文化旅游一体化研究》,沈阳大学 2012 年硕士学位论文。

　　③ 　丁江涛:《区域文化旅游一体化的设想与建议》,《中国旅游报》2015 年 6 月 15 日。

互促进。① 另外,梁文生还创新性地提出了旅游一体化应包括结算方式、信息、市场监管、要素配置等八个方面。②

本书试图将文化旅游一体化的概念界定为以相近的地域文化为灵魂,通过打破行政区域障碍,整合旅游资源、完善旅游配套设施、优化旅游产业结构,塑造整体品牌等方式,实现开放式、兼容式、集成式的区域文化旅游一体化的良好格局。地域文化是区域文化旅游一体化的灵魂,而区域一体化的旅游则是展现地域文化的重要载体。

二、文化旅游理论基础

(一)文化旅游消费理论

1. 可持续旅游消费理论

可持续旅游消费是由学者司金銮提出,毛凤玲③将其定义为可满足人的基本需要并不危及后代的需要而以提高旅游活动过程及结果的生态质量的方式使用旅游产品及服务。可持续旅游是基于可持续发展理论发展创新而来,站在统筹人与自然和谐发展、大力发展可持续旅游经济的战略高度,探寻人类旅游消费需求的本质,研究旅游消费科学。例如,毛凤玲提出"三元需要理论",即满足人的生态需要、物质需要和精神需要。物质消费,即保证旅游消费活动顺利进行所需要的物质产品的消费。精神消费,即达到精神享受的无形的文化产品和劳务的消费。生态消费,即为了满足生态需要而对自然环境、旅游观赏对象进行符合环境标准的消费。生态消费是人类可持续发展的关键环节,是一种与人们追求美好生活的精神向往分不开的消费活动,这种消费活动又主要是通过消费主体对生态环境的欣赏与享受实现的,因此,它既包括物质消费,又有精神消费的内容,并且实现了旅游目的二元性的统一。可持续旅

---

① 程巧莲:《东北地区旅游一体化与黑龙江旅游业的发展》,《黑龙江社会科学》2005 年第6 期;张金霞:《基于"三合论"的武汉城市旅游圈旅游一体化探讨》,《区域经济论坛》2010 年第9期;张丽梅:《关于东北亚文化旅游一体化的思考》,《光明日报》2007 年4 月18 日;李柏文:《国际文化旅游一体化理论与实践探析——以澜沧江—湄公河次区域为例》,云南大学2003 年硕士学位论文;赵春园:《长吉旅游一体化研究》,东北师范大学2006 年硕士学位论文。

② 梁文生:《山东半岛城市群旅游一体化发展探讨》,《理论学习》2005 年第1 期。

③ 毛凤玲:《可持续旅游消费理论创新研究》,《生态经济》2006 年第3 期。

游消费的指导原则是以提高旅游活动过程及结果的生态质量的旅游消费方式,即在减少资源的有害利用、降低废物和污染物、保护自然和人文资源的基础上实现当代及后代人类基本旅游需要的可持续满足;在使旅游消费活动对所在地区、社区和居民带来的消极影响最小化的基础上增加旅游消费活动对当地的经济效益、生态效益、社会效益。

2. 文化旅游消费"需求—供给"理论

虽然文化旅游消费理论具有不同的维度,并且不同维度理论的观点也存在差异,但是背后的理论逻辑却有一致性,即文化旅游消费的实现本质上是文化供给和消费需求之间的均衡。

(1)文化旅游消费需求是基本导向

文化旅游消费的产生必须基于客观存在的消费需求,没有需求刺激就不可能产生文化旅游消费行为。这种需求本质上由"人的需要"决定。前面已经提到,"人的需要"具有层次性,主导层次的变迁是消费结构改变的基础。但是,"人的需要"具有无限发展性,对于消费结构改变来说,只有"人的需要"成为有购买力支撑的消费"需求",才具有现实意义。

基于代表性个体假设,即所有消费者具有相同的生理特征和经济、社会、文化属性,依据 ERG 论,在排除消费者生理属性决定的生存需要之外,由经济、社会、文化属性决定的相互关系的需要和成才发展的需要产生文化旅游消费需求。但在现实社会中,进行文化旅游消费的个体是异质的,他们有着不同的年龄、职业、收入、消费观念、消费方式、文化背景和理解能力,这直接导致了个体消费需求的认同与不同。因此,根据不同划分标准,文化旅游消费需求又分为群体需求、个体需求、主导性需求、次要性需求、基本需求、升级需求、理性需求、非理性需求、政府导向型需求、市场导向型需求等。

新常态下的城市,文化旅游消费需求由城市文化旅游消费环境、市民文化旅游消费行为、市民文化旅游消费意愿和市民文化旅游消费能力共同决定。城市文化旅游消费环境由消费对象可达性、文化旅游消费氛围、广告媒体宣传等要素构成。文化旅游消费能力是受内外因素共同决定的综合能力,主要取决于消费者的收入水平、文化素养、闲暇时间、消费成本(价格)和文化基础设施等。文化旅游消费能力的重要标志是经济消费实力,"同时由于消费者还必须了解文化产品精神价值的能力和要求,并以自身的经验认识、文化水准、价值取向等个性化内容进行选择、利用和改造,衍生出新的意义和快乐,才构成一个完整的文化旅游消费过程"。① 可见,除了经济消费实力外,文化旅游消费的能力高低还与消费者的文化素养和闲暇时间等正相关。

(2)文化旅游消费供给与需求匹配对接

只有供给与需求相匹配才能实现消费,反之,消费难以实现。从经典的生产函数来看,广义的生产要素主要包括劳动力、资本、技术和制度,这些要素的组合形成生产力,最终提供消费品。

具体到文化旅游消费供给,劳动力、资本、技术和制度要素分别对应的是文化旅游消费的创制者、经济发展、技术应用和文化政策。它们共同影响和决定文化供给主体、方式、内容、品质及文化发展政策导向。

在社会发展的不同时期,各要素对文化旅游消费供给的影响各有不同——在文化旅游消费的兴起阶段,有能力创制文化旅游消费的劳动力显得非常重要,而在文化旅游消费演进和升级的过程中,经济和技术的作用越来越大。尤其信息革命推动的文化供给在某种程度上还直接创造了消费需求。例如,新技术和互联网引发的文化旅游消费,迅速激活了人们在文化旅游消费领域的潜在需求,并在短短几年间创造出一个巨大的全球消费市场。

从文化供给主体、方式、内容、品质及文化发展政策导向等方面解析文化旅游消费供给,其在每个方面都明显能分成不同层级。例如,文化供给主体包括个人、群体、社会机构、政府等;文化供给方式包括市场化购买、政府直接提供、政府通过设置公共文化服务机构提供、社会资源提供等;文化供给内容既包括电影电视节目、电子游戏软件、书籍、杂志等文化产品,也包括用于消费文化产品的各种物质消费品,如电视机、照相机、影碟机、计算机等,此外也包括各类文化设施,如影剧院、展览馆、图书馆、文化馆、博物馆等。这些不同层级的文化旅游消费供给组合在一起,构成了文化旅游消费供给的整体构架。

---

① 连连:《大众文化旅游消费与我国文化产业发展关系探讨》,《福建论坛(经济社会版)》2000 年第 6 期。

综上,文化旅游消费"需求—供给"理论示意图如图 1-1 所示。

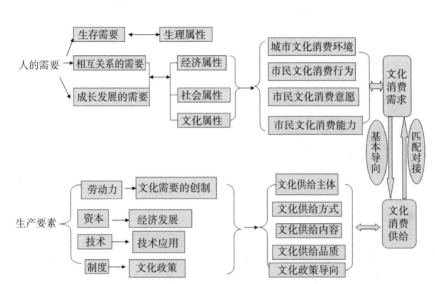

图 1-1　文化旅游消费"需求—供给"理论示意图

（3）文化旅游消费行为理论

行为理论由弗里斯（Frese）和察普夫（Zapf）提出①,着重探讨从目标与行为联系中描述行动过程,目标产生计划,计划执行包括行动。旅游消费行为理论是将旅游者的消费行为看作一个过程,它包含于一个完整的行为过程体系之中,这个行为过程体系由决策行为、空间流动行为、对旅游消费效果的评价行为以及在这个过程中体现出来的消费特点所构成。借鉴经济学、社会学、心理学的相关理论,提出了不同的旅游消费者行为分析理论。代表性理论有"需求—动机—行为"模式、"刺激—反应"模式和新消费行为理论模式三种基本模式。"需求—动机—行为"模式认为旅游者的需要、动机以及行为构成了旅游购买活动的周期。"刺激—反应"模式则认为经过加工的外部刺激同旅游者个体的态度等心理因素以及人口统计、经济和社会因素共同影响到旅游需要及动机,并最终促使了购买行为的发生。贝克尔的新消费理论认为传统观念将消费等同于购买是不全面的,消费应有更丰富的内涵,购买只是其中的

――――――――

① 俞文钊、苏永华:《管理心理学》,东北财经大学出版社 2015 年版。

一个步骤。他重视对消费效果的评价。综合传统消费者行为理论和新消费理论对于旅游消费行为的分析,可以认为:旅游者的消费行为是一个过程,它包含于一个完整的行为过程体系之中,该行为过程体系由决策行为、空间流动行为、对旅游消费效果的评价行为以及在这个过程中体现出来的消费特点所构成。

（4）文化旅游消费效用理论

所谓消费效用,是指人们从某种消费活动得到的满足程度。尹少华①认为,人们旅游活动的目的,无一不是希望通过旅游消费,以获得自身精神与物质上的最大满足,亦即实现旅游消费行为的效用最大。由于每个游客的性别、年龄、职业、经历、习俗、心理等诸多因素的差异,因此,同一种旅游活动给不同游客的满足或效用是不同的。因此,需要根据每个游客通过旅游活动所获得的主观感受进行评价,也就是将游客在旅游消费活动中的感受与其主观愿望相比较。如果两者的差距小,则旅游消费的效用就大;反之,则效用就小。旅游消费的效用最大,表现在旅游之前对旅游地选择的最大满足和在旅游消费过程中实际所得与主观愿望的最大相符。旅游消费效用从这一角度来说,与其他消费并无明显区别,也适用于经济学的边际理论、均衡理论等。

（二）区域一体化理论

区域一体化是一个具有广泛内涵的概念,它包含农村地区与城市地区、发达地区与落后地区、国内各地区、国内与国际比邻地区的一体化的内容。

学界一般认为区域一体化主要有四个方面。一是贸易一体化。从取消对商品流动的限制、消除贸易壁垒和市场开放做起,形成一个经济区共同发展的共识。二是要素一体化。实行生产要素的自由流动,包括人员自由往来、基础设施共建共享和产业转移等。产业发展走向融合,中心城市产业方向逐渐明朗,产城融合成为必然趋势。三是政策一体化。区域内经济政策的协调一致,政策范围包括共同制定区域规划,明确区域功能定位,淡化行政区划的影响,加强合作,强化区际经济关系,根据发展需要尽可能超越行政区划限制,对区域空间布局提出战略性的发展方案,建立区域合作项目实施保障机制和制定

---

① 尹少华:《旅游消费行为与效用最大化》,《旅游研究与实践》1997 年第 1 期。

相应制度,并且在基本公共服务均等化的相关政策、生态环境补偿的相关政策上实现一体化。四是完全一体化。当贸易一体化和要素一体化全面实现、所有政策全面统一之后,就进入完全一体化阶段。

具体来说,区域一体化理论主要源于以下理论。

1.地域分工理论

劳动地域分工是社会经济活动依据一定规则在地域空间上的有机组合。合理地域分工与贸易可以实现区域经济系统内有限资源合理配置、规模收益和利润最大化。旅游业作为区域经济系统的一部分,它的基本要素如旅游资源、设施、旅游服务和旅游者等空间差异性也是极其普遍和客观的。区域性也是旅游活动最为明显的特征,单一的景点或地区旅游都不能满足游客的基本需要及最大化效用,也违背旅游发展的一般规律,因此其运行发展必然表现出区域经济运作的一般规律和特征。进行区域旅游一体化研究实质上是研究的区域旅游合作问题,它是区域经济发展中旅游区际分工与联系的一种表现形式,当前的区域旅游分工与合作的关系,集中体现了地域分工与贸易理论原理。核心理论主要有:"绝对优势"理论、"相对优势"理论和"H-O"理论。

"绝对优势"理论认为世界上不同地域之间存在着经济发展条件和基础方面的差异和分工,每一个国家或地区都有其绝对有利的、适合于某些特定产品的生产条件,如果这个国家或地区按照这些特定的条件进行专业化生产,然后参与市场交易,将提高这些国家或地区的劳动生产率,从而实现地域分工,使区域内资源要素得到充分利用,生产成本绝对低下,区域效益最大化。

"相对优势"理论认为各国或地区在区域生产分工和贸易中应坚持"优中选优,两利相权取其重;劣中选劣,两害相权取其轻"的原则。认为任何国家或地区都有自己相对有利的生产条件,如果在两个国家或地区中,生产力水平并不相等,那么生产中所耗费的成本就有区别,其中之一就能以较低的成本生产最利于本国的商品,以这种商品出口换取在本国生产相对不利的商品,通过这样的分工和贸易,也将高效利用两国资源,从而获得"比较利益"。

"H-O"理论即"赫克歇尔—俄林"理论,又称"要素禀赋理论",该理论用生产要素禀赋差异导致的价格差异代替李嘉图的生产成本差异,从而展开对地域分工和国际贸易活动的理论分析。主要观点有:(1)每个国家或地区的生产要素禀赋各不相同,在不同国家同种商品生产函数相同的情况下,如暂不考虑需求情况,利用自己相对丰富的生产要素从事商品生产,就处于比较有利的地位,而利用禀赋差、相对稀少的生产要素来生产就处于比较不利的地位。各国应当生产并出口那些密集使用本国相对充裕要素的产品,而进口那些密集使用本国相对稀缺要素的产品。(2)地域分工与贸易发生的直接原因是生产要素供给的不同,它决定了生产要素的价格差异。(3)地域分工与贸易的结果是各国各地能够更有效地利用各种生产要素。如果进行国际或地区间的经济合作,就能直接重新分配生产要素,使生产要素和商品价格趋于相对均等。

2."核心—边缘"理论

"核心—边缘"理论是由美国经济学家弗里德曼(J.R.Friedmann)提出,也称依附理论或中心外围理论。1966年弗里德曼以委内瑞拉区域发展演变特征的研究为依据,出版了学术著作《区域发展政策》,并根据缪尔达尔(K.Gt-Myrdal)和赫希曼(A.O.Hirschrrtan)等对区域间经济增长和相互传递的理论,全面提出了"核心—边缘"的理论模式。弗里德曼认为,核心区域和边缘区域组成了一个国家,一个城市或城市集群及其周边地区组成了核心区域,边缘则是通过核心与外围的关系来确定。核心区域指人口密度大、资本集中、工业发达、工业技术水平高、经济增长快的城市集聚区,包括①区域中心城市;②亚区的中心;③国内都会区;④地方服务中心。相对于核心区域来说,经济较为落后的区域就是边缘区域。根据"核心—边缘"理论,在区域经济增长过程中,核心与边缘之间存在着不平等的发展关系。总体上,核心居于统治地位,边缘处于从属地位,在发展过程中边缘依赖于核心。然而,核心与边缘区的空间结构地位是会发生变化的,伴随着区域空间关系的不断调整,经济的区域空间结构不断变化,最终达到区域空间一体化。

对于解释一个区域怎样由互不联系、相互独立,转变为互相联系、不均衡发展,又过渡到区域相互联系、均衡发展的区域系统,"核心—边缘"理论具有重要的指导意义。对于跨区域旅游资源的整合、旅游企业跨省经营、旅游跨省界区域协调发展而言,"核心—边缘"理论同样对其具有较高的解释意义和指导价值。区域内旅游资源的赋存情况存在着客观差异,正是这些差异致使在一个区域中存在旅游核心区和边缘区;有的区域中甚至存在两个或两个以上的核心区。要改变"核心—边缘"区域关系,促进整个区域旅游经济增长,就必须依据临近联动原则,突出"核心—边缘"结构中的资源优势互补,削弱"核心—边缘"区之间的空间替代竞争,充分利用交通线路,加强区域旅游合作,用核心区带动边缘区,使之成为新的旅游经济增长点。在我国当前经济条件下,旅游核心—边缘区域之间是一种公平竞争、优势互补、合作共赢的关系。

(三)公共治理理论

"治理"一词是英文"Governance"的翻译,英语中的"治理"(Governance)一词,可以追溯到古典拉丁语和古希腊语中,原义主要指控制(Control)、引导(Guide)、操纵(Manipulate)等意思。最初,治理一词主要用于与国家的公共事务相关的管理活动和政治活动中,经常与统治(Government)一词交叉使用。1989年世界银行概括当时非洲的情形时,首次使用了"治理危机"。此后,"治理"一词开始广泛用于政治发展研究中。自20世纪90年代开始,西方政治经济学家赋予"Governance"以全新的含义,其含义更加丰富。全球治理委员会在1995年《我们的全球伙伴关系》中,对治理概念的界定较有权威:治理是各种机构或个人管理其共同事务多方面的总和,调解不同利益主体并相互合作实现目标的持续过程。既包括迫使人们服从的正式制度。也包括各种人们为实现共同目标而达成的非正式的制度。其特征是:治理不是一整套固定的规则,也不是一种活动,而是相互协调的过程;治理过程不是建立在控制之上,而是协调;治理不仅涉及公共部门,也包括私人部门;治理不是一种政治制度,而是持续的互动。

公共治理的核心内容是公共产品的供给,治理的最高目标是实现主体和客体之间的协调和资源利用的最高效率。简·莱恩认为,公共治理理论是关于政府运作方式的一系列理论。因此,它不仅仅是分析政府政治决策的一个理论框架,而且是对政府提供社会服务方式的研究,也是公共治理理论的重要内容。公共治理理论就是描述当前公共管理环境变迁及其最新发展的理论。"治理"就是对合作网络的管理,它指的是为了实现和增进公共利益,政府部门和非政府部门(私营部门、第三部门或公民个人)彼此合作,在相互依存的环境中分享公共权力,共同管理公共事务的过程。其核心观点是主张通过合作、协商、伙伴关系,确定共同的目标,实现对公共事务的管理。认为,公共治理是由多元的公共管理主体组成的公共行动体系,多元化的公共管理主体之间存在着权力依赖和互动的伙伴关系,公共管理语境下的公共治理是多元化公共管理主体基于伙伴关系进行合作的一种自主自治的网络管理。公共治理语境下的政府在社会公共网络管理中扮演着"元治理"角色。认为,在社会公共管理网络中,虽然政府不具有最高的绝对权威,但是它却承担着指导社会组织行为准则的重任,被视为"同辈中的长者",特别是在那些"基础性工作"中,政府仍然是公共管理领域最重要的行为主体。

1. 整体性治理

整体性治理理论是在新公共管理运动走向衰微而新信息技术的发展为政府治理创新提供可能的背景下出现的。根据希克斯的定义,整体性治理就是以公民需求为治理导向,以信息技术为治理手段,以协调、整合、责任为治理机制,对治理层级、功能、公私部门关系及信息系统等碎片化问题进行有机协调与整合,不断从分散走向集中、从部分走向整体、从破碎走向整合,为公民提供无缝隙且非分离的整体型服务的政府治理图式。整体性治理理论提出的出发点就是运用现代信息技术拆除部门之间的藩篱,通过整合公共服务的供给部门,实现对新公共管理"碎片化"治理的战略性回应。从"问题—对策"导向出发,整体性治理理论也提出了实现整体性治理的关键环节——协调与整合,这使得整体性治理理论的视角最终又重新落到这两个公共管理领域的传统核心问题上面。此外,希克斯在 2004 年将整体性治理中"协调"与"整合"两个阶段内容发展为"协调""整合""逐渐紧密与相互涉入"三个阶段,并认为较整合而言,"逐渐紧密与相互涉入"是更为深层次的阶段,凸显了合作模式的紧密、合作阶段的深入以及合作结构的稳定。

(1)破解"碎片化":整体性治理视角的出发点

首先,整体性治理视角的出发点是对新公共管理带来的"碎片化"现象进行战略回应。新公共管理的"碎片化"产生了诸如转嫁、项目和目标冲突、重复浪费、缺乏沟通和各自为政、服务质量差等问题。在过去二十多年里,无论是在学术界还是在政府治理领域,一度占主导地位的新公共管理运动已走向崩溃。尽管在当前公共行政实践中,新公共管理的一些理念和技术还能在当前的政府治理中有所体现,但作为一种主导性的政府治理模式,新公共管理已在备受争议中失去昔日光彩,在政府治理实践中日渐式微。整体性治理正是针对新公共管理产生的"碎片化"问题而被提出的,试图从整体主义视角破解新公共管理运动带来的政府治理"碎片化"问题。

其次,现代信息技术的发展让整体性治理成为现实。信息技术的发展一直是政府治理创新的重要驱动力,政府信息管理技术成为当代公共服务系统日益走向理性化、现代化的重要前提。新公共管理运动自 20 世纪 90 年代以来走向衰微,一度盛行的政府治理模式渐被革新与替代,一个重要原因就在于信息技术的发展要求政府部门从分散走向集中,从部分走向整体,从破碎走向整合。也正是因为这一原因,推崇整体性治理的学者们认为,信息技术的迅猛发展把盛极一时的新公共管理运动远远地抛到后面去了。整体性治理理论认为,当下信息技术的发展为整体性治理提供了技术保障,而信息技术的进步使得政府内部的协调与整合在现代科层制之下会更有效率,这也使得修正因新公共管理运动带来的"碎片化"问题可以从可能变为现实。

最后,整体性治理仍以官僚制(科层制)为基础,以期通过发达的信息技术改造现有的官僚制结构,打破政府部门间条块分割的现状,从而实现各部门间的紧密合作。登力维认为信息技术运作的官僚制是整体性政府的组织基础,希克斯笔下的整体性治理也是以完善官僚制为基础的。

(2)协调与整合:整体性治理的基本内容

协调与整合是整体性治理的两个核心概念,也是整体性治理的最基本内容。协调与整合是公共行政中长期备受关注的焦点问题。协调作为一种治理方法,并非是一种创新,而仅是一种策略性的治理工具或手段。在公共管理发展史上,法约尔、巴纳德、古利克和西蒙等学者都对协调的概念及价值进行了不同程度的论析。古利克认为协调工作有二:一是通过组织来达成协调;二是通过观念做好协调。西蒙将组织间协调定义为对任务和资源进行划分并在组织成员之间进行分配的组织基本活动过程,并在此基础上提出了两种协调模式。李瑞昌从公共管理发展的历史维度提出了我国在公共行政实践中先后历经"时代协调""时期协调""时段协调"三种协调模式。

整体性治理的代表人物希克斯将"协调"置于更为重要的位置。他认为要解决新公共管理运动带来的"碎片化"问题,需要借助涂尔干的"有机团结"理论:当社会中的个体获得发展的同时,社会整体的表现将如有机体网络,社会参与者的关系向彼此契合、相互依赖与相互制约的方向发展,在复杂的相互依赖的关系下,需要的是充分的协调。因此,在整体性治理的语境中,"协调"就是指政府机构间为发展联合性和整体性工作,联合信息系统、机构间对话、共同规划和决策过程。在整体性治理倡导者们看来,协调价值的凸显缘于新公共管理架构下的政府很难走出如下困境:提供了正确的服务却效率低下;提供了错误的服务;公民因被抛弃而没有服务。希克斯进而根据协调问题的起源将整体性治理中的协调分为联合性协调与整体性协调两个部分。

在整体性治理语境下,"整合"指的是通过确立共同的组织结构与合并在一起的专业实践执行由协调产生的一系列理念。整体性治理语境中的整合,既可指将不同层次的治理、同一层次的治理进行整合,又可指在一些功能内部进行协调和在公共部门内进行协同,还可以是政府部门与私人部门之间,甚至是跨部门、跨国界的整合。整体性治理以满足公众的基本需求为目的,试图通过整合政府部门、企业、社会组织以实现更为有效的公共服务供给与社会治理创新,通过"1+1>2"的方式以期实现公共物品的合力供给与多元社会的协同治理。

作为整体性治理的两个"引擎",协调与整合相辅相成。如果把整体性治理比喻为圆桌谈判,"协调"就是通过推进多方努力进行有效沟通、共商议题,达成对某一问题的一致看法,为整合创造良好的条件;而"整合"就是指圆桌上的各方参与者依据达成的共识,制定相关政策并合力付诸实施的过程。

2. 协同治理

协同学(Synergetics)一词,源于希腊语,意为"协调合作之学"。协同学是由西德的理论物理学家赫尔曼·哈肯于1971年创立的,它的基本假设是:甚至在无生命物质中,新的、井然有序的结构也会从混沌中产生出来,并随着恒定的能量供应而得以维持。基于这种假设,赫尔曼·哈肯在其《高等协同学》一书中明确提出了协同学的研究对象,即"协同学是研究由完全不同性质的大量子系统(诸如电子、原子、分子、细胞、神经元、力学元、光子、器官、动物乃至人类)所构成的各种系统。本书将研究这些子系统是通过怎样的合作才在宏观尺度上产生空间、时间或功能结构的。我们尤其要集中研究以自组织形式出现的那类结构,从而寻找与子系统性质无关的支配着自组织过程的一般原理"。

作为一门新兴的理论,协同治理理论还没有明晰的理论框架。或者说,我们还不能将其看作一种完善的理论体系。虽然如此,作为一种新兴的理论,作为协同学与治理理论的交叉理论,它应该有区别于其他理论范式的特征,只有这样才能称之为一种理论。协同治理理论一般具备以下几种特征。

(1)治理主体的多元化

可以说,协同治理的前提就是治理主体的多元化。这些治理主体,不仅指的是政府组织,而且民间组织、企业、家庭以及公民个人在内的社会组织和行为体都可以参与社会公共事务治理。由于这些组织和行为体具有不同的价值判断和利益需求,也拥有不同的社会资源,在社会系统中,它们之间保持着竞争和合作两种关系,因为在现代社会没有任何一个组织或者行为体具有能够单独实现目标的知识和资源。

同时,随之而来的是治理权威的多元化。协同治理需要权威,但是打破了以政府为核心的权威,其他社会主体在一定范围内都可以在社会公共事务治理中发挥和体现其权威性。

(2)各子系统的协同性

在现代社会系统中,由于知识和资源被不同组织掌握,采取集体行动的组织必须要依靠其他组织,而且这些组织之间存在着谈判协商和资源的交换,这种交换和谈判是否能够顺利进行,除了各个参与者的资源之外,还取决于参与者之间共同遵守的规则以及交换的环境。因此,在协同治理过程中,强调各主体之间的自愿平等与协作。在协同治理关系中,有的组织可能在某一个特定的交换过程中处于主导地位,但是这种主导并不是以单方面发号施令的形式。所以说,协同治理就是强调政府不再仅仅依靠强制力,而更多的是通过政府与民间组织、企业等社会组织之间的协商对话、相互合作等方式建立伙伴关系来管理社会公共事务。社会系统的复杂性、动态性和多样性,要求各个子系统的协同性,只有这样才能实现整个社会系统的良好发展。

（3）自组织间的协同

自组织是协同治理过程中的重要行为体。由于政府能力受到了诸多的限制，其中既有缺乏合法性、政策过程的复杂，也有相关制度的多样性和复杂性等诸多原因。政府成为影响社会系统中事务进程的行动者之一。在某种程度上说，它缺乏足够的能力将自己的意志加诸在其他行动者身上。而其他社会组织则试图摆脱政府的金字塔式的控制，要求实现自己控制——自主。这不仅意味着自由，而且意味着自己负责。同时这也是自组织的重要特性，这样自主的体系就有更大程度上自我治理的自由。自组织体系的建立也就要求削弱政府管制、减少控制甚至在某些社会领域的政府撤出。这样一来，社会系统功能的发挥就需要自组织间的协同。

虽然如此，政府的作用并不是无足轻重的；相反，政府的作用会越来越重要。因为，在协同治理过程中，强调的是各个组织之间的协同，政府作为嵌入社会的重要行为体，它在集体行动的规则、目标的制定方面起着不可替代的作用。也就是说，协同治理过程是权力和资源的互动过程，自组织间的协同离不开政府组织。

（4）共同规则的制定

协同治理是一种集体行为，从某种程度上说，协同治理过程也就是各种行为体都认可的行动规则的制定过程。在协同治理过程中，信任与合作是良好治理的基础，这种规则的重要性就犹如协同学中的序参量，这种规则决定着治理成果的好坏，也影响着平衡治理结构的形成。在这一过程中，政府组织也有可能不处于主导地位，但是作为规则的最终决定者，政府组织的意向在很大程度上影响着规则的制定。在规则制定的过程中，各个组织之间的竞争与协作是促成规则最后形成的关键。

最后一点需要指出的是，协同治理的基本逻辑建立在对理性世界的信仰之上，相信理性的力量可以化冲突为分歧。但是当人的不理性导致冲突各方的根本利益和原则立场不可调和的时候，协同治理的理念也就失去了它的作用。

从某种意义上说，协同治理理论的诞生源于对治理理论的重新检视。而协同学的相关理论和分析方法则为这种检视提供了知识基础和方法论启示。

在这里,本书借用"协同治理"(Synergetic Governance)这个词来表明对治理理论的重新检视。因为,治理理论的核心特征就是"协同"(竞争与协作),"协同治理"这个词正好能够反映治理理论的核心特质。用一句话来说,协同治理就是寻求有效治理结构的过程,在这一过程中虽然也强调各个组织的竞争,但更多的是强调各个组织行为体之间的协作,以实现整体大于部分之和的效果。"协同治理"一词虽然早就出现,但是作为理论的协同治理却仍然不完善。应该说,协同治理理论还是一个亟须开发的领域。

3. 多中心治理

多中心治理理论是以奥斯特罗姆夫妇(Vincent Ostrom and Elinor Ostrom)为核心的一批研究者,在对发展中国家农村社区公共池塘资源进行实证研究的基础上最早提出的。多中心治理的基本点是改变政府对于乡村社会的行政性管理和控制,让乡村内部的自主性力量在公共事务领域充分发挥基础性作用。这样一来,既可以降低政府直接控制乡村的成本,减少政府管不胜管所带来的失效问题,也使得乡村社会内部充满活力。这种新的治理范式,基本目标是让乡村问题尽可能地内部化和社会化。

多中心治理是在多中心概念的基础上发展而来的。多中心是指借助多个而非单一权力中心和组织体制治理公共事务,提供公共服务,强调参与者的互动过程和能动创立治理规则、治理形态,其中自发秩序或自主治理是其基础。多中心治理即把相互制约但具有一定独立性的规则的制订和执行权分配给无数的数量众多的管辖单位,所有公共治理主体的官方地位都是有限但独立的,没有任何团体或个人作为最终的和全能的权威凌驾于法律之上。

在政治学的视野里,治理指向的是政治管理的过程,它包括政治权威的规范基础,处理政治事务的方式和对公共资源的管理。而从公共行政学的维度探究,治理理论则强调一种多元的、民主的、合作的、非意识形态化的公共行政。作为体现民主、权力多中心化的理论体系,当代治理意味着国家和公民社会关系的重新调整,意味着"人类在国家(政府)—市场—公民社会三维组合中,寻求不同以往的、更为有效地实现共同利益道路努力。"因此,该理论指向的是政府向社会分权、权力回归于民众、民间社会的兴起和国家政府权力的相对弱化,并鼓励公民参与地方或社区的公共事务管理的全过程,倡导培育和提升公民的自主管理能力。

治理首先体现为主体的多元化。治理理论的兴起拓展了传统国家与社会二分关系的分析架构,形成一种新型的国家与社会关系范式。治理除了政府机关和各种机构外,还包括市民社会的参与、各种利益集团以及部门间的协商,有助于克服国家和市民社会各自能力的有限性,并因而建立国家与市民社会之间的互动网络。正如罗西瑙在其《没有政府的治理》一书中所认为的,"管理活动的主体未必是政府,也无须依靠国家的强制力来实现","现在政府的一些治理职能,正在由非源自政府的行为体所承担"。其次,治理的本质在于其所倚重的权力流行机制并不是线性单向单中心的,而是双向互动、多中心流通的。多元化的治理主体之间存在着权力互动关系,并最终形成公民自主服务与民营、政府服务相结合的、多中心的公共事务管理体系。再次,治理还体现为一个互动的过程,它主要通过合作、协商、认同等方式来实现对公共事务的管理。罗茨认为,治理意味着政府管理含义的变化,指的是一种新的管理过程,或者一种改变了的有序统治状态,或者一种新的管理社会的方式。

由埃莉诺·奥斯特罗姆等人提出的多中心治理,是意在构建由多中心秩序构成公共服务的体制。多中心秩序也可以理解为一种"多中心的政治体制"。"多中心意味着有许多在形式上互相独立的决策中心……他们在竞争性关系中签订合约,并从事合作性的活动,或者利用新机制来解决冲突……在这一意义上,可以说他们是作为一个体制运作的。"因此,多中心体制对公共产品供给的重大意义在于,打破单中心体制下权力高度集中的格局,形成多个权力中心来承担公共产品供给职能,并且相互展开有效竞争,从而有利于解决"搭便车"和政府成本攀高的困境。同时,多中心治理体制有助于"维持社群所偏好的事务状态"。多中心治理体制为公共服务提出了不同于官僚行政理论的供给逻辑,主张公共服务的供给是一个多元主体的合作、协同过程,改变了政府作为单一公共服务的供给主体的模式,构建起了政府、市场和社会三维框架下的多中心供给模式,从而有效地克服单一靠市场或政府来实现公共服务供给的不足。

多中心治理作为西方公共管理研究领域的一种新的治理模式,它提出了政府与市场之外的治理公共事务的新的可能性,并在政府、市场这两个中心之外引入第三个中心,认为"多中心"是自主治理的根本前提。同时,多中心体制设计的关键因素是"自发性",自发性的属性可以看作多中心的额外的定义性特质。理论和实践表明,基于自主治理和自发性的第三部门有利于公民参与意愿的表达和参与途径的实现。第三部门组织的发展壮大与治理水平、治理能力之间存在着比较明显的正相关关系。因此,多中心治理是以自主治理为基础,允许多个权力中心或服务中心并存,通过竞争和协作形成自发秩序,力求减少"搭便车"行为,提高服务的效能水平,从而克服公共事务治理的困境。同时,由第三部门的自治机制来提供公共服务具有相对优势,出于对"政府失灵"和"市场失灵"的回应,第三部门的兴起和壮大能够实现公平与效率的良好契合;第三部门还具备相对的灵活性和适应能力;另外,由于更贴近基层,第三部门更能切实有效地解决许多急迫的公共服务需求。

三、文化旅游作用机制

1. 跨区域政府协作机制

为打破行政区域障碍,普遍的做法就是建立区域间的统筹协调机构和执行机构,以统筹规划区域文化旅游发展规划,并确保实施。文化旅游一体化需要建立跨区域政府协作机制,完善区域间的统筹协调机构和执行机构,统筹规划区域文化旅游发展规划。同时在文化旅游产品开发、文化旅游线路设计和交通联合等方面建立协作机制,从区域顶层合作、产品开发、线路设计、硬件设施等方面形成一体化合作运营机制。

2. 文化旅游产品开发机制

文化旅游产品,可根据文化内容开发出遗迹遗址旅游、建筑设施旅游、人文风俗节庆旅游、特色商品旅游、概念旅游及其他多种形式的旅游产品。从开发机制上看,就是要将文化产业链中不同内容的文化产品与旅游产业相对接。

文创产品是一个市场的概念,产品设计、创意的出发点是市场需求。衡量文创产品,主要看一定价格水平和质量档次条件的市场效果,而不是仅仅根据艺术价值和文化价值。文创产品的创意、设计、制作、销售,包括售后服务,都必须服从市场规律,按市场规则办事。因此,必须要进行深度市场调研,了解不同群体对产品价格、质量要求不同,必须根据消费者特征,在价格、质量、艺术性、文化性之间寻找均衡点。

设计开发具有本土文化特色的文创产品,针对不同层次旅游者的消费需求细化设计目标,拓展和延伸文化产品的纪念意义、审美功能、收藏价值,递次推出具有"特色性、观赏性、便携性、宣传性、多价性"的产品,逐步形成品种齐全,特色鲜明,优势突出,富有竞争力的文化旅游产品体系。借鉴故宫文创的设计理念,突出文化特征和品牌标识,同时还可以参照如名创优品(miniso)的设计理念和运营方式,以准确的市场定位为基准,注重产品的分层化和实用性,实现产品和消费者的更精准对接。

文博单位可以增加商业性文创产品经营,破解体制障碍,除自建设计营销团队外,还可以考虑建立合作机制,让拥有资源的景区、文博单位和拥有创意的旅游企业互融互通,加强合作。

3. 文化旅游线路设计机制

根据文化资源在区域地理上的分布进行线路设计,线型旅游品牌共建模式,以及面域旅游品牌共建模式。整合区域文化旅游资源,互通客源,共享品牌,联合推出跨区域旅游线路,整合旅游精品线路、世界遗产主题旅游线路、生态旅游线路等品牌旅游线路,加快建设生态文化旅游融合发展试验区;构建跨区域旅游公共服务体系,完善区域内高速公路服务区旅游综合服务功能,增开城际旅游客运班线,规划建设自驾游营地等公共设施体系。

4. 文化旅游交通联合机制

区域内交通的网络化、便捷化,是促进区域旅游资源整合、推动旅游市场互动、提升区域旅游一体化的重要基础。从当前我国快速崛起的大众旅游对交通运输新需求出发,加快构建"快进慢游"的旅游交通网络,形成结构合理、功能完善、特色突出、服务优良的旅游交通运输体系。依托高铁、城铁、民航、高等级公路等构建"快进"交通网络,通往 4A 级景区有一种以上"快进"交通方式,通往 5A 级景区有两种以上"快进"交通方式;推进建设集"吃住行游购娱"于一体的"慢游"交通网络,因地制宜建设旅游风景道,根据旅游业发展要求建设自行车道、步行道等"慢游"设施。此外,在改善旅游交通服务方面,完善机场、车站、码头等客运枢纽拓展旅游服务功能,高速公路服务区增设游憩、娱乐、购物等功能,可以在公路路侧空间充足路段建设驿站、营地、观景设施和厕所等。在提升旅游交通服务质量方面,提高联网、联程、异地和往返票务服务水平,推进空铁联运服务,完善全国汽车租赁联网。推进旅游交通产品创新,增开旅馆列车等特色旅游专列,推出遗产铁路旅游线、精品铁路旅游线;发展旅游风景道,形成有广泛影响力的自然风景线、历史人文线、红色文化线;支持发展海上邮轮旅游、内河游船旅游、水上游艇旅游,鼓励支持航运企业拓展邮轮旅游航线;鼓励开发空中游览、航空体验、航空运动,建设低空旅游产业园、通航旅游小镇等;鼓励挖掘"丝绸之路""茶马古道""蜀道""京杭大运河"等具有重大历史文化价值的交通遗迹遗存。

四、文化旅游运行模式

(一)以城市群为基础的一体化模式

20世纪90年代以来,以城市为依托发展的城市旅游产业发展迅速,城市越来越成为旅游的中心。城市不仅是各类旅游活动的集散地、中转站,而且具备独有的建筑、节庆、会展、文化等方面特色,使城市逐渐构成了旅游吸引物。

1.重点省会城市为中心的城市群合作模式。如关中城市群旅游区、环济南省会城市群旅游区、合肥经济圈旅游区、成渝城市群旅游区等,推动了城市间经济、文化等方面与旅游产业的深度合作。

2.重点地市联合而成的城市群合作模式。以山东省为例,近年来成功打造的仙境海岸旅游品牌片区、水浒故里旅游品牌片区、儒风运河旅游品牌片区等,均以富有某方面主题特色的线路将相关城市串联,形成了具有特色品牌的跨区域合作模式。

3.重要景区之间的跨区域整合提升模式。如由徽州区境内的唐模景区、潜口民宅、呈坎景区和歙县境内的徽州古城、牌坊群·鲍家花园景区组成的"古徽州文化旅游区",通过区域内文化挖掘、资源整合、景观价值提升、基础设施建设进行品牌打造,共同创建国家5A级旅游景区,成为我国景区间联合提升打造全域旅游示范区的成功案例。

(二)以主题文化品牌为核心的跨区域共建模式

从以城市群为基础的一体化合作模式中可以看到,城市区域间的文化旅游合作多以一定的文化资源为基础,或者是基于共同的文化品牌,或者是基于拥有互补性的文化资源,从而通过整合与挖掘,形成一定的品牌效应。

1. 红色旅游品牌跨区域化合作。以红色资源为基础,通过实施行政区划内或跨区域的联合协作,国内十多条红色旅游区域联合体正蓬勃兴起。如,建成了晋冀豫"太行抗日烽火",赣南、闽西"红色根据地",中山、湘潭、广安三市"二十世纪三大伟人故里红色旅游联盟",闽赣粤"三省八市"等十几个红色旅游区域联合体;成功打造出鄂豫皖"三省六市36县"、川黔渝"三省四市"和湖南伟人故里"红三角"等红色旅游区域合作品牌,通过"资源互享、优势互补、游客互送"机制,大大增强了红色旅游宣传促销力度和产品的影响力。

2. 儒风运河旅游品牌跨区域合作。2016年山东省旅游局对省内十大文化旅游目的地品牌中的跨区域品牌进行了新的规划,以"诚信、仁义、包容"的齐鲁运河文化内涵为核心价值,意在通过南水北调和大运河复航工程,打通山东段运河的水上线路,将旅游产品辐射扩大到运河全境,打造水陆双通的运河旅游路线,塑造"儒风运河"旅游品牌。其主要做法包括:深挖大运河历史文化内涵,讲出运河的故事,如一段简单的当地山东快板、一段内容早已知晓的山东琴书等;充分利用美食文化,提升儒风运河品牌价值,即充分利用德州的扒鸡、聊城的运河宴、梁山的水浒宴、台儿庄的全鱼宴,将这些带有强烈的地域性饮食文化与地理、历史、宗教相联系,使人身临其境感受到美食背后的故事,从而提高游客对景点的认可程度;充分挖掘"水"文化资源,即在水域充足的地区与水量充足的时间段,大力推广观光船,如台儿庄古城外大运河的大船接送服务和城内乘摇橹船的夜景欣赏等项目,获得游客广泛好评。

3. 文化遗存的跨区域整合提升。如安徽省黄山市"古徽州文化旅游区"联合打造全域旅游示范区,将境内的唐模景区、潜口民宅、呈坎景区、徽州古城、牌坊群·鲍家花园5个具有差异化的景区,通过区域内文化挖掘、资源整合、景观价值提升、基础设施建设进行品牌打造,汇聚了徽州古村落、古城、官署、民居、牌坊、徽派园林和风水文化等古徽州最具代表性的元素,鲜活地呈现了"徽文化",成功创建国家5A级旅游景区。

(三)"文化旅游+"的多产业融合发展模式

在文化旅游一体化发展的同时,还出现了农业文化旅游、工业文化旅游、生态文化旅游等"文化旅游+"融合发展的新趋势,并成为推动经济社会发展新的增长点。

1. 农业文化旅游模式。为提升休闲农业和乡村旅游发展水平,全国各地大力探索实施农业、旅游、文化三大产业融合发展模式,涌现了武当山旅游经济特区(湖北)、前卫村(上海)、农科村(四川)、东韩村(陕西)、郑各庄村(北京)、滕头村(浙江)、南街村(河南)等美丽村庄典型案例。

在武当山,通过深入挖掘武术文化、太极文化、道教文化、养生文化等文化资源,积极开展武当文化建设工程活动,并运用论坛、影视、演艺、会展、武术等多种形式,使武当山品牌价值得到显著提升。在太极湖生态文化旅游区,积极抢抓国家南水北调中线工程机遇,在全国率先提出区域经济综合发展模式,通过生态、文化、产业、民生工程,重手打造仙山圣水相映、人文与生态相长,集旅游观光、休闲娱乐、养生度假于一体的国际高端旅游目的地,成效显著。

2. 工业文化旅游模式。以德国鲁尔工业区为例。19世纪中叶,德国鲁尔工业区是欧洲最大的工业经济区域,煤、钢、机械制造等是该区域的支柱产业。由于成本和空气污染等原因,20世纪50年代末60年代初鲁尔工业区步入了衰落期。此后,鲁尔区在产业转型中有效嫁接了旅游经济,形成了广受国际关注的鲁尔模式。如,当地民众充分发挥想象力和创造性,将废弃的矿井和炼钢厂改造成博物馆,将废弃的煤渣山改造成室内滑雪场,甚至还利用废弃的煤气罐、矿井等开发出了一条别具特色的旅游路线。总之,文化创意产业、创意生活产业、休闲旅游,成功地将鲁尔从一个重工业污染严重的只适合生产不适合生活和居住的场所变成了人们可以安居乐业的旅游型城市。在国内,也不乏这种工业文化旅游模式。如北京的首钢石景山工业文化景区、合肥的宜酒工业文化园等,均被评为国家3A级、4A级旅游景区,成为国内工业文化旅游融合发展的典型。

3. 生态文化旅游模式。如全国十大旅游热点和高增长地区的湘西州,坚持把生态文化旅游业作为湘西发展的最大门路,全力推动旅游业转型升级、提质增效。在顶层设计方面,湘西州坚持把全州作为一个全域生态、全域文化、全域旅游、全域康养的大公园来整体规划、建设和管理;激活了一域民族生态文化资源:浦市、芙蓉镇、茶峒、里耶"湘西四大名镇";形成了以凤凰为龙头、吉首为集散中心,围绕凤凰古城、老司城、里耶古镇、矮寨大桥四大旅游黄金板块;以高速公路、高铁、机场为主的大通道建设,建成全州 1 小时生态文化旅游经济圈,构建了一个"快捷旅游"交通网络。现在,生态文化旅游业已成为富民强州的主导产业,湘西州已成为全国十大旅游热点和高增长地区。

五、文化旅游发展趋势

(一)消费结构升级

根据国家统计局公布的数据显示,2020 年全年国内生产总值 990865 亿元,逼近 100 万亿元大关,我国的人均 GDP 也突破 1 万美元,中等收入群体规模进一步扩大。加之中国的经济增长结构已经发生根本性转变,消费取代投资成为中国经济增长的第一驱动力。随着人均 GDP 增长,将进一步把潜在的消费需求转化为实实在在的增长。当前我国供给侧的能力仍有待提升,供给结构仍有待优化,产品和服务质量还不能完全满足广大人民群众美好生活的需要。随着人均 GDP 再上新台阶,多层次、多样性的消费需求空间进一步打开,人们对高品质产品和服务的需求将持续增加,对文化、旅游、信息、健康、养老、体育、娱乐、消费的需求也将稳步增长。

就文化旅游业而言,因文化旅游消费高速发展带来的种种不适应性,存在由"初级阶段"向休闲、体验、品质等高级阶段升级的需求。国内游人满为患,"总共有两个景点,一个叫人山,一个叫人海";出境游走马观花,"买买买"导致消费外流,旅游贸易逆差成为服务贸易逆差的主体部分。2017 年中国游客境外消费总额高达 1.69 万亿人民币,占当年 GDP 的 2%,占当年社会消费品零售总额的 5%,接近全球旅游总收入的五分之一,是美国游客消费总额的近两倍,而且占当年服务贸易总逆差(2395 亿美元)的比重高达 90.4%,远在金融服务、专利使用、电影进口等服务贸易逆差之上。

鉴于消费升级的方向就是产业升级的重要导向,只有围绕文化旅游消费市场的升级趋势,才能在产业上优化结构,提升文化旅游产业竞争力和附加值,促使产业升级。反过来,文化旅游产业转型升级后,提供满足消费者需要的产品,也会促进消费升级,进而促使经济稳定增长。

(二)增长极与动力源

增长极(Growth Pole)理论强调经济地域空间结构的优化,以发展中心带动整个区域。注重据点开发,集中开发、投资、重点建设、聚集发展、政府干预、注重扩散等。它最早是由弗朗索瓦·佩鲁(F.Perroux)最先提出的,认为"增长并非同时出现在所有地方,它以不同的强度首先出现于一些增长点或增长极上,然后通过不同的渠道向外扩散,并对整个经济产生不同的最终影响"。后来,J.布德维尔(J.Boudevile)将极的概念引入地理空间,并提出了"增长中心"的空间概念。认为增长极一是作为经济空间上的某种推动型工业;二是作为地理空间上的产生集聚的城镇,即增长中心。

增长极通过极化和扩散作用对周围区域的经济发展产生正负两方面的影响。极化作用是向心力作用,使区域经济向核心移动,人口、资金、物资向核心聚集,造成核心区与周围地区经济发展水平的差距。扩散作用是一种离心力的作用,会使核心地区的信息、资金、产品、人口向周围地区转移,影响和带动周围地区经济的发展,缩小中心极化地区与外围地区经济发展水平的差距。二者同时并存,但方向相反,作用力大小不等。从极化现象的地域空间形态来看,极化有以下几种方式。有周围区域向极化中心极化的向心式极化;有等级极化,即基层小节点,向区域次级增长极极化,而次级增长极又向首级增长极极化;有极化现象围绕极化中心向外围作波状圈层式展开的波状圈层式极化(图1-2)。

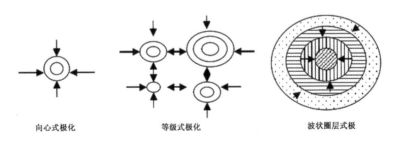

向心式极化　　　　等级式极化　　　　波状圈层式极

图1-2　三种圈层图

从扩散作用的地域空间形态来看,扩散方式也有多种。有由极化中心向四周扩散的核心辐射扩散;有按照增长中心的等级层次,由高级到低级逐渐进行辐射的等级扩散;有由极化中心向外围逐步辐射的波状圈层扩散方式;还有由极化中心的对外辐射,不受中心的等级层次和距离的影响,直接由高等级中心向低层次的中心或区域辐射的跳跃式扩散方式(图 1-3)。

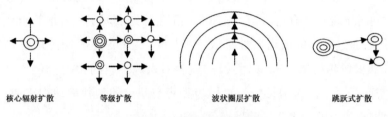

| 核心辐射扩散 | 等级扩散 | 波状圈层扩散 | 跳跃式扩散 |

图 1-3　四种扩散方式图

(三)旅游地全生命周期管理

德国学者克里斯泰勒(Christaller W. ,1963) 和美国学者斯坦斯菲尔德(Stansfceld C.,1978)最早提出和完善了旅游地生命周期理论,后来加拿大学者巴特勒(Batler,1980) 系统地提出了这一理论。旅游地生命周期理论是旅游地理学最早形成的旅游学科分支学科之一,它以地理学的理论为指导分析旅游活动和旅游现象的空间规律,并形成了自己特殊的研究领域和基本理论,对于研究旅游地的时空演变过程与规律具有重要价值。按照旅游地生命周期理论,任何旅游地的发展过程一般都包括探查阶段、参与阶段、发展阶段、巩固阶段、停滞阶段、衰落阶段或复苏阶段 6 个阶段。旅游地生命周期既是旅游地空间结构调整和产业演进过程,又是旅游发展时间的推进和延续过程,它能够分析旅游地和旅游产业的许多现象,有效预测和指导旅游地开发、建设,能为城市旅游的长期繁荣提供宏观指引,有利于旅游主管部门制定相应的产业发展政策,有利于旅游产业的投资者以此做出正确的判断。为研究旅游地旅游发展过程、预测旅游地未来旅游发展趋势、指导旅游地旅游市场营销和合理规划旅游地建设提供了理论框架。

第三节　研究区域

巴蜀既是一个地域概念也是一个文化概念,在几千年历史长河中,巴蜀儿女在巴蜀大地上生生不息,创造了具有明显地域特征的灿烂的巴蜀文化。俗话说,一方水土养一方人,巴蜀文化是在巴山蜀水独特的地理环境中生成的一种区域性文化,是经过长时期的积淀而形成的独特的文化心态和精神走向。

一、巴蜀文化的内涵

"巴蜀文化"的概念,是 20 世纪 40 年代初提出来的。巴蜀文化有两种含义,狭义的是指秦统一巴蜀之前还称为巴蜀时期的文化,广义的是指中国四川盆地中成都的蜀和重庆的巴所代表的文化。本书所指的巴蜀文化是指广义的巴蜀文化,可以定义为:是主要居住在现在四川省、重庆市境内,自古至今汉族和各少数民族共同发展的具有巴蜀地区特色的地域文化。

巴蜀地区是中国文明的重要起源地之一,是长江上游的古代文明中心。今天的重庆市和四川省古称巴蜀,所谓"巴",即大致指今盆地东部(即川东地区);所谓"蜀",即大致指盆地西部和中部地区以及整个盆地连同周边地区。巴文化和蜀文化是两支不同的考古学文化,它们有各自的分布地区。

蜀文化分布的中心是以成都平原为中心的川西地区,包括盆地西部及陕南、滇北一带。传说,这里很早建有地方政权,至公元前 316 年为秦所灭。考古发现,商至西周时,蜀人与黄河流域民族即有文化交流。出土商代后期陶器如深腹豆形器、高柄豆、小平底钵等,虽具地方特色,但铜镞、铜戈、铜矛却为黄河流域常见器形。出土的西周至春秋的玉石礼器与中原所出者一致;巴文化分布的中心是湖北西部的长江沿岸,最早源于湖北西南的清江流域,后活动于盆地东部及附近地区,向西迁徙到今重庆市。巴文化西周时,建有巴国,受蜀影响,始有较高水平的农业。蜀文化渊源于四川盆地西部的新石器晚期文化;巴文化渊源于长江三峡地区新石器晚期的季家湖文化(类型)。

巴蜀文化是一种内涵丰富、特色独具、影响深远的文化,是中华文化不可分割的重要组成部分,经历了上千年的历史的洗练和变革,形成了自己的风格与特点,并在历史的浪涛中变得更加意蕴深厚。巴蜀文化具有很强的辐射能力。除与中原、楚、秦文化相互渗透影响外,主要表现在对滇黔夜郎文化和昆明夷、南诏文化的辐射,还远达东南亚大陆,在金属器、墓葬形式等方面对东南亚产生了深刻久远的影响。巴蜀地区是西南丝绸之路的出发点和主经之地,自古与西南各族和南亚各国保持着密切交往,巴蜀文化影响了西南各族乃至南亚诸国,使巴蜀文化冲破了自身的地域特色进而具有大西南意义和国际文化交流意义。

二、巴蜀文化的形成与发展

今天的四川省、重庆市在中国古代的商、周时期,是以蜀族和巴族为主,建立的两个王国,他们和中原的商、周王朝、华夏族,有着密切的联系。秦举巴蜀以后,巴国和蜀国被正式纳入秦国的版图。经过秦代到西汉早期,巴族和蜀族及其他族已逐渐融合于汉族之中。

1. 巴蜀文化的形成

现在的巴蜀地域看起来虽然是一个整体,但是,在战国以前的历史文献里,巴和蜀是分称的,不论在地域范围、人类群体、还是在文化等方面都有着清楚的分界,到战国时代的文献中,才出现了巴蜀合称的记载。巴国最初立国在汉水上游一带,西周时向东发展,战国时代南移长江流域,最后进入重庆地区。蜀国最初指的是以成都平原为政治经济文化中心,北边包括汉中盆地在内的古蜀国。公元前316年,巴、蜀统一于秦,但一直以郡、州、道的形式存在,而在隋唐以后,巴和蜀才作为地区的代称在各种场合被广泛地使用。从此,一代又一代的先民们开始突破巴蜀地区的地理障碍,打通了对外交通的要道,促进了与四方的交通和文化的交流,形成巴蜀文化善于兼容和开放的明显特点。并且开始影响着一代又一代的巴蜀人。

2. 巴蜀文化的发展

"九天开出一成都,万户千门入画图",李白这句赞美的评价,让我们可以看见当时成都的繁荣盛世。是的,巴蜀地区经济政治以及各方面的发展在历史的长河中从来就没有停止过。一万年前,川西平原已经成为古蜀族的活动中心;四千多年前,古蜀人定都于川西平原;两千三百多年前,四川被并入秦国;两千三百多年前后,西南先民开拓南方丝绸之路;西汉前期,四川的经济实力已位居全国榜首;东汉时期,成都已是全国的五大都之一。巴蜀人一直在不停地繁衍生息,巴蜀文化也一直在不停地被弘扬沉淀。直到今天,巴蜀文化形成了自有的特点,壮心浩荡又风情万种,雄心壮志又温文尔雅。巴文化和蜀文化同是一家,一个是"盆地文化",一个是"山地文化"。巴文化造就了重庆人,蜀文化造就了四川人,四川人与重庆人在文化血缘上有着割舍不断的联系,巴文化与蜀文化一脉相承,在以后的发展中,将会被后代发扬与传承。

三、巴蜀文化的特点

巴蜀文化源远流长,是华夏文化的一个分支,已有5000余年的发展历程,在中国上古三大文化体系中占有重要地位,与齐鲁文化、三晋文化等地域文化共同构成辉煌灿烂的中华文明。巴蜀大地是中华民族的又一摇篮,是人类文明的发祥地之一。从秦汉到近、现代巴蜀大地产生了司马相如、扬雄、陈子昂、李白、苏轼、张木式、杨升庵、李调元、郭沫若、巴金等文化巨匠,在许多文化领域,诸如汉赋、唐诗、宋词、蜀学、史学、道教、天文、易学等方面,都处于全国前列。巴蜀的文化和宗教,与齐鲁的儒学、三晋的法学、荆楚的道家,共同形成了祖国古代文化的显著特色。

1. 巴蜀文化的地域特点

巴蜀山川,自古有雄险幽秀之称:峨眉天下秀,青城天下幽,剑阁天下险,夔门天下雄。巴蜀,即巴和蜀。"蜀",以成都为中心,包括盆地西部及陕南、滇北一带;"巴",即盆地东部及附近地区。巴蜀文化区是指以四川盆地为中心,兼及周边地区而风俗略同的地区。由于涵盖范围甚广,巴蜀地形复杂多样,含盆地、平原、丘陵、山地、高原、高山诸多类型,大致可分为东西两部分。东部盆地四面环山,而西面则是高原,地形复杂,海拔悬殊。

2. 巴蜀文化区的气候特点

巴蜀文化区因地形的多样,自然也拥有了比较多变的气候。成都平原,古称"广都之野",适宜于亚热带常绿阔叶林生长,这里自古即山清水秀,夏无酷暑,冬无严寒,适于农耕的美丽富饶之地。巴蜀地区的东部盆地,由于四面环山,冬季寒潮不宜入侵,夏季焚风现象显著,具有冬暖、夏热、春旱,无霜期长,雨量充沛,湿度大,云雾多,日照少,秋季多绵雨的特点。而巴蜀地区的西部高原,由于海拔悬殊,因而气候变化比较大,有多种类型,具有干雨季分明、日照充足的特点。

3. 巴蜀文化区的自然资源

巴蜀文化区正是由于地形的复杂导致了气候的多变,而气候的多变则导致了地理资源的丰富和生物圈的多样性。巴蜀地区能源资源丰富,主要以天然气、水能和煤炭为主;矿产资源种类齐全,能源、黑色、有色、稀有、贵金属、化工、建材等矿产均有分布。巴蜀地区的矿产资源不仅具有总量丰富、分布相对集中的特点,综合利用价值也是不容小觑。此外,水资源也很丰富,全年降水量甚高。巴蜀地区的生物圈具有兼容性和多样性,其植物种类比整个欧洲还多。资源植物约有 4000 多种,脊椎动物 1100 多种,占全国总数的 40% 以上,列入国家保护的珍稀动物有 55 种。举世闻名的大熊猫,"金发女郎"金丝猴,"六不象"扭角羚等。优越独特的生态环境为巴蜀的农业文明和城市文明早期兴起创造了十分有利的条件。

4. 巴蜀文化的人文特点

巴蜀是一个封闭性的盆地,北有剑门之险,与中原有栈道相通,东游长江三峡之危,出三峡才能到达楚地。险峻的蜀道对当地的历史、政治、经济、文化留下深刻的烙印。西晋蜀郡江原(崇州市)人常璩自《华阳国志·蜀志》中概括巴蜀人的主要特征是:其一,多斑彩文章;其二,尚滋味,好辛香;其三,君子精敏,小人鬼黠;其四,多悍勇。历史跨越了一千七百年,这些特征仍有现实意义。

"自古文人多入蜀",四川是我国的文化胜地。三国时期,诸葛亮"两表"耀千秋;唐代的诗仙李白、诗圣杜甫等大批文人云集于此;宋代,苏洵、苏辙、苏轼一门三父子;现代文学泰斗巴金、大文豪郭沫若均出自此地。众多文人的集中,也在一定程度之上将文人的气息渲散在这片巴蜀之地上,使得成都人崇文却不尚勇。而受巴文化渲染的重庆人,性格却胆大、心直、外向、多些叛逆的江湖气而少些规矩和儒雅,与成都人形成了鲜明的对比。巴蜀文化,一个巴文化,一个蜀文化。巴山与蜀水的不同的文脉所孕育出来的两座城和两种人竟有几乎全然不同的文化品格,成都人和重庆人的区别在历史的长河中竟渐渐地变得清晰,两者之间的血缘细节却紧紧联系在一起。

元代的双流人费著《岁华纪丽谱》曾说:"成都游赏之盛,甲于西蜀,盖地大物繁而俗好娱乐。"俗尚游乐是巴蜀人的一大特点。所以,巴蜀很早就兴起了旅游习俗,到唐宋时期达到顶点。以成都而论,全年的固定的游乐活动就有23 次之多,或游江,或游山,或游寺,或游郊野,而且往往是群体出游,并与歌舞娱乐、体育竞技、商贸活动结合在一起,具有很丰富的文化内涵。

从人的性格特点来看,巴蜀男人——耿直而鬼马,豪放而狡黠。既精明能干又悠闲散漫,既敢闯敢干又谈玄说幽,固守于盆地之中皆是闲人,冲出夔门之外都是好汉。巴蜀女人——伶牙俐齿,妩媚多姿,勾人魂魄,蜀之温婉渝之泼辣皆风情万种,麻辣之间原来最是温柔之乡。

综上,从文化特点上看,(1)巴蜀文化绵长久远、神秘而灿烂,可坐享天成,亦可以行卒而生;可无为逍遥,更因刀剑而存。(2)文化上兼容儒释道,以道,注川人风骨;以儒,举川人仕进;以释,去川人彷徨;进退之间,死生契阔。(3)蜀人从容,却含惰性;巴人明快,失之浅薄;瑰宝陆离,多附鬼气;人文荟萃,最是诗人。(4)巴蜀之地向来称为四塞之国,不可谓不封闭,然则多川汇流,昂然出三峡,成大江东去之势,尖锐,奔腾,苍茫,颇让人喟然感叹。(5)蜀中自古多才俊,蜀中自古少大将,多少豪情,多少志气,都削成丝丝缕缕花絮,化作点点滴滴闲情,粘满着春花秋雨,汇入大江大河,消失于无影无踪。

四、巴蜀文化的差异与融合

今天的重庆市和四川省古称巴蜀。大致说来,盆地西部和中部地区称为蜀,盆地东部(即习称的川东)地区称为巴,而整个盆地连同周边地区则又通称为蜀。不过,巴蜀的地域范围并不是一成不变的,它有一个历史演变过程,这个过程是与巴蜀文化区以及历代行政区划的变动大体上相适应的。在战国以前的历史文献里,巴与蜀是分称的,不论在地域范围、人类群体,还是在古国、古族等方面,巴、蜀之间都有着清楚的分野。到战国时代的文献中,才开始出现巴蜀合称的记载,从地域相连的角度反映了巴与蜀文化和人类群体的交流融汇。

1. 巴蜀文化的差异

四川盆地自古分巴蜀两大地域。巴文化的中心是重庆,蜀文化的中心是成都。气候方面,重庆夏日酷热,成都夏季凉爽。地形方面,重庆山高路不平,成都一马平川。性格方面,重庆人辣火朝天,成都人委婉平和。语言方面,重庆话铿锵有力,得阳刚气,成都话低沉细软,有吟有味。饮食方面,成都多精美小吃,赖汤圆、担担面闻名全国,重庆爱吃火锅、江湖菜等比较大型的菜色。成渝两地相距不过400公里,却构成了各自文化形象非常鲜明的特色,成为中国城市研究的一道独特风景。

第一,从经济基础看巴蜀文化的差异性。从经济基础看,蜀地以成都平原为中心,沃野千里,气候适宜,自有记载以来,就是一个农业发达的区域。据《华阳国志·蜀志》载:蜀地"山林泽海,园囿瓜果,四节代熟,靡不有焉"。《山海经·海内经》在描述成都平原美丽富饶的情景时云:"西南黑水、青水之间,有都广之野,后稷葬焉。其域方三百里。盖天地之中,素女所出也。爰有膏菽、膏稻、膏稷,百谷自生。"这是天府之国的真实写照。从目前出土的考古材料看,蜀文化的经济是以稻作农业为主。近年来宝墩遗址等处的环境考古研究证明,成都平原可能是早期稻作文明的产生地之一。如1998年在都江堰芒城遗址H13灰坑内就发现有水稻硅酸体的遗物存在,该灰坑为宝墩文化时期。据此推测,成都平原在相当于中原的龙山时代已有了稻作农业。1999年,考古人员又在都江堰芒城遗址晚期的灰坑中,发现了水稻硅酸体。说明成都平原至迟在新石器时代晚期就开始了水稻栽培。蜀地还是我国古代养蚕织丝的发祥地之一。传说蜀人的始祖蚕丛,即为养蚕之能手。

目前对三星堆遗址的考古研究表明,该遗址在成都平原不仅有上千年的长期定居历史,而且农业有了很大的发展,使用着多种耕种工具,也有一定的防洪和灌溉技术。杯、盉、勺、瓶等大量酒器的出现,说明当时的粮食有较多的剩余。宏大精美的青铜器群、规整细致的玉石礼器,反映了手工业、青铜铸造业等技术高度发达。三星堆出土的大量生产生活用品,众多的装饰、礼器和祭祀用神器,证明当时已完成第二次社会大分工:手工业从农业中分化出来成为独立的行业。海贝、玉石璧瑗的大量出现,反映了商品货币经济已经开始。器物群中多种文化因素和遥远的海洋产品的发现,说明当时的贸易和交通也有了较大发展。

正因为地处成都平原的古蜀王国自古以来农业发达、经济富庶,故史称秦灭蜀后"富厚轻诸侯"。《华阳国志·蜀志》云:"后有王曰杜宇,教民务农,一号杜主。"又说:"巴亦化其教而力务农,迄今(东晋)巴蜀民农时,先祀杜主。"可见蜀地的农业,是其自身发展的结果,而巴地则是受了蜀的影响,而后才逐步发展起来的,二者的农业发展程度显然存在较大差异。且从双方所处的地理位置看,川西蜀地位于成都平原,自古就有"天府之国"的美誉,"天府之国"

的丰庶自然条件,形成蜀地农业文明独有的特征,正如《汉书·地理志》所载:蜀人"俗不愁苦,人多工巧"。可见,蜀地这种富庶的农业生产方式和生活方式,成为蜀文化性质及其面貌的决定性因素。

而川东巴人则多位于河谷及丘陵地区,土地贫瘠,农业相对滞后,长期停留在刀耕火种的阶段,直到唐宋时期都是如此。据《白氏长庆集》卷十一载:"忠州刺史以下,悉以畬田粟给禄食,以黄绢支给俸。自古相传风俗如是。"唐代诗人杜甫旅居夔州时,其诗句也多次提到这种落后的耕作方式,如"禄田费火耕""烧畬度地偏"等。据《杜公部集》卷四十载曰:"峡土确瘠,居人烧地而耕,谓之畬田。"刘禹锡的《畬田行》更是生动地描绘了三峡地区刀耕火种的情景,曰:"何处好畬田,团团缦山腹。钻龟得雨卦,上山烧卧木。"可见,在一般的高坡山地,都从事刀耕火种,重视春祈秋报,这种现象从唐宋一直延续到明清时期。

但巴族所在的三峡地区,由于发达的长江干流和支流水系以及独特的地形和气候特点,却蕴藏着极为丰富的鱼类资源,加之该地区人口密度相对较少,植被资源相对较好,自然动物群的丰满度比较高,因此,渔猎资源便成为巴族赖以生存的基本手段,渔猎经济亦成为巴族最重要的经济模式。

巴族渔猎,历史悠久,大量的考古资料说明,早期巴人是以渔猎为主的民族,沿水而居,以船为家,生活当中尤其是与鱼的关系尤为密切,在原出于《世本》的早期巴人传说中,便有廪君乘土船从夷水至盐阳,盐水女神告廪君:"此地广大,鱼盐所出,愿留共居"的记载。有学者认为,"巴"字是我国南方壮傣语系民族中"鱼"的读音,"巴就是鱼,鱼就是巴",巴的称谓与其捕鱼的经济形态紧密联系在一起。从考古材料看,三峡地区的渔业,至少可以追溯到距今7000多年前的新石器时代早期。在瞿塘峡南侧的巫山大溪遗址、西陵峡段的秭归、宜昌境内的大溪文化地层中,皆发现有大量的鱼骨、鱼牙和鱼鳃骨。在宜昌中堡岛遗址的大溪文化遗存中,还发现一百多个鱼骨坑。尤其是在大溪文化的墓葬中发现用鱼和龟随葬的现象。在夏商周时期的早期巴文化遗址中,不仅出土了大量的鱼骨和兽骨,还出土了大量的骨制生产工具和生活用具,如骨锥、骨笋、骨针、骨铲、骨镞和牙锥等。先秦时期,三峡地区考古发现的渔具,除拖网、投网、流刺网等网具外,还有许多钓具(鱼钩)、镖具(鱼鳔、鱼叉)等。从三峡考古所反映的居民生活方式和生活情景来看,渔业和狩猎是当时人们生活中的重要内容。

由此可见,蜀文化分布的成都平原地区,自古以来就有发展农业的有利条件,其经济模式必然以农业经济为主体。而巴文化分布的峡江地区,受地理环境的限制,其经济形态不可能以农业经济为主,相反渔猎经济必然会占主要的方面。蜀地的农业经济与巴地的渔猎经济显然是两种不同的经济模式。

第二,从上层建筑看巴蜀文化的差异性。蜀文化从本质上说是一种内陆农业文化,不仅有以大禹治水、李冰治水著称的农耕文明,而且有发育较早的工业和商业,是我国天然气开采、雕板印刷术、纸币等最早的起源地。

正因为蜀地农业发达,很早以前蜀就已经具备了国家的形式,是我国最早出现城市文明的地区之一,早在距今 4 500—3 200 年之间,就有新津宝墩、温江鱼凫、郫县古城、都江堰芒城、崇州双河和紫竹等 6 座古城,在三星堆、金沙文化时期,古蜀已进入国家形态,有比较发达的神权和礼乐制度。蜀地的肇始、发展,与治水有密切关系。据《华阳国志·蜀志》云:"杜宇称帝,会有水灾,其相开明,决玉垒山以除水害。帝遂委以政事,法尧舜禅受之义,遂禅位于开明。"后来李冰在蜀兴修水利,据《史记·河渠书》记载:"凿离碓,辟(避)沫水之害,穿二江成都之中。"可见,要实施大规模的水利建设,没有相对完备的国家政权作保证是难以组织实施的。《世本》说"蜀无姓"。徐中舒先生认为,蜀所以无姓者,是它已经超过了部落组织而进入国家形式了。

考古发掘的研究证明,成都平原早在三星堆文化的繁荣时期(即距今4000—3200 年,相当于中原的夏商时期),一个具有国家形式的政治实体的古蜀王国就已经形成。巨大的城区,面积仅次于同时期的郑州商城。城区内建筑密集,其中有一组建筑面积达数百平方米,据推测有可能为当时的宫殿建筑。遗址内发现多处祭祀坑,坑内出土文物异常丰富,说明当时常举行大型祭祀活动,祭天地祖先,以此表示主持者具有代表公众讲话的权威。出土的金杖上有戴王冠的头像和鱼鸟图案,是国王的权杖,或许就是鱼凫王的标志。三星堆可能就是古蜀鱼凫王的都邑。兵器、礼器的大量出现,反映了军队和政权的力量,说明随着私有财产的发展,财富的集中必然导致阶级的产生。三星堆遗址内曾发现两个反缚的奴隶石像,是当时进入奴隶制社会的佐证之一。大量的资料证明,三星堆遗址是早期蜀国的一座都城。三星堆古城遗址反映的社会情况与中原夏商王朝不尽相同,它是一种政教合一的政权形式,将原始宗教信仰和祭祀活动作为象征国家权威、维系国家思想与组织统一的重要形式。也正如苏秉琦先生所说:"四川的古文化古城古国,从无阶级到有阶级,不是一夜之间形成的,各地有各地的发展过程,都在继承前代文明,创造新的文明。"而巴郡南郡蛮有五姓,巴氏之子务相为廪君,樊氏、覃氏、相氏、郑氏皆臣事巴氏。又板楯蛮有罗、朴(濮)、昝、鄂、度、夕、龚七姓,板楯也是廪君之后。巴族的姓是大姓,是一种部落组织。每一个大姓,就是一个部落。巴氏统治其余四姓也不过是一种部落联盟的形式。也就是说,与蜀相比,巴还没有完备的国家机构,这也是它的经济基础的反映。其文化特质从原生形态上考察,仍具有较强的原始自然色彩。表现在经济文化中,原始的自然经济(渔猎)仍占主导地位,生产力水平较低,耕作技术粗放自然,缺少大规模的劳动协作,自然环境对经济生活起着绝对的制约作用;在制度文化中,其社会组织仍然呈现自然松散式状态,部落和家族的历史延续不衰,仍保留着较浓厚的氏族组织形式的色彩,缺少一套完整的规范和规则来统一全社会成员,部落和家族各自为政,不能形成合力,因此也无法与东边强大的楚国相抗衡。

此外,从秦灭巴、蜀后所采取的不同的统治措施也可以发现,巴、蜀之间的上层建筑有比较大的差异。秦灭蜀后,直接在蜀建侯置相,后又开设蜀郡,统治蜀的广大人民,这完全是继承了蜀王的权力。假若蜀的时代,还没有完成国家机构,那么秦的统治就不可能如此顺利。而在巴地,虽然秦设立了巴郡,但其管理手段却有比较大的区别,这从汉代对西南夷的开发,以及元明以来的土司制度就可知道,封建王朝对于部落组织的社会,往往必须借部落酋长之手,实施间接的统治,不可能直接设郡管辖。

第三,从意识形态看巴蜀文化的差异性。巴、蜀之间,由于所处的地理环境及社会经济的发展水平不同,导致两者之间社会意识形态的差异。巴族是一个沿水而居、以渔猎经济为主的民族,善于驾舟、习于佩剑。巴式青铜器中以青铜乐器虎钮錞于、编钟、钲等为主,体现了巴人天性劲勇、好战喜舞的民族性格。早在周武王伐纣之时,就以"歌舞以凌殷人"而名扬于世。"汉高祖平定三秦之战"中更是表现出巴师的风采。《华阳国志》记载:"其人勇敢能战"

"郡与楚接,人多劲勇……有将帅才。"《蜀典》卷五中也有"巴人劲勇""巴渝之人刚勇好舞"的记载。正因为巴族及其后裔自古以来具有崇力尚勇、淳朴憨直的民族性格,不畏强暴,敢于斗争,所以,历代统治者都称之为"蛮"。诸如"板楯蛮""南蛮""廪君蛮""巴郡蛮""南郡蛮""五陵蛮""土蛮"等。蛮者,通常指那些行为粗野、不通情理之人。透过这个所谓"蛮"字,既可以看出历代统治者对巴族及其后裔的鄙视之情,同时也可以看出历代统治者对巴族的畏惧之意。

在精神文化中,巴人崇尚祭祀,尤其是白虎崇拜,在巴族的意识形态中占据显要而神圣的位置,其延续历史久远,影响深广,贯穿了巴族及其后裔的整个历史发展进程,并由此具有了民族凝聚、道德铸造和文化传播等社会功能。因此,白虎崇拜作为一种制度,规范着巴族先民氏族群体的行为;作为一种信仰,是维系巴族内部团结的纽带。正如有学者所说:"相比较而言,巴文化中比较雅致的成分少,而更多的是自发的、自然的、民族的,或可称为世俗的,甚至在不少的内容上可以称之为粗俗的文化成分较浓厚。"这一方面是受生产力发展水平所限,另一方面是巴人的文化性格使然,因为作为巴地民众,得其自然之造化的陶冶,社会文化发展的层次不高,其行为方式多本质之自然流露。这与《华阳国志·巴志》记载的巴人"重迟鲁钝,俗素朴,无造次辩丽之气"的风俗是相符的。巴人当时居住环境恶劣,经济较他地落后,受中原先进文化的影响有限。因此,在维系自我生存中,关心的是现实的利益,有着强烈的功利目的。

而蜀人所处的成都平原有"天府之国"的美誉,自古以来农业经济发达,这里的人们很早以前就接受先进文化的熏陶,与巴人的强悍相比,蜀人则显得更为精明。《华阳国志》称蜀人"尚滋味","好辛香","君子精敏,小人鬼黠"。这种意识形态上的差异,即便是到了东汉以后依然存在。永兴二年(公元154年),巴郡太守但望建议分巴为二郡说:"江州(今巴县)以东,滨江山险,其人半楚,姿态敦重;垫江(今合川)以西,土地平敞,精敏轻疾。"就是说,江州以东保存的巴楚旧俗较多,人民是强悍的;垫江以西,接近蜀境,人民是精敏的。所以,《华阳国志·巴志》于巴西郡下引用当时的成语说:"巴有将,蜀有相也。"这与汉代"关东出相,关西出将"的说法一样,都是以文化的高低作为区别人民性质的标准。正因为蜀地自然条件优越,不愁吃穿,所以,蜀人逐渐形成奢靡风俗。唐宋以降,蜀人小富即安,追求享乐,醉心游玩,不求宦达。时代不同、俗应有异,然而蜀人易于满足,耽于享受,溺于休闲的习性和传统,古今皆然。

第四,从青铜文明看巴蜀文化的差异性。蜀人的青铜文明当以鱼凫巴族创造的三星堆文化为代表。在三星堆文化阶段,四川盆地的中心地区不仅形成了独具特色的考古学文化,而且出现宏伟的三星堆古城,制作出精美的大型青铜雕像和金、玉、铜、陶礼器,形成了一个高度发达的古代文明中心,建立了繁荣的三星堆古国。三星堆遗址大发现,被誉为"世界奇迹""比有名的中国兵马俑更要非同凡响"。其青铜文明的时代明显要早于白虎巴族所创造的青铜文化。战国时期巴式青铜兵器虽在川东巴地和川西蜀地均有出土,但二者仔细分辨还是有所差别,现以柳叶形青铜剑、虎纹戈等为例进行分析。

柳叶形青铜剑扁茎、无格,是晚期巴蜀文化中最具代表性的器物之一,故学术界又通称为巴蜀式剑。其出土数量极多,分布范围极广。据冯汉骥先生的研究,巴式剑与蜀式剑在形制上还是有所差别,巴式剑有中脊,剑身宽广,斜肩,扁茎无首,茎上两穿,接木柄甚长;蜀式剑与巴式剑大致相似,但甚短,狭而厚重,扁茎与剑身几无可分,无首。其中以陕西宝鸡地区出土数量最多,占总数一半以上。由此可见,这一时期柳叶形青铜剑的分布是以宝鸡地区为中心,并且在宝鸡使用的时间最早,即商代晚期到西周早期。

川西蜀地之所以出现较多的巴式青铜兵器,是有一定的历史背景可循的。因为春秋中后期,取代杜宇氏统治蜀地的开明氏很可能就是巴人;同时,秦灭巴蜀后,对蜀是严密控制和多次镇压,对巴则采取"羁縻政策"。《后汉书·南蛮西南夷列传》记载:"及秦惠王并巴中,以巴氏为蛮夷君长,世尚秦女,其民爵比不更,有罪得以爵除。"这不仅有利于秦人对巴地的统治,而且可以让尚武善战的巴人为其所用。从川西蜀地出土巴式青铜兵器地点的分布情况看,也正是巴人戍边及遏制蜀人的重要位置所在。因此,在川西蜀地出现大量的巴人器物就不足为怪了。

综上所述,巴蜀文化渊源密切,最早从巫巴山地走出的鱼鳖之巴与白虎之巴等不同支系的巴族,虽然迁徙路线各异,但他们一方面共同帮助周武王灭掉商纣王,另一方面又各自建立起了巴、蜀王朝,这正是自古以来巴蜀一体的真正原因。巴蜀文化本身就是一种复合文化,但并非合而为一。因为不同的地域、不同的生活方式以及不同的信仰,使得二者在文化发展的品位和层次上形成一定的差距。春秋战国时期,蜀国与巴国并存,随着交往的更加密切,形成了晚期巴蜀两国文化基本相似又有所区别的新的文化共同体,但蜀文化因区位优势,在社会发展程度和水平上还是明显要高于巴文化。巴文化和蜀文化是两种不同性质、不同品位的文化。

2. 巴蜀文化的融合

巴与蜀都是我国古代的族称、国名和地名。二者不仅在地域关系上相互毗邻,而且自古以来关系密切,因历史上"蜀之为国,与巴同囿"。史学观点普遍认为巴蜀应属同一文化。事实上,巴蜀文化渊源不同,实质内涵各异。"巴有将,蜀有相",巴人"少文学",勇猛善战,"质直""敦厚",喜"巴渝舞",唱《竹枝歌》,形成独特的"巴渝文化",与人才济济、文化发达的蜀地不可同日而语。但是,经过了长期相互融合,两地文化渐趋一同,仅在边远山区保留了丰富多彩的少数民族文化。

表 1-2　巴蜀文化融合的历史过程

年代	蜀文化	巴文化	差异
先秦	蜀"不晓文字,未有礼乐"。早期蜀人无文字,但属地"山林泽鱼,园囿瓜果"	使用象形文字:其民质直好义,土风敦厚	受组织形式和邻国楚秦的影响,早期巴、蜀文化已存在差异
秦汉	"辄徙其豪侠于蜀",于成都"修正里閈,市张列肆"使秦风大化于蜀。西汉时,属地学于京师者比齐鲁焉。汉赋中的大家注司马相如、王褒、严遵、杨雄等都是蜀郡人	与"蜀有相",士人比肩接踵相比较,"巴有将",巴人仍保持其"勇敢能战"的本色。东汉时,巴人善战仍名冠全国	巴、蜀一个偏"武",一个偏"文",差异较大
魏晋南北朝	晋代蜀地"搢绅邵右之畴,比肩而进,世载其美","其忠臣孝子,烈士贞女,不胜咏述"	巴地依然"风淳俗厚,世挺名将"	巴蜀文化差异十分明显
隋唐	蜀文化仍然保持繁荣,"人多工巧","敏慧轻急","颇慕文学,时有斐然","士多自闲,聚会宴饮"	"其居处风俗,衣服饮食,颇同于僚,而亦与蜀人相类"	巴蜀差异逐渐缩小

续表

年代	蜀文化	巴文化	差异
两宋	属地"痒塾聚学者众","文学之士,彬彬辈出焉"。人才仍以蜀地为多	北宋时的渝州(今重庆)与属地"风俗一同"。开州(今开县)、达州(今达县)、渠州(今渠县)"皆重田神,善祀好歌"	宋代巴文化已"化为中华",与蜀文化渐趋一同。除人才多少略有差别外,巴、蜀文化习俗已相差无几
元代	"成都游赏之盛甲于西蜀",盖地大物繁而俗好娱乐	"地瘠民贫,务本力稿,其士亦喜静退,不为剽锐"	两地文化因蜀富巴贫而略有差别
明清	巴蜀各府州县与全国其他地区一样,都设有官学和书院,就连三峡地区的夔州、忠州也不例外。据《大明一统志》所载,明代巴蜀各府州基本上都是"民俗淳朴""好义多儒""好文尚礼"等概括性的语言,其间差别无从提起。清代,巴蜀两地民俗亦大体相同	巴渝与蜀地在文化特征上已大体相同
民国	鸦片战争后,帝国主义列强沿长江逐渐深入内地,巴地首当其冲。帝国主义列强以重庆为据点,设主教,办教堂,管辖云、贵、川三省教务,从而使巴渝地区的教堂大量涌现,远多于蜀地和西南其他地区。在新文化运动中,重庆成为川东的中心。抗战时期大量文化科研机构迁往重庆及附近地区	由于历史原因,以重庆为代表的巴文化处于强势地位

第四节 研究框架

本书遵循从特殊到一般的研究思路,按照"理论研究—比较研究—模式路径—实证研究"的逻辑展开,综合运用区域经济学、城市文化学、文化经济学、文化地理学等理论和方法,注重跨学科研究,兼顾全球视野和地方视角。通过分析成渝地区双城经济圈文化旅游一体化的实践探索,尤其是巴蜀文化走廊建设的亮点与特色,借鉴国内外城市群文化旅游一体化的经验,探讨文化旅游一体化发展视野下促进文化旅游高质量发展的战略选择和主要路径。

一、主要内容

本研究共分为六个章节。

第一章:文化旅游一体化理论综述

本章主要阐述研究背景、研究现状、研究区域及研究框架等。研究指出,随着人民对美好生活的向往不断得到满足,文化旅游必然面临转型升级,特别是文化旅游的深度融合发展和区域联动协同将成为产业发展的趋势。在此背景下,主要阐释文化旅游的相关概念、理论基础、作用机制、运行模式与发展趋势。相关概念上,主要对文化旅游消费、文化旅游产业融合和文化旅游一体化三个概念进行界定。理论基础上,分析了文化旅游一体化的典型代表理论,即文化旅游消费理论体系、区域一体化理论体系、公共治理理论体系。作用机制上,研究提出"文化先导促进旅游发展,旅游发展促进文化传承"的互动机制以及"跨区域政府协作+文化旅游产品开发+文化旅游线路设计+基础设施互联互通"的"四位一体"动力机制。运行模式上,研究提出以城市群为基础的一体化模式、以主题文化品牌为核心的跨区域共建模式、"文化旅游+"多产业融合发展模式等主要模式。发展趋势上,消费结构升级、增长极与动力源、旅游地全生命周期等理论创新契合未来文化旅游一体化的发展趋势,将会为文化旅游一体化起到更好的指导作用。

第二章:成渝城市群文化旅游一体化的实践探索

本章主要对成渝城市群文化旅游一体化的可行性、市场趋势、合作现状、现实困境进行多维度分析。研究认为,巴蜀文化是在巴山蜀水独特的地理环境中生成的一种区域性文化,形成了独特的文化心态和精神走向,构筑了城市群文化旅游一体化发展的内生动力。成渝城市群文化旅游资源本底优越、基础设施完善、产业发展持续向好,具备文化旅游一体化的良好条件。两地已在开创文化旅游新业态、培育文化旅游消费市场、整合资源错位发展、共建世界旅游目的地等方面先行先试,但还存在主题不突出、融合不深入、硬件不兼容、层次不丰富等困境,需要继续深挖巴蜀文化内涵,进一步推进文化旅游一体化。

第三章:巴蜀文化走廊建设的实践与探索

将成渝城市群打造成具有全国影响力的文化旅游一体化示范区,有利于打破城市间壁垒,促进经济、人口及各类要素合理流动和高效集聚,更大范围内实现文化旅游资源的高效配置,从而增强城市群文化旅游产业的辐射带动作用,激发文化旅游消费潜力。

第四章:文化旅游一体化的实证分析

本章主要通过实证分析与规范分析相结合的方法探究文化旅游一体化的法规演变趋势、产业融合度与一体化强度。法规管理上,运用大数据文本挖掘技术对我国 1990—2019 年文化旅游法规演变趋势进行研判,认为文化旅游一体化趋势愈发向好,互联网治理呈现峰值态势,但国家文化旅游法规重视度仍有待加强。产业融合度上,基于熵指数、赫芬达尔指数(HI)、专利相关系数法等测算方法,构建了文化旅游产业融合度测算模型,发现旅游产业与文化产业的一体化程度越高,文化旅游资源就越丰富,文化旅游的消费市场就越大。一体化强度上,嫁接应用物理学万有引力定律的计算方法对文化旅游一体化水平进行实证评估。

第五章:成渝地区双城经济圈文化旅游一体化的经验借鉴与启示

本章站在成渝地区双城经济圈文化旅游一体化的背景下,主要分析国内外城市群文化旅游一体化的宝贵经验。重点选取了京津冀、长三角、珠三角、长江中游城市群和英伦城市群、大巴黎地区城市群、东京都市圈等国内外城市群文化旅游发展的典型案例,认为国内外文化旅游形成了以文化产品为主题的产业一体化对接、以文化产业链要素为中心的旅游市场对接、以旅游产业链要素为中心的特色文化对接开发机制。国内外文化旅游一体化大多以区域内中心城市为增长极,通过发挥其集聚和扩散效应,形成新的增长轴线,再通过发达的交通系统将各地方有机地串联起来,形成网络化运行模式,实现旅游要素的自由流动。

第六章:文化旅游一体化发展的战略思考

本章主要构建起"战略思路—战略定位—战略步骤—战略重点"的战略分析研究框架。战略思路上,强化文化旅游一体化顶层设计与科学管理,构建战略技术路线,为未来文化旅游一体化发展提供前瞻性的、可操作性的发展路径与目标。战略定位上,提出共同打造国际文化旅游消费中心、世界文化旅游名城、长江上游文化旅游通道。战略步骤上,根据文化旅游一体化发展实际与规律,提出新时代文化旅游一体化"三步走"实施步骤。战略重点上,提出国际文化旅游消费中心关键在于培育文化旅游消费新业态,释放文化旅游消费潜力,加快文化旅游消费升级。世界文化旅游名城重点在于以现代智慧治理理念和手段激发文化旅游创造创新活力,培育城市发展新动能。长江上游文化旅游通道核心在于打破行政区域壁垒,促进经济、人口及各类要素合理流动和高效集聚,实现文化旅游资源在更大范围内的高效配置。

二、创新之处

(一)激活文化旅游消费的动力源分析

近年来伴随扩大消费政策的落地实施,消费已成为推动我国经济前行的最主要动力,特别是随着经济进入新常态,消费对拉动经济发展的基础性作用逐年递增。根据国家统计局数据显示,2019年最终消费支出对国内生产总值增长的贡献率为57.8%,高于资本形成总额26.6个百分点,消费对经济发展的基础性作用显著增强,可以说,消费市场已经成为我国经济增长最大的动力源。

动力源原本是一个物理学名词,指能够推动事物发展的初动力或能量。后被学者引用至经济社会科学范畴,用以表示促进某一事物发展的驱动因素。习近平总书记在中央财经委员会第五次会议上将动力源进一步升华,赋予了动力源新的空间内涵,动力源的概念从局部维度扩展至城市整体。总体来看,动力源是指经济增长视角下,都市圈、城市群等空间单元通过创新理念外化、技术要素转化、核心功能分化、比较优势固化,形成的拉动区域经济持续稳定增长的发展动能生成地。主要呈现为科技驱动的经济引领力,依托基础研究、二次开发、成果转化、应用场景创新链条,带动新经济新产业新模式策源发展,形成以技术进步为支撑的经济增长动能。开放驱动的枢纽辐射力,依托战略通道、口岸枢纽、贸易平台等对外开放功能,带动国际国内资源要素集聚和市场腹地拓展,形成以要素集疏为支撑的经济增长动能。文化驱动的可持续发展力,依托特色文化、人文品牌、精神感召等"软要素",带动文化旅游产业、创意产品、文化旅游消费等培育发展,形成以精神文化为支撑的经济增长动能。品质驱动的宜居吸引力,依托美丽生态环境、优质公共服务、便利生活服务供给等品质生活要素,带动优质人力资源集聚,形成以美好生活为支撑的经济增长动能。制度驱动的现代治理力,依托公平公正的法治环境、竞争有序的市场环境、开放透明的营商环境,带动社会创新活力激发、创新要素涌流,形成以先进制度为支撑的经济增长动能。

文化旅游业是产业链非常广的产业,是建设生态文明最有优势、最富潜力的美丽产业,是拉动经济增长的重要动力引擎。文化旅游消费是最终消费、多层次多样化消费和可持续消费,具有很强的融合能力和巨大的增长潜力,是经济新常态下扩大内需、提振消费的重要动力源,已成为居民的普遍消费和推动消费升级的主渠道之一。文化旅游业是稳增长、调结构的重要引擎和重要突破口,也是繁荣文化和惠及民生的重要载体,更是对外交往和国际化建设的重要桥梁,在国民经济和社会发展中的重要战略地位更加凸显。

(二)推动文化旅游一体化发展的趋势预判

"点—轴系统"理论是关于社会经济空间结构(组织)的理论之一,是生产力布局、国土开发和区域发展的理论模式。点轴理论源于区域开发,非常适合用于一体化趋势发展预判,认为社会经济客体大都在点上集聚,通过基础设施连成一个有机的空间结构体系。

就文化旅游行业来说,在旅游经济发展过程中,几乎大部分社会经济要素集中在"点"上的同时,"点"与"点"之间就形成由线状基础设施联系在一起形成的"轴"。联结各种等级城市的现状基础设施束,由于它具有促进区域这个类似扇面发展的功能,称之为"发展轴"。"轴"对附近区域有很强的经济吸引力和凝聚力,同时"轴"也是"点"上社会经济要素向外扩散的途径。社会经济客体在空间上以"点—轴"形式进行渐进式扩散。"点—轴系统"可以按"点—轴"空间结构系统配置生产力和改善生产力的空间结构,以及进行全部社会经济的空间组织。文化旅游发展在某种程度上也会呈现"点—轴"空间关系,例如旅游景点门票消费的"点"之间串联起来后,就会带动不同景区间的"轴"状发展,进而形成"轴"状发展的样态,由旅游流在区域内旅游节点上的集聚,在旅游轴线上的流动,形成了区域内部各城市之间的"点—轴"系统。

(三)促进文化旅游一体化发展的路径分析

系统论要求把事物当作一个整体或系统来研究,认为复杂事物功能远大于某组成因果链中各环节的简单总和,强调整体与局部、局部与局部、系统本身与外部环境之间互为依存、相互影响和制约的关系,具有目的性、动态性、有序性。它能够全面、开放、持续、动态地看待整体和相关问题。其基本思想是把研究和处理的对象都看成是一个系统,从整体上考虑问题;特别注意各个子系统之间的有机联系以及系统与外部环境之间的相互联系和相互制约,强调系统有随时间而发生变化的规律,要求人们用发展的眼光和思维去认识、考察和把握一个系统及其分要素和子系统,最终达到最优化是系统理论的根本目的。

协同论(Synergetics)认为开放系统内部各子系统之间的相互作用能产生协同效应,使系统走向有序,形成一个新型结构。协同论目的是建立一种用统一的观点去处理复杂系统的概念和方法,通过大量的类比和严谨的分析,论证了各种自然系统和社会系统从无序到有序的演化,最终形成系统各元素之间相互影响又协调一致的结果。

系统论和协同论既为文化旅游一体化发展提供了认识论基础,即文化旅游业——国家的或区域的——是一个系统,应从整体上考虑;同时又为文化旅游业互动发展提供了方法论基础,即要用系统的观点来看待文化旅游一体化,用系统的方法进行旅游业的开发、经营和管理,不能拘泥于类似于景区消费、门票消费等传统单一的发展形态,而是更加注重综合性的文化旅游一体化样态。

第二章　成渝地区双城经济圈文化 旅游一体化的实践探索

成渝地区旅游资源丰富,自然和人文景观类别齐全,是我国重要的文化旅游资源集中分布区,具有文化旅游一体化发展的先天优势。以文化旅游深度融合推动成渝文旅一体化发展,更好支撑服务国家战略,是成渝地区双城经济圈文旅行业面临的重大任务。

第一节　成渝地区双城经济圈文化 旅游一体化的可行性分析

"美丽中国的先行区"是 2016 年国家对成渝城市群的全新定位,这是源于川渝城市群地处长江上游,担负着生态屏障的功能,对于构建国家生态安全格局有着不可替代的作用。中央财经委员会第六次会议也强调成渝经济圈发展要优化国土空间布局,加强生态环境保护。成渝双城经济圈在生态共建和环境保护方面所担负的国家使命,决定了未来该区域将不断强化旅游产业发展的生态基础。

一、文化旅游资源本底优越

川渝两地山清水秀,自然资源和文化资源禀赋都非常丰富。川渝两地都有丰富的文化旅游资源,并具有多样化的文化特征,列表如下:

表 2-1　成渝城市群世界自然文化遗产名录

地域	编号	名称	区位	批准时间	备注
四川	1	四川黄龙国家级名胜区	阿坝州	1992.12	自然遗产
	2	四川九寨沟国家级名胜区	阿坝州	1992.12	自然遗产
	3	四川峨眉山—乐山风景名胜区	峨眉山市乐山市	1996.12	文化与自然双重遗产
	4	四川青城山和都江堰	都江堰市	2000.11	世界文化遗产
	5	四川大熊猫栖息地	成都、阿坝、雅安、甘孜4个市州	2006.7	世界自然遗产
重庆	1	重庆大足石刻	重庆市大足区	1999.12	世界文化遗产
	2	武隆喀斯特和金佛山喀斯特	重庆市武隆区、南川区	2007年批准，2014年增补金佛山	中国南方喀斯特世界自然遗产

数据来源：四川省文化和旅游厅、重庆市文化和旅游发展委员会

表 2-2　成渝城市群国家级风景名胜景区名录

地域	编号	名称	区位	景区级别
四川	1	峨眉山风景名胜区	峨眉山市	5A
	2	四川九寨沟景区	阿坝州	5A
	3	贡嘎山风景名胜区	甘孜州	
	4	四姑娘山风景名胜区	阿坝州	4A
	5	四川都江堰风景区	都江堰市	5A
	6	蜀南竹海风景名胜区	宜宾市	4A
	7	光雾山风景名胜区	巴中市	5A
	8	四川青城山风景区	成都都江堰市	5A
	9	四川黄龙景区	阿坝州	5A
	10	诺水河国家级风景名胜区	通江县	4A
	11	龙门山风景名胜区	成都彭州市	
	12	黄龙寺风景名胜区	阿坝州	5A
	13	剑门蜀道风景名胜区	广元市	5A
	14	西岭雪山风景名胜区	成都大邑县	4A

续表

地域	编号	名称	区位	景区级别
四川	15	石海洞乡风景名胜区	宜宾市	4A
	16	邛海—螺髻山风景名胜区	凉山州	4A
	17	白龙湖风景名胜区	广元市	
	18	四川天台山风景名胜区	成都邛崃市	4A
重庆	1	缙云山风景名胜区	重庆市北碚区	4A
	2	金佛山风景名胜区	重庆市南川区	5A
	3	四面山风景名胜区	重庆市江津区	5A
	4	芙蓉江风景名胜区	重庆市武隆区	
	5	重庆奉节天坑地缝景区	重庆市奉节县	4A
	6	潭獐峡风景名胜区	重庆市万州区	3A

数据来源：四川省文化和旅游厅、重庆市文化和旅游发展委员会

表 2-3　成渝城市群 5A 级景区名录

地域	编号	名称	区位	评定年份
四川	1	成都市青城山—都江堰旅游景区	成都市都江堰市	2007
	2	乐山市峨眉山景区	乐山市峨眉山市	2007
	3	阿坝藏族羌族自治州九寨沟旅游景区	阿坝州	2007
	4	乐山市乐山大佛景区	乐山市	2011
	5	四川省阿坝州黄龙景区	阿坝州	2012
	6	广安市邓小平故里旅游区	广安市	2013
	7	南充市阆中古城旅游区	南充市	2013
	8	绵阳市北川羌城旅游区	绵阳市	2013
	9	阿坝州汶川特别旅游区	阿坝州	2013
	10	广元市剑门蜀道剑门关旅游区	广元市	2015
	11	南充市仪陇朱德故里景区	南充市	2016
	12	四川省甘孜州海螺沟景区	甘孜州	2017

地域	编号	名称	区位	评定年份
重庆	1	重庆巫山小三峡—小小三峡	重庆市巫山县	2007
	2	重庆大足石刻景区	重庆市大足区	2007
	3	武隆喀斯特旅游区(天生三桥·仙女山·芙蓉洞)	重庆市武隆区	2011
	4	重庆市万盛经开区黑山谷景区	重庆市綦江区黑山镇	2012
	5	酉阳桃花源旅游景区	重庆市酉阳土家族苗族自治县	2012
	6	金佛山风景名胜区	重庆市南川区	2013
	7	四面山风景名胜区	重庆市江津区	2015
	8	重庆市云阳龙缸景区	重庆市云阳县	2017

数据来源:2019年全国5A级景区一览表

截至目前,四川拥有世界自然文化遗产5处,重庆有2处,国家级风景名胜区四川有18处,重庆有6处。而从景区等级来看,四川的A级旅游景区数量为440家,其中5A级景区12个,4A级景区209个,重庆市则有A级旅游景区239个,其中5A级景区8个,4A级景区92个。川渝两地的自然资源都比较丰富,景区类型包括民俗风情、山岳、生物景观、特殊地貌、纪念地、城市风景、湖泊、历史圣地、岩洞、壁画石窟、江河、温泉等,并分布在川渝各地城市群落中。自2013年以来,高品质景区的新增势头迅猛,四川新增5A级景区7个,重庆新增3个,川渝两地近年来景区建设和发展速度都显著加快。从自然景观和文化特征来看,川渝两地各有特色,均拥有世界文化遗产等知名亮点,优势交错的情况比较明显,为川渝城市群文化旅游一体化的资源禀赋差异互补提供了可行性。

1. 风景名胜富集,自然资源丰富。既有以北温泉、东温泉为代表的温泉养生资源,又有以西岭雪山、天台山、缙云山为代表的山林景区资源,还有以金刀峡、佛影峡为代表的峡谷山川资源。成都大熊猫繁育研究基地是我国乃至全球知名的集大熊猫繁育、保护、文化建设等于一体的珍稀濒危野生动物保护基地。同时,青城山群峰环绕、林木葱郁,享有"青城天下幽"的美誉,成为旅游价值极高的风景区。

2.历史遗迹与近代革命圣地众多,人文资源厚重。成都境内遗留有大量三国时期的文物古迹,既有武侯祠般恢宏的名胜古迹,也有后世为纪念三国名臣、名将的纪念建筑。重庆在抗战时期作为中华民国战时首都,形成了丰富的陪都文化、革命文化,留下渣滓洞、白公馆、红岩村等著名抗战遗址。其中还包括:以杜甫草堂、子昂故里为代表的名家历史文化,以大足石刻、安岳石刻为代表的石刻艺术文化,以抗战遗址博物馆、建川博物馆为代表的抗战文化,以中国民主党派历史陈列馆、桂园为代表的统战文化等,丰富了区内的人文化旅游资源。

3.民俗文化纷呈,人文底蕴深厚。区域内的民风民俗浓郁古朴,经过世代相传,在与自然和历史的互动中,不断实现再创造,蕴藏了蜀绣、川剧、川菜、火锅等闻名中外的特色文化。著名的还有:以川江号子、木洞山歌、璧山吹打为代表的民间音乐,以清音、扬琴、评书、金钱板为代表的曲艺文化,以折扇、夏布、龙灯彩扎为代表的传统技艺,以花灯、庙会、舞龙、龙灯会为代表的民间习俗等,成为吸引国内外旅游者的重要内容。

二、基础设施较为完善

1.旅游交通设施状况。近年来,成渝两地紧紧围绕国家战略和两地发展需求,进一步加大道路交通建设力度,在成渝主轴间已形成了多条高速、高铁通道。高速方面,有成渝高速、渝蓉高速、成遂渝高速、成资渝高速四条高速大通道;铁路方面,主要有成渝高铁、成遂渝铁路、成渝中线高铁(规划)。带状交通方式的构成,为沿线旅游发展提供了直接便利。同时,行政区域内部,成都"三环十五射"、重庆"三环十二射"高速公路网络基本建成,至重点景区基本实现高等级公路相连。重点涉水景区配套有旅游码头,已形成了"锦江夜游""两江游"等知名旅游项目。

2.餐饮住宿业状况。随着旅游业发展新气象的来临,重庆旅游业态体系逐渐丰富,市场主体更加健全。餐饮住宿方面:截至2019年年末,重庆全市共有旅行社673家,拥有三星级以上饭店157家;成都全市共有旅行社648家,三星级以上饭店79家。

3. 旅游服务发展状况。成渝两地均在大力推进文化旅游大数据平台建设,逐步实现旅游景区、文博院馆智能化、网络化、数据化管理。例如,成都开发微信成都旅游总入口、"掌游成都"APP,推广"一部手机游成都"。重庆正在建设文化和旅游部数据中心重庆分中心,启动了重庆市智慧文化旅游云建设,开发建设旅游信息"一站式"公共服务平台"惠游重庆"。

三、产业发展呈现向好态势

川渝两地近年来文化旅游产业发展势头迅猛,在抖音、携程、腾讯等知名网络软件上榜频率和点击率居高不下,川渝文化旅游的知名度和好评度均逐年上升。2018 年四川全省实现旅游总收入 10112.75 亿元,这是四川省旅游产业首次突破"万亿大关",标志着四川旅游正式迈入"万亿级"产业集群。

表 2-4　2015—2018 年成渝城市群国内旅游人数和旅游收入统计表

年度	旅游人数				旅游收入					
	四川		重庆		四川			重庆		
	亿人次	同比增速	亿人次	同比增速	亿元	同比增速	人均消费	亿元	同比增速	人均消费
2015	5.9	9.26	3.9	12.18	6137.6	26.85	1043.3	2251.3	12.38	577.3
2016	6.3	6.78	4.5	15.10	7600.5	23.84	1206.4	2645.2	17.50	587.8
2017	6.7	6.35	5.4	20.28	8825.4	16.12	1317.2	3308.1	25.06	612.6
2018	7.02	4.78	5.9	10.13	10012.7	13.45	1426.3	4344.2	31.32	736.3

数据来源:四川省统计局、四川省文化和旅游厅、中商产业研究院

从上述统计数据分析,2015 年到 2018 年四川旅游人数同比增速呈不断下降趋势,而重庆的旅游人数同比增速则 2015 年到 2017 年快速上涨,2018 年出现下滑,但增长率均高于四川,尤其是 2017 年度增长速度明显,重庆的同比增速均超过同年四川的两倍。旅游收入的数据对比则显示,四川的旅游收入明显高于重庆,都超过两倍,从人均旅游消费数据来分析,四川人均旅游消费连续 4 年均超过重庆,但旅游收入的同比增长率重庆则在 2017 到 2018 年增长迅猛,呈现反超状况。同时,川渝两地的旅游交通网络已经基本搭建完成,机场、高铁动车和高速公路把川渝两地紧密连接在一起,川渝目前拥有的

高铁线路(包括动车)有成绵乐、成渝、成遂渝、达成、西成、成灌铁路,渝万高铁等,基本覆盖了川渝两地的城市群落,未来规划线路会连通川渝两地的各个区市县。尤其是四川省会城市成都和重庆之间目前每天铁路交通达到 104趟,其中高铁(包括动车)就有 96 趟,发车时间从 6:40 到 23:32,耗时最短 1小时 13 分,最长 2 小时 24 分。川渝两地城市群共享巴蜀历史文化传统,文化资源分布互补自洽,文化旅游发展各有优劣势,再加上成熟便利的城际交通区域圈,实现文化旅游一体化是川渝城市群互动合作的共同诉求和发展契机。

1. 市场需求持续增长。成渝发展主轴上,各地互为旅游客源地,游客接待数量与旅游收入均呈上升趋势,打造文化旅游示范带前景良好。2018 年,重庆主城片区,接待游客 2.58 亿人次,实现旅游收入 1941.4 亿元,同比分别增长 6.4%和 27.5%;渝西片区(含永川、大足、荣昌、潼南、璧山、铜梁等),接待游客 1.33 亿人次,实现旅游收入 785 亿元,同比分别增长 8.7%和 32.5%。成都全市接待游客 2.4 亿人次,实现总收入 3712.6 亿元,同比分别增长 15.8%和 22.4%。遂宁、资阳、内江三市,接待游客 1.18 亿人次,实现旅游收入 969亿元,同比分别增长 12.4%和 19.4%。

2. 区域合作不断密切。长期以来,成渝地区次级城市发育不足、成渝发展主轴"中部塌陷",使得成渝相向发展越来越成为共识。成都"东进"与重庆"西扩"相继成为两地的发展战略。特别是中央提出双城经济圈战略以来,川渝两地文化旅游部门提出携手打造巴蜀文化旅游走廊,在成渝发展主轴上,遂宁潼南签署一体化发展协议,内江荣昌建立旅游区域合作协调机制,资阳大足共建文化旅游融合发展示范区等,为协同打造成渝国际文化旅游示范带奠定了工作基础。

第二节　成渝地区双城经济圈文化旅游合作现状

成渝地区双城经济圈共享巴蜀历史文化传统,旅游资源分布互补自洽,文化旅游发展各有优劣势,再加上成熟便利的城际交通区域圈,文化旅游发展迅速,也不断在开展和推进文化旅游区域合作。

一、政策协同方面

1. 签定系列合作协议。2004 年 2 月,川渝两地签署了"1+6"合作协议,其后两地合作协议也不断深化。2016 年,两地签署《深化川渝务实合作 2016 年重点工作方案》,形成了 1 个总体协议和 10 个细分协议的"1+10"合作框架。2019 年,签署《深化川渝合作推进成渝地区一体化发展重点工作方案》,形成了"2+16"的一揽子合作协议。

2. 国家战略支持。2011 年,国家发改委印发《成渝经济区区域规划》,明确提出充分发挥自然、人文化旅游资源丰富的优势,实施旅游精品发展战略,突出巴蜀文化、都市风貌、山水景观、红色旅游特色,强化资源整合和深度开发,建设国际知名、全国重要的旅游目的地。以成都、重庆为核心,打造区域性旅游集散中心。2016 年,国家将成渝地区发展作为重要战略,由国务院批复同意《成渝地区发展规划》,更是首次将重庆、成都定位为国家中心城市,提出共同打造建设世界级文化旅游目的地。以成都、重庆国际旅游都市为引领,彰显巴蜀文化特色,整合大足石刻、长江三峡、都江堰—青城山、乐山大佛—峨眉山、大熊猫栖息地等自然与文化遗产资源,共同打造精品旅游线路,构建国际精品旅游区,建设充满文化魅力的国际休闲消费中心。

二、产业合作方面

1. 区域文化旅游市场融合态势明显。成渝地区各市的旅游企业纷纷推出了成都、重庆周边地区的一至两日短途旅游产品,一些大型龙头企业还借助互联网,搭建起自己的旅游信息平台,在网站上发布区域内各市旅游景点的相关信息,提供团体和个人旅游服务等。成都、重庆主城通常作为外地游客来成渝地区旅游的主要集散地,游客在成都、重庆主城短暂逗留后就向区域内的其他市区(县)辐射开来,体验区域内不同的文化特色,例如感受佛教文化可以去峨眉山、乐山大佛,感受石刻艺术可以去大足石刻,感受灯会、恐龙文化可以去自贡等,可以说成都、重庆主城是成渝地区其他城市的重要客源地和客源中转站。

2. 区域旅游产业在国内具有一定发展优势,但国际市场有待开拓。从近年来的旅游业发展态势表明,成渝地区旅游产业正处于较好的发展时期,这也给实施区域文化旅游一体化提供了较好的历史机遇。在旅游总收入方面,四川省 2018 年实现旅游总收入 10112.75 亿元,同比增长 13.3%,旅游业迈入"万亿级"产业集群。但从旅游外汇收入上看,仅实现 15.12 亿美元,占旅游总收入的比例不到 1%,同比也只增长 4.5%。

3. 区内成都、重庆主城优势明显,其他市区(县)差距较大。2018 年,成都在四川省内旅游收入占比为 36.7%,在川渝两地旅游收入占比为 25.7%;重庆主城在重庆市旅游收入占比为 44.7%,在川渝两地旅游收入占比为 13.3%,表明区域内其他市区(县)旅游业发展现状与成都、重庆主城差距较大,区域一体化的重点应放在如何发展壮大其他市区(县)旅游产业基础,缩小与两个核心城市的差距。

三、设施共建方面

1. 交通基础设施互联互通。截至目前,成渝两地已经形成了成渝高速、渝蓉高速、成遂渝高速、成资渝高速四条高速为骨架的快速公路网络,以成渝铁路、成遂渝铁路两条铁路为骨架的快速铁路网络,两地在建的项目有成南达万、渝西、渝昆、成自宜等高铁。正在推进成渝中线高铁,重庆至遂宁、绵遂内城际铁路项目前期工作,加快推进隆昌至叙永铁路扩能改造前期工作及隆黄铁路叙永至毕节段项目建设。同时,两地在以前形成的合作框架下,已经启动编制成渝地区交通一体化发展规划,共同向国家汇报争取将成渝地区列入国家第四个区域交通规划,将成渝地区互联互通项目纳入国家路网或国家支持范围。

2. 旅游信息互通互享。成渝地区以共建巴蜀文化旅游走廊为纽带,实施资源共享、客源互送、线路共建、景区门票互惠互送等合作举措,推动两地互为客源市场。通过加强 5G、物联网、人工智能、区块链等科技与文化旅游相结合,扩大成渝两地文化旅游消费市场。主动打造"云上旅游"、智慧景区、"云博物馆"等项目,让广大游客享受高品质、个性化、科技感强的巴蜀文化旅游新体验,助推区域文化旅游科技全产业链发展。

第三节　成渝地区双城经济圈文化
旅游一体化的现实困境

在区域合作总体框架下,成渝地区双城经济圈文化旅游的城际合作一直是"呼声很高、进展缓慢",尚未形成有效的合作机制与模式,文化旅游一体化的成效不够明显。

一、文化旅游主题不突出

1. 缺乏归纳和选择。对文化本底的研究还不充分,暂时还未能从庞杂多元的文化元素中,选取和归纳出特色鲜明的文化主题,未能做出系统梳理、高度提炼和权威发布。

2. 资源整合不充分。文化旅游资源基本上呈点状零散分布状态,近年来虽在交通硬件上有所改善,但未能以文化为核心,对其进行内在的有机整合。

3. 整体营销有待提升。尚未根据区域文化主题,有重点地捆绑进行对外旅游营销宣传。营销重点不够突出,宣传口号不够响亮,区域文化旅游形象相对较为模糊、不够清晰,知名度也有待进一步提升。

二、文化旅游融合程度不够

1. 文化旅游融合意识不强。政府、市场、社会等各层面在以文化促进旅游的发展理念上还未形成高度的统一认识,存在重旅游轻文化的现象。

2. 文化内涵挖掘不够。对于文物、古迹、名胜、景区的历史文化资源缺乏深度研究,对地域人文特质、历史底蕴等挖掘不够充分,仍停留在景区本身的内容展示,对于具有时代特点、地域特色的文化挖掘还未实现从点到面的展示。

3. 文化展示不充分。目前,大多依托实物展示、文字介绍和导游解说,在利用信息技术手段,依据市场需求、消费习惯等创新开发新型文化旅游产品,增加体验性和自主性上还较为欠缺。

4. 标志性的文化旅游综合项目缺位。虽然成渝发展主轴文化旅游资源丰富,但尚未开发出诸如深圳世界之窗、广州长隆乐园、上海迪士尼等具有标志性的文化旅游综合项目,缺乏在国内外叫得响的文化旅游产品。

三、基础设施水平不一

1.经济社会发展差异大,以单向合作为主。成渝主轴间的市(区)经济社会发展差距较大,成都、重庆主城无论接待游客人次、旅游总收入,在区内均占绝对优势。旅游招商投资能力、文化旅游消费水平参差,区域合作仍然是以两个中心城市向外辐射带动的单边或多边合作。

2.所处阶段不一致,发展重点难以统一。成都、重庆主城在旅游总收入、旅游基础设施等方面已达到一定规模,而成渝发展主轴中间区域呈现塌陷状态,尤其是接待境外游客、旅游外汇收入下降明显。

四、合作层次不高

1.合作形式简单。目前成渝发展主轴间的旅游合作较少,基本以成都、重庆为中心的周边旅游为主,尚未合力开发出文化主题鲜明的旅游"拳头产品",旅游合作没有深入旅游产业各环节,未能共同开发出满足市场需求的现代旅游产品,未能形成有机的产业链。

2.偶发式、局部性合作。以毗邻的市(区)合作为主,缺乏主轴地市(区)文化旅游整体性合作协议,缺乏长远的规划、统一的行动路线。

3.缺乏利益协调机制。由于行政区划限制,成渝两地以及成渝主轴其他地市在旅游发展的政策保障、促进措施等方面,存在着较大差异,阻碍了文化旅游要素的自由流通和有效配置。

第四节　双城驱动文化旅游一体化发展

成渝地区双城经济圈文化旅游发展最大的亮点即双核心城市重庆与成都。近年来两个核心城市都连续登上全国各大城市文化旅游发展排行榜前列,文化旅游发展优势突出,在国际国内也具有较高的知名度和美誉度。

一、建设世界级旅游目的地

全球化是 20 世纪 90 年代后频繁出现在各个研究领域的一个词语,其基本含义是相关国家和地区的经济社会发展愈加呈现出国际化趋势,国际联系日趋紧密,在一定程度上全球成为了一个整体。

随着我国旅游业的快速发展,旅游业在国民经济中的地位不断提高,旅游业逐步成为推动产业结构调整、实现经济转型的重要动力。与此同时,伴随经济全球化的持续推进和新兴旅游目的地的不断涌现,全球旅游市场竞争也日趋激烈。在这样的大背景下,国内众多地区相继提出把建设国际旅游目的地作为战略发展目标。据不完全统计,目前国内已有 90 多个地区提出要建设成为国际旅游目的地或世界级旅游目的地,并以此作为提升目的地发展质量和参与全球旅游业竞争的重要举措。

成渝双城已成为全球经济社会发展的一个重要节点。两地在旅游目的地打造中应该具有全球化视野,不仅将旅游发展放到中国来考虑,还应放到全球旅游发展的大背景中。

1. 建设世界级旅游目的地城市的发展战略定位

国内外优秀世界级旅游目的地的发展经验表明,建设世界级旅游目的地首要的任务,就是立足城市的区域特征,放眼世界,进行整体的战略规划。位于中国西部的成都、重庆双城驱动文化旅游一体化发展的战略定位大致可以分为以下四个方面:

(1)中西部世界级旅游枢纽中心

作为中西部的特大中心城市,两地不仅要统筹两省旅游资源,成为川渝旅游的入境地和聚集地,更要发挥区位优势,努力成为连接西藏、青海、云南、贵州、陕西、甘肃等我国中西部主要省市入境旅游的集散地和世界级旅游枢纽中心。

(2)世界级休闲度假胜地

成渝历来在国内外享有"休闲之都"的美誉,在旅游提档升级、转型发展的当下,我们仍然应当牢牢抓住并深入挖掘这一城市气质。以世界级休闲度假胜地的战略发展思路,总领都江堰—青城山、西岭雪山、龙门山、龙泉山、长江三峡、大足石刻、武隆喀斯特等山水自然资源,道教文化、移民文化等人文资源,拓展古镇游、乡村游等特色形式,融合传统的茶馆、川菜,以及现代的滑雪、温泉、养生、自行车、滑翔、自驾游等多种休闲度假项目,学习欧洲度假小镇经验,打造具有特色的世界级休闲度假胜地。

（3）千古巴蜀　人文天府

巴蜀文化源远流长,是华夏文化的一个分支,是中华民族的又一摇篮,是人类文明的发祥地之一。巴蜀文化具有很强的辐射能力。除与中原、楚、秦文化相互渗透影响而外,主要表现在对滇黔夜郎文化和昆明夷、南诏文化的辐射,还远达东南亚大陆,在金属器、墓葬形式等方面对东南亚产生了深刻久远的影响。巴蜀文化包括金沙等古蜀文化、三国文化、杜甫诗歌文化、唐宋城市风情文化、川剧等蜀乐文化、蜀派绘画、蜀绵蜀绣等,这些理应进入两地未来的旅游发展的重要思路。

同时,强化成渝独特人文气质,展示两地优雅好文的生活态度,休闲从容的生活方式,海纳万方的城市精神,创建善意成渝和爱心成渝,使其成为最重要的旅游核心吸引力。将两地悠久灿烂的历史文化和独具魅力的地域文化展示给世界,打造千古巴蜀——人文天府。

（4）藏羌彝民族文化之窗

成渝是一个多民族散居的城市,境内除汉族外,有55个少数民族成分,还有大量的暂住和流动少数民族同胞。四川是全国唯一的羌族聚居区、最大的彝族聚居区和全国第二大涉藏地区,在2014年3月由原文化部、财政部联合印发的《藏羌彝文化产业走廊总体规划》中,将成都定位为藏羌彝文化产业走廊依托的首个城市枢纽。因此,两地未来的旅游发展也要充分利用藏羌彝民族文化资源,建设成为甘孜、阿坝、九寨、黄龙、西藏、云南等藏羌彝旅游的枢纽城市和集散中心,打造成为以文化旅游、演艺娱乐等多种形式向世界展示藏羌彝民族文化的窗口。

成渝建设世界级旅游目的地的目标,应与建设国际旅游集散地相结合,集散地和目的地两者是相辅相成,互相促进、互相交叉的,应紧密结合、同步推进。"国际"的范围是指多个国家的,而"世界"的则在范围上是涵盖全人类、全球的更大更全面的概念,因此,二者又有着逐渐递进的逻辑关系。

2. 建设世界级旅游目的地城市的路径

(1)找准文化特色,树立长久品牌

对海外游客而言,总体来说,具有吸引力的无疑是旅游地独特的自然或者人文景观。差异性较强的景观容易刺激旅游者的审美感官,激发其出游冲动。

成都的文化特色是什么? 长期以来都没有得到科学合理的回答。是因为一直存在着一个研究的误区,即要求能够最大限度地包容各种文化要素。但世界级旅游城市的经验表明,一个城市的文化特色,并不需要包括所有的文化要素,而是要寻找到一个最突出、独一无二的。例如成都的熊猫和道教文化,在世界上具有唯一性,也就拥有了产生世界级吸引力的可能性。充分利用成都湿润宜人的自然生态环境和悠久灿烂的人文积淀,在中心城区以杜甫草堂、浣花溪公园、锦江—沙河沿河公园、望江公园等历史人文及自然景观为核心,布局大小兼具、形式多样的开放式公园群落;在二、三圈城,利用原有湖泊、河流、湿地等自然条件,错位发展风格各异、各有特色的大面积绿地;充分发挥川西农村的传统特色,在城市外围有规划恢复营造茂林修竹、阡陌纵横的川西林盘特色田园;将龙门山、龙泉山等景观,打造为成都的外围山林风景,多元推进成都的城市生态环境建设。水绿天青的美丽生态应该是成都吸引世界游客的重要内容之一。

重庆,作为山水文化名城也应该突出自己的都市特点,时尚、现代并不是重庆的特点,而且在这方面重庆并不具有核心竞争力。所以,笔者认为,在营销重庆都市的时候,应该主要打山水文化牌。除去都市旅游外,相对海外旅游者而言,实际上长江三峡、大足石刻、武陵风光、乌江画廊、钓鱼古城都是具有相当"卖点"的。同时,巴渝文化、三国文化和独特的民风民情也是海外游客体验异域文化的很好载体。这就要求我们在进行景区(点)打造中,要注意表现这些特点,同时在市场营销中根据消费对象对相关主题进行强化。总体的原则是要凸显旅游资源的地方特色,因为,越是地方的才越可能是世界的。因此,要紧紧围绕中西部国际旅游枢纽中心、世界级休闲度假胜地、千古巴蜀——人文天府、藏羌彝民族文化之窗的四大战略定位,分类整合旅游资源,集中优势力量,开发系列特色旅游产品和项目,树立如熊猫生态游、蜀韵文化体验游、道家养生休闲游、田园乡村度假游等成都独特的旅游品牌。

事实证明,一座城市旅游品牌的形成,在详细论证、慎重提出的基础上,必然要经历长期的坚守和持之以恒的宣传,要不因时间变化而动摇,才能真正成为具有世界影响力的旅游文化品牌及旅游产品特色。

案例:

如人们一提到比利时的首都布鲁塞尔就会想起撒尿小童。撒尿小童雕塑其实并不宏伟,只是在布鲁塞尔鲜花广场附近的埃杜弗小巷拐角,一尊站立两米高的大理石雕花台座上的仅50厘米高的小男孩青铜塑像,但它却成为了享誉世界的比利时标志性景观,成为了比利时重要的旅游品牌,这都得益于对文化的长期坚守。相传十五世纪西班牙入侵比利时,侵略者想炸平布鲁塞尔,而勇敢的小于连则以一泡尿救了整个城市和人民。布鲁塞尔人一直把小于连奉作英雄,1619年著名雕塑家杜洛斯诺于设计并塑成了这尊铜像,五百多年来,虽经历战争,数次被盗走,但都因布鲁塞尔人的坚持和守护,有惊无险地安全回来。世界各国政要访问比利时时,都会特别做一套衣服送给小于连雕像,目前,它已拥有八百多件来自世界各国的衣服,收藏展出于大广场的国王之家博物馆。在数百年的坚持下,撒尿小童成为人们来比利时必到的景观,也成为了在全球享有声誉的著名旅游品牌,以撒尿小童为主题的巧克力等各类旅游纪念品在比利时随处可见。

(2)打造特色旅游项目,大手笔成规模

打造一批特色旅游项目,并培育起开发运营旅游产品的创新机制,是两地建设世界级旅游目的地的内在需求。立足于凸显两地的文化底蕴和休闲气质,融合旅游、农业、文化等相关产业,植入现代游客新需求,多元化特色精品旅游项目。在旅游产品项目的开发和运营上,要形成政府统筹规划、监督引导,文化旅游企业作为主体实际参与,遵循市场规律,优胜劣汰的竞争性创新机制。这是确保旅游产品符合消费者心理需求,项目可持续良性运营的重要基础。政府做好空间布局、功能规划、文化定位等旅游产品项目开发的长效顶层设计,以公开招投标的形式,既鼓励本土文化旅游企业创新,又汇聚全球资源。尤其是引进具有国际影响力的大型旅游文化企业,结合成都旅游资源,打造一批特色精品旅游项目,如历史文化街区、主题文化园区等大型旅游综合体,创作具有国际水准的优秀演艺娱乐项目,以精品化、大手笔、上规模的思路,进行设计和建设,形成震撼式效应,创建世界级旅游目的地城市的品牌项目。如苏州已引进著名央企港中旅集团旗下的天创国际演艺制作交流有限公司,建设大型的旅游综合体"吴江黄金湖岸文娱产业集聚区",并创作特色演艺剧目,以打造城市的旅游品牌项目。除此之外,政府充分发挥企业的智慧和市场的作用,培育激励旅游产品项目开发的创新机制。在项目融资上,政府资金作为种子基金或贴息补助支持具有良好前景的旅游产品,鼓励民间资本等多种资金形式参与项目开发。

详细梳理自身资源,准确选择优先发展的重点旅游产品,把有限的人力、物力等集中起来,注重规模效应,大手笔开发设计。将宽窄巷子之类的精品历史文化街区片区化,形成规模和气势,使大型历史文化街区成为深度体验和参与成都慢节奏休闲生活的特色旅游产品。

案例:

古都西安就充分利用其深厚的历史文化积淀和浩瀚的文物古迹遗存资源,以汉唐文化为统摄,将旅游业深度融入西安的发展战略,近年来,成功打造了一系列大规模的精品旅游项目。如西安在大雁塔之侧(原唐代芙蓉园遗址),修建的占地1000亩、总投资13亿元的我国第一个全方位展示盛唐风貌的大型皇家园林式文化主题公园——大唐芙蓉园。正因为其以"走进历史、感受人文、体验生活"为背景,展示了大唐盛世的灿烂文明和恢宏场面,2011年"西安大雁塔—大唐芙蓉园景区"成功晋级为国家5A级旅游景区。

再如西安对地处中心城区的大明宫遗址区的搬迁改造工程。大明宫遗址区周边是西安市面积最大的棚户区,遗址保护面临相当大的困难,旅游开发更是很受限制。自2007年起,历时三年,投资120亿,遗址周边3.5平方公里的棚户区和城中村被整体搬迁,2.5万户、10万人,89家企事业单位和6000多商户得到了妥善安置,并建设了一大批遗址保护、环境整治、旅游开发等项目,在遗址保护基础上,通过景观、电影、演出、博物馆等展示手段,吸引世界各地的游客,实现了遗址保护、旅游发展,以及遗址区居民生活水平提高、城市环境改善、城市现代化建设和谐发展的目标,既是城市的中央公园,又是令全球游客流连忘返的核心旅游景区,据了解,大明宫遗址公园2013年接待游客量超过800万人次。

加之大唐华清城、曲江新区、浐灞生态区等区域的大规划开发建设,使西安形成了系列汉唐盛世文化特色旅游项目,城市旅游品牌树立,在传统遗址景区基础上打造的旅游项目,以演艺、科技等新型手段,极大地提升了旅游吸引力,迎来了大批中外游客。

(3)延伸产业链条,旅游文化企业多元共生

深化旅游产业与生态农业、装备制造业,以及金融、科技、文化产业等现代服务业的融合发展,形成合力。尤其以现代服务业为主要支撑,扩大旅游消费,培育发展延伸关联产业,打造旅游产业新增长点,延伸旅游产业价值链条。

培育不同层次的旅游与文化企业,既要鼓励综合性文化企业的发展,创立大型知名品牌,提高国际竞争力;又要重点鼓励地域特色、民俗文化小微型文化企业或个体的多元参与和共同成长,努力发展地方特色旅游产业。

案例:

台北面积狭小、资源有限,几乎没有世界级的自然历史旅游资源,但台北旅游却能位于全球20强,据《万事达全球旅游目的地城市指数》(2014)显示,2014年台北的入境过夜游客数是629万人次,旅游外汇总收入高达108亿美元,位居全球第9位。台北拥有大批各种规模、各种档次的旅游文化企业或个体,营造出了从高端到平民的多层次旅游文化消费平台,为世界游客提供了多元化、特色化旅游服务。赴台北旅游的游客大多数都会光顾当地的书店、商铺和夜市,体验当地人的休闲活动。尤其是台北的夜市几乎成为旅游者的必到之地,成为了台北旅游文化的重要组成部分。

(4)完善配套服务,提升素质善意待客

以建设世界级旅游目的地为标准,加强旅游接待公共服务配套设施建设,提升综合服务水平,全面优化旅游综合环境,创新信息化管理服务,注重景区以外的社区、街道的设施建设和标准化管理,实现全域景区化。

构建航空、铁路、高速公路汇通,"快旅慢游、便捷安全、无缝换乘"旅游立体交通体系,继续增加国际直达航班的数量,以扩大入境旅游市场和人次;优化旅游住宿、餐饮设施结构和服务,建设包含高端星级酒店、主题酒店、经济型品牌连锁酒店、星级乡村酒店、特色客栈等覆盖高中低多档次的住宿、餐饮体

系,尤其注重从业者的综合素质,以人性化细节服务取胜;完善其他旅游公共配套设施和管理,注重旅游交通标识系统、应急救援体系、停车场、公厕、休息点等人性化旅游公共服务的设施建设和标准化管理;加强信息化旅游服务,以在线旅游电子商务平台,"i 游成都"App,成都旅游微信服务订阅号,覆盖全省、中西部旅游目的地动态信息的成都"大旅游"云数据库等多项智慧旅游服务,构建成都智慧旅游体系。

完善旅游公共配套设施,提升综合服务水平,也是建设世界级旅游目的地的重要方面。应该树立全社会参与发展旅游的新理念,把旅游大项目交给市场,服务小细节交给政府,通过提供上乘的公共服务赢得口碑,扩大旅游目的地城市的知名度和美誉度。

案例:

经济发展稳居全国领先地位的上海,就始终以城市建设推动旅游业发展。近年来,上海利用世博会等全球性大型节事活动的契机,全域改善基础配套设施,提升公共服务水平,培育市民国际化开放理念。飞机、高铁、游轮全方位的便捷交通,景区、街区、社区全域覆盖的标准配套设施,餐饮、住宿、娱乐、购物等全程贯穿的优质人性化服务,不仅吸引了大批以上海为目的地的游客,更是令上海成为中国东部的重要旅游集散地,人们无论游览江浙任何一个城市,都可以上海为圆心,在此集结汇聚,形成了玩在东部,住在上海,消费在上海的新格局,促使上海成为人气超高的热门旅游城市。

在旅游从业者和相关产业的服务之外,城市居民的人文素质也是十分重要的影响城市旅游形象的因素。大多数到过台北的人,都会对台北市民的热情待客留下深刻印象。台北的普通民众对外来游客十分友善,随处都是微笑和招呼,在游客问路或寻求帮助时,更是热情主动、体贴入微地为其解答和指引,甚至常常像老朋友一样地为你介绍当地的风土人情,设计最优游览路线,让天南地北的游客都感受到暖暖的人情和质朴的民风。这是成都建设世界级旅游目的地城市需要下大功夫的地方,不论是通过媒体的宣传教育,或是公益性市民讲座的推广普及,还是社区、学校全方位地注入旅游新理念,都应大力开拓市民眼界,提升综合人文素质。并结合弘扬优秀传统文化的各类活动,重塑成都人民热情好客、以礼待人的人文形象。

(5)加强国际合作,注重营销推广

加强与世界旅游组织、亚太旅游协会等国际旅游机构、组织的交流与合作,推动国际友好城市的旅游合作,引进国际旅游组织、机构和知名旅游运营商、品牌连锁酒店等机构落户成都,借助国际化的合作平台,促使两地旅游走出去。

提炼出展示成渝的城市气质、包容文化和生态魅力的国际旅游营销形象和口号,兼顾营销的时效性和持续性。细分客源市场,根据对象的欣赏习惯、接受方式、语言等有针对性地制作宣传片、导游册、宣传海报,在其所在地城市的媒体上进行有效的传播和发布。在主要国际客源市场开办或委托海外营销机构,建立国际营销网络,吸引国内外著名旅行社在成都布点,增强国际市场开拓的力度和实效。借鉴香港、新加坡、巴黎和罗马等城市旅游网站建设的基本经验和做法,建立多语种、内容丰富、形式多样、有亲和力的旅游营销网站。

香港运用多元化、国际化、文化化、人性化的营销策略与方式,塑造、宣传和推广自己国际大都市的旅游形象,实施了一系列的旅游营销推广计划,吸引了大量海内外旅游者。其成功的全球旅游营销推广经验非常值得学习和借鉴。

加强海外市场营销,以下工作应该予以重点考虑。首先,分析目标市场。目前韩国、中国台湾、中国香港、日本以及部分欧美国家可以是主要目标市场。韩国、中国台湾、中国香港都和两地有不同程度的文化渊源。日本及部分欧美国家与重庆有非常密切的经济贸易往来。其次,对目标市场推出具有针对性的旅游产品,譬如对于台湾,可以推出的产品应体现出抗战文化和乡土情结(台湾有许多老四川籍人),对于欧美及日本等,可以推介我们的世界遗产和山水都市风光。再次,还应注意与海外相关旅游景区、旅行社和旅游主管机构的合作,建立畅通的市场营销通道,共享某些旅游产品。此外,在具体运作上,应该成立由政府主导的专业化旅游营销机构,并建立相应营销基金。最后,还应该有针对性地在海外相关媒体持续地投放广告,形成良好的宣传效应。

案例:

香港的旅游营销具有阶段性和延续性相结合的特征。从20世纪80年代的"专题促销计划",到 20 世纪 90 年代的"综合促销计划",再到新世纪的"全球营销推广计划",每一阶段的旅游营销策略重点不同,营销主题和宣传口号也各有特色,但后续营销推广活动都是前阶段主题推广活动的延续和深入。香港通过各种具体活动,利用各种公共关系和各种媒体工具,全方位地塑造旅游主题形象,运用明星效应并配合相应主题的旅游产品进行宣传和推广,隆重推出国际巨星成龙作为"香港旅游大使"的旅游形象宣传片,举办青少年旅游网站设计大赛,并通过全球的电视、电台、印刷品、互联网和其他户外广告全面对外传播,均收到了良好的宣传推广效应。同时,政府组织实施宣传,商家冠名赞助推广,从特区政府到各界人士都齐心协力参与香港的旅游营销推广计划。运用有效手段使旅游的"品"与"牌"形象有机结合。整合营销策略,创造了香港全球旅游推广活动的品牌示范效应,充分发挥了香港强大的品牌形象宣传攻势,使得香港旅游业进入兴旺繁荣的新时代。

(6)构建以成都为中心的西部世界级旅游大格局

两地建设世界级旅游目的地,不能封闭起来仅靠自己的力量单打独斗,而是应该共同构建西部世界级旅游大格局。以便捷的交通为基础,要跨越城市界限,整合全省乃至西部的相关旅游资源,实行入境政策、景区管理、配套服务、营销策略等方面的一体化,依托作为中国最佳旅游城市的富集旅游资源,充分利用周边靠拥西藏、云南、贵州、陕西等旅游资源大省的区域优势,与兄弟城市合作,联手打造一批精品旅游景点和线路,将特色旅游项目分类捆绑、优势互补,把周边省份的景区纳入成都的旅游消费链条。继续提升两地的经济、文化影响力,巩固加强在西部的核心地位,加大力度完善相关旅游配套设施和管理服务,是构建以西部世界旅游大格局,并成为西部旅游的入境集散地和枢纽中心的前提条件。

二、世界级旅游目的地打造应该具有全球化意识

两地旅游发展,从目前来说,主要还是经营国内市场,而且更多的是成渝本地市场,其次是周边地区,而国内其他地区旅游者数量相对较少,总体上海外游客也少。但是,就两地旅游发展而言,这只是现状,并不意味着将来。随着重庆经济社会发展全球化特征愈加明显,国际人员往来必会愈加频繁。这

部分国际往来人员本身可能是两地旅游的体验者,也还可能是两地旅游的宣传和带动者。从旅游吸引物和可进入性而言,两地旅游具有很强的优势,资源禀赋高,国际交通条件明显改善。而且两地旅游资源和许多海外地区深具渊源。在此基础上,如果再辅之以合适的海外市场营销手段,则必将对两地海外旅游发展起到极大的促进作用。

虽然两地旅游具有前文所述的国际化趋势,但是,当前两地旅游目的地打造,并不具有明显的全球化意识。发展国际旅游涉及旅游产品开发、旅游配套服务设施建设、旅游服务人员培训和旅游市场营销等方面的内容。目前,除豪华游轮的开发具有一定的国际市场指向外,其余方面未见明显的国际化考虑。特别是旅游服务人员的素质有待提升。当然,这和两地旅游的发展历史有关系,毕竟当前对于旅游的重视还很不够。

三、打造全球化视野下旅游目的地相关因素分析

1.利好与优势

（1）拥有禀赋优良且世界知名的旅游资源

打造全球化视野下的旅游目的地,最核心的还是要具有与国际旅游目的地相匹配的旅游资源。从旅游资源来说,两地具有良好的发展国际旅游业务的优势。据统计,截至 2008 年年底,重庆有国家级风景名胜区 6 处,国家级自然保护区 3 处,全国重点文物保护单位 20 处,中国历史文化名镇 13 个,国家森林公园 22 处,国家地质公园 4 处,国家级地震遗址保护区 1 处,国家 5A 级旅游景区（点）2 处,国家 A 级旅游景区（点）31 处,全国重点寺庙 3 处。另外,有各类市级旅游景区（点）366 处。成都下辖 11 区 5 市 4 县,面积约 14335 平方公里,是著名的旅游名城、美食之都。据有关数据统计,截至目前,成都有世界文化遗产 1 处,国家级风景名胜区 4 处,国家 5A 级旅游景区 1 处,国家 4A 级旅游景区 45 处,国家 3A 级旅游景区 30 处,国家 2A 级旅游景区 13 处和国家 A 级旅游景区 1 处。

同时,据有关数据统计,在中国最发达旅游城市排行榜中,重庆位列第二、成都位列第六,由此可见,两个地区旅游资源优良。

表 2-5　中国城市旅游排行榜

排名	排名变动情况	城市	旅客总人数		旅游总收入		旅游业收入比重		交通便利程度		旅游基础设施	
			分值	排名	分值	排名	分值	排名	分值	排名	分值	排名
1	→	北京	0.5073	3	1.0000	1	1.0463	31	1.0000	1	1.0000	1
2	→	重庆	1.0000	1	0.7083	3	0.0528	28	0.8349	3	0.7406	2
3	→	上海	0.5676	2	0.8467	2	0.0322	38	0.9379	2	0.4532	3
4	→	广州	0.3490	8	0.6462	4	0.0392	35	0.7521	4	0.2421	11
5	→	天津	0.3593	7	0.6292	5	0.0510	30	0.2749	14	0.2983	7
6	↑	成都	0.3837	6	0.5915	6	0.0631	23	0.3746	9	0.2744	8
7	↓	杭州	0.2812	11	0.5687	7	0.0717	20	0.3739	10	0.3709	4
8	→	武汉	0.4618	4	0.4899	8	0..527	29	0.6151	5	0.1292	28
9	↑	西安	0.3914	5	0.3774	10	0.0862	16	0.3330	11	0.2262	12
10	↓	苏州	0.1887	21	0.3874	9	0.0266	44	0.4346	6	0.1944	17

数据来源：界面新闻

（2）政府背景下的大手笔旅游资源整合

目前，两地对旅游业发展高度重视，正在实施"大项目、大投入、大营销"三大战略，专门成立了旅游投资集团，对市内重要旅游资源进行回购、整合、开发。这些都为两地打造全球化视野下的旅游目的地提供了良好的政策环境和强大的物质支持，大大增强了两地打造国际旅游目的地的可能性与可行性。

（3）国际大通道使两地与世界联系更加便捷和紧密

据统计，截至 2020 年 3 月，重庆高速公路总里程将达到 3800 公里，到了 2030 年将建成"三环十二射七连线"高速路网，总里程将超过 4000 公里。铁路方面，截至 2018 年，重庆境内在建铁路里程达 730 多公里，"十三五"时期拟新开工建设项目 5 个，到 2020 年，重庆将形成至周边省会城市 1—4 小时的铁路出行网，构建起点线协调、功能完善的综合交通枢纽，"四小时重庆"基本实现。航空方面，在现有国际航线基础上，还将陆续开通到北美、欧洲和日韩大城市的直航，并争取 5 年内到我国台湾地区直航每周达 20 班以上。这些都会对重庆打造国际化的旅游目的地起到很好的推进作用。

成都作为四川"首位城市"，处于"一带一路"和长江经济带的重要交汇点,是连接西南西北、沟通中亚南亚东南亚的重要交通走廊,内陆开放的前沿地带和西部大开发的战略依托。在积极抢抓国家"一带一路"倡议和两地构建的通江达海、对接世界的大交通网络中,两地与世界的联系将进一步紧密起来。

2. 不利与劣势

(1)面临强力的区域竞争对手

两地发展海外旅游业务,就目前而言主要有两种选择:一是新开辟市场,二是分流相邻区域的海外客源市场。这两种选择,无论哪一种都面临强大的区域竞争对手。就西南地区来说,云南将是两地开展海外旅游业务的主要竞争者。云南相对两地而言,其旅游业发展更加成熟,已有了较为稳定的客源地。而且其国际旅游产品相比较两地也更加丰富。两地旅游业务同云南相比,虽然起步并不算晚,但在很长时期里发力不够,无论是在旅游资源开发、产品打造还是市场营销方面都显然需要迎头赶上。

(2)旅游市场营销比较滞后

近年来,两地旅游业发展有了非常大的飞跃,尤其是在旅游地开发与规划、旅游基础设施兴建方面,动作很大。但是同"大项目"和"大投资"相比,两地旅游的"大营销"还有待加强。在具体运作上,由于旅游主管机构的职能决定其职能主要是宏观介入,所以其营销的专业性、针对性和持续性效果上会受到很大影响。

(3)部分配套政策尚未跟进

发展国际旅游业务需要相应的配套政策,包括国际航线开辟,乃至旅游购物等。这些方面,就纵向来说两地有了很大的进步,但是就横向比较而言仍然存在很大不足。目前两地虽有不少条国际航线,但开通国家(地区)主要为中国香港、中国台湾、柬埔寨、新加坡、马来西亚等,其网络覆盖范围主要是东南亚地区。很显然,从航线的多少以及覆盖范围来说,对于发展国际旅游业务还很不足。另外,从旅游购物来说,两地目前尚未有特别政策,这对于发展国际旅游业务来说也是不够的,也就是说,两地旅游发展还没有脱离传统的门票经济模式。

四、建设世界级旅游目的地城市的基础条件及差距

将两地与国内外其他世界级旅游目的地城市对比,通过入境游客数量、消费额、停留时间、人均每天花费等的数据比较分析,找准两地的定位,直视两地入境旅游现状,发现差距,并通过其他城市的成功案例,充分借鉴他人优势。

1. 两地与国内外世界级旅游目的地城市比较研究

（1）与全球其他旅游目的地城市相比

A. 在入境旅客过夜人次、旅游外汇收入上,都存在很大差距

两地与世界前十、亚太地区前十的旅游目的地城市相比还存在着较大的差距。以下我们就用两组图表的数据对比来找准两地在建设世界级旅游目的地城市上的定位。

（单位：万人次）

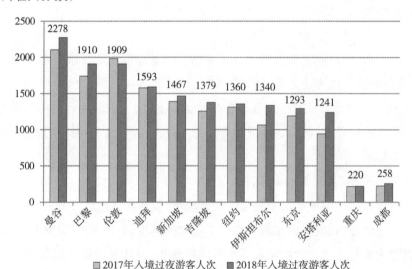

■2017年入境过夜游客人次　■2018年入境过夜游客人次

图 2-1　2017—2018 年两地与世界前十位旅游目的地城市入境过夜游客人次对比

数据来源:《万事达全球旅游目的地城市指数》

两地目前的入境过夜游客人次仅为排名第一的伦敦的 20%,与周边的亚洲城市相比,也仅为香港、首尔等的 40% 左右,可见,在外国游客的青睐度上成都还存在很大的差距。但同时,也应注意到 2014 年,两地在入境过夜游客

人次上与去年同期相比增长 12.11%,增幅仅次排名第七和第八的伊斯坦布尔(17.5%)、吉隆坡(13.1%),由此,我们对两地建设世界旅游目的地的潜力应充满信心。

（单位：亿美元）

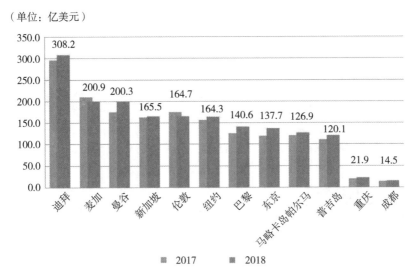

图 2-2　2018 年成渝与世界前十位旅游目的地城市入境过夜游客消费额对比

数据来源:MasterCard 2019 年全球旅游目的地城市指数(2019)

入境过夜游客消费额的数据显示,2018 年重庆和成都的旅游外汇收入分别为 21.9 亿美元和 14.5 亿美元,与排名首位的迪拜相比不足 7%,与曼谷、新加坡等亚洲城市相比,也只占其 10% 左右,我们在入境游客的综合收益上还差距较大。成都在如何留住游客、如何增加旅游收益上还有十分艰巨的任务。但成都近年来旅游品牌影响力增长明显,2017 年,美国《国家地理旅游者》评定中国成都为全球"21 个必去旅游目的地城市",2018 年万事达公布的全球 20 大增长最具活力旅游目的地榜单中,成都位列第二名。这种较高速度的增长是成都追赶其他世界级旅游目的地城市发展步伐的重要推动力。

B. 入境游客数占旅游总人数的比例、旅游外汇收入占旅游总收入的比例均低

2014 年,巴黎游客总量达 4700 万人次,其中外籍入境游客为 1974 万人次,所占比例约为 42%;悉尼游客总数为 1150 万人次,外籍入境游客数为 300

万人次,占比 26%;据纽约市旅游促进中介(NYC & Company)公布的数据显示,2014 年纽约游客总数为 5640 万人次,入境游客数为 1220 万人次,占比约为 22%;成都尽管在游客总量上高达 1.86 亿人次,但入境游客仅有 197.8 万人次,占比仅为 1%。

（单位：万人次）

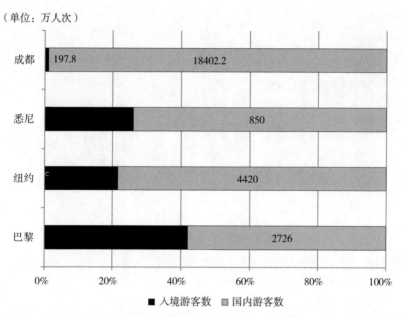

图 2-3　2014 年成都与部分世界著名旅游目的地入境游客数占游客总量比例对比

数据来源:《万事达全球旅游目的地城市指数》(2014)

　　从入境游客消费额占旅游总收入的比例来看,2014 年新加坡的全年旅游总收入为 236 亿美元,外籍入境游客的消费额为 143 亿美元,占比高达 60.6%;纽约的旅游直接总收入达 414 亿美元,外籍入境游客消费额为 186 亿美元,占比 44.9%;悉尼的旅游总收入约为 111.8 亿美元,外籍入境游客的消费额约为 48.9 亿美元,占比约为 43.7%;成都的旅游总收入虽已达 267.8 亿美元(1663.37 元人民币),但外汇收入仅为 7.4 亿美元,占比不足 3%。可见,目前成都在游客总量和旅游总收入上的成绩主要源于我们自身的人口优势,在吸引外籍游客、提升全球知名度、建设世界级旅游目的地方面还任重道远。

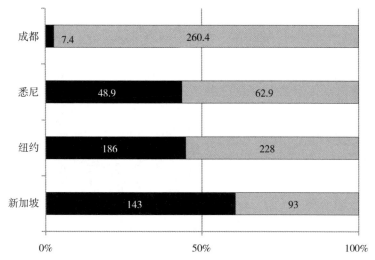

（单位：亿美元）

图 2-4　2014 年成都与部分世界著名旅游目的地入境
游客消费额占旅游总收入比例对比

数据来源：成都、悉尼、纽约、新加坡旅游局官方统计

（2）与国内其他旅游目的地城市相比

A. 接待入境过夜游客数量排名靠前

在国内主要城市接待入境过夜游客的数量排名中，深圳以 1214.9 万人次的绝对优势遥遥领先，成都不仅属于入境过夜游客数超过百万的 14 座城市之列，而且位居第六位，重庆位居第十六，虽与深圳、广州、上海、北京等一线城市还存在较大差距，但与珠海一道已成为第二梯队的领军城市，显示出强大的发展潜力。

B. 旅游外汇收入居国内主要城市前列

在国内主要城市国际旅游外汇收入排名中，上海以 52.45 亿美元高居榜首，与广州、北京、深圳 3 座城市共属于旅游外汇收入超过 40 亿美元的第一军团，天津、杭州、厦门、苏州、福州、重庆、泉州等 7 座城市是旅游外汇收入超过 10 亿美元的第二军团，而成都则是与武汉、桂林、珠海、大连、西安、宁波、青岛、沈阳 8 座城市一同处在第三梯队，且居于末尾的第 19 位。

（单位：万人次）

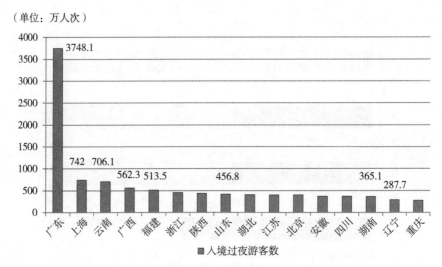

图 2-5　2018 年国内各主要省市接待入境过夜游客量

（单位：亿美元）

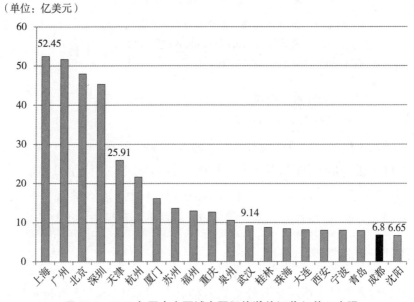

图 2-6　2013 年国内主要城市国际旅游外汇收入前二十强

数据来源:《2014 中国旅游统计年鉴》

　　两地中重庆属于第二梯队,成都位列第三梯队,两个梯队间城市数量较多,数值悬殊,城市间的竞争十分激烈,追赶态势尤其严峻。我们应当清楚意识到这既是两地的差距,同时,也是奋起直追的良好基础。

C. 入境过夜游客的平均停留时间排名第四十

在入境过夜游客的平均停留时间上,成都在参加统计的 60 个国内主要城市中,排名第 40 位,处在较为靠后的位置,入境游客平均在成都停留 2 天,远低于 2013 年外国入境过夜游客在我国境内平均停留时间 7.9 天,这与成都接待入境游客数量居全国前列的优势极不相称,这也正是成都旅游外汇收入偏低的直接原因之一。

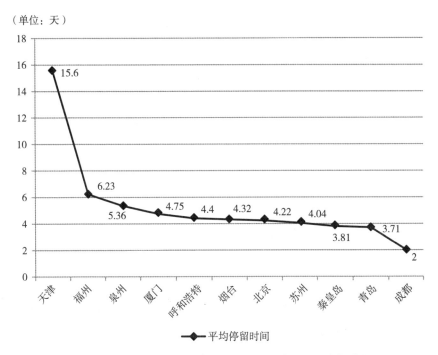

（单位：天）

图 2-7　成都与国内入境过夜游客的平均停留时间十强城市对比（2013）

数据来源:《2014 中国旅游统计年鉴》

D. 两地入境过夜游客人均每天花费国内主要城市排名中等靠后

在入境过夜游客人均每天花费排名中,上海以 259. 31 美元/人天居首位,成都以 193. 47 美元/人天,在国内主要城市(4 个直辖市加 15 个副省级城市)中排名第 12 位,重庆以 189. 84 美元/人天,在国内主要城市(4 个直辖市加 15 个副省级城市)中排名第 15 位,两地均位于中等稍靠后的位置。2013 年我国外国入境过夜游客的人均每天花费为 200.17 美元,两地均低于全国平均水平。

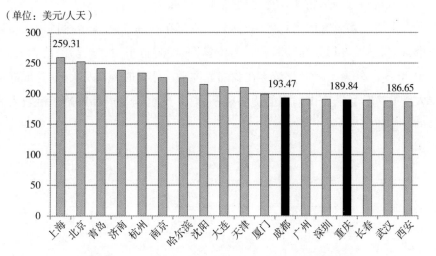

（单位：美元/人天）

图 2-8　2013 年国内主要城市入境游客人均每天花费

数据来源:《旅游抽样调查资料 2014》

2. 两地建设世界旅游目的地城市的现实基础

(1)丰富而深厚的旅游资源

两地自然风光绮丽、名胜古迹众多,旅游资源种类丰富,包括自然风景、人文景观、民俗活动、现代节庆等。我们按照国家市场监督管理总局 2017 年发布的《旅游资源分类、调查与评价》(GB/T 18972—2017)对成都的旅游资源进行分类,具体见表 2-6。

表 2-6　成都旅游资源分类表

主类	亚类	旅游资源
A 地文景观	AA 综合自然旅游地	青城山、金堂云顶山风景区、九峰山、西岭雪山、虹口自然保护区、金华山风景区、天台山、崇州九龙沟、鹤鸣山
	AD 自然变动遗迹	汶川地震博物馆
B 水域风光	BA 河段	锦江、沙河、浣花溪
	BB 天然湖泊与池沼	翠月湖、花水湾温泉

续表

主类	亚类	旅游资源
C 生物景观	CA 树木	成都植物园、白鹭湾湿地景区
	CD 野生动物栖息地	龙池国家森林公园、成都大熊猫繁育研究基地
D 天象与气候景观	DB 天气与气候现象	青城山、西岭雪山
E 遗址遗迹	EB 社会经济文化活动遗址遗迹	青羊宫、望江楼公园、永陵博物馆、崇州文庙、都江堰城隍庙、武侯祠、锦里、金沙遗址博物馆
F 建筑与设施	FA 综合人文旅游地	平乐古镇、街子古镇、黄龙溪、洛带古镇、怀远古镇、大邑县安仁古镇、宽窄巷子、大慈寺、文殊院、昭觉寺、宝光寺、古龙寺、镇江寺
	FG 水工建筑	都江堰水利工程
G 旅游商品	GA 地方旅游商品	花舞人间、国色天乡、芙蓉古城、海昌极地海洋世界、华侨城欢乐谷、三圣花乡风景区
H 人文活动	HA 人事记录	杜甫草堂、武侯祠、大邑刘氏庄园博物馆、安仁博物馆聚落、崇州文君井、新都桂湖
	HC 民间习俗	都江堰放水节、草堂人日游、元宵灯会、新津龙舟会、新都桂花会、彭州牡丹会、龙泉桃花会
	HD 现代节庆	详情见下文关于成都软实力的论述

（2）休闲包容的城市人文气质

两地有长达两千多年的历史文化传承，神秘古蜀的开国定都，秦汉时期的筑城治水、文翁办学，三国蜀汉的雄踞一方，唐宋时期的"扬一益二"、发行交子，明清时期的湖广移民、蓬勃发展，近代以来的辛亥波澜、抗战风云，无不是令人骄傲和自豪的历史文化瑰宝。

独特的地理环境、历史传统，造就了成都卓尔不凡的文化气质，以"巴适""安逸"为核心的优雅好文生活态度、休闲从容的生活方式，以及海纳万方的城市精神，这种城市品格包含着对人类社会发展的哲学反思，在其睿智的见识里体现出坦然淡定的气度。悠然的生活节奏、知足常乐的人生态度虽源于农业文明时代，但在生产力发展的高级阶段仍具有普遍的人文精神关怀。这种休闲、包容的城市人文气质是两地最重要的旅游核心吸引力之一。

（3）逐步增强的城市软实力

两地经济发展比较优势明显，对外吸引力巨大。作为西部商贸中心、中西部第一的中国会展名城、西部金融中心，外资银行机构、证券机构均位居中西部首位，各类世界性节庆会展等活动在两地的陆续举办，两地在国际上的知名度快速提升，国际影响力也越来越高，城市软实力逐步增强，大批的国际游客出于"商、养、学、闲、情、奇"等目的络绎来到两地。

（4）成效明显的旅游营销

作为中国最佳旅游城市，近年来两地旅游宣传营销成效明显。以成都为例，在美国纽约时报广场电子屏播出成都旅游宣传片；在英国伦敦举行了"欢乐春节游"——2013 成都文化旅游推广活动，邀请俄、德、意等地旅行社、媒体代表到成都考察采风。探索新媒体宣传营销，制作微电影在爱奇艺、新浪微博宣传。在双流机场、北京首都机场开展成都形象宣传。举办了"成都 72 小时过境免签"系列活动，成立了 72 小时过境免签成都旅游联盟。在携程网开设"成都旅游宣传线上推广中心"。进一步拓展国际友城旅游联盟、成渝城市群和成德区域旅游合作。以重庆为例，在美国 ABC 电视台全媒体黄金时间播出重庆旅游专题宣传片；积极组织实施境外营销活动年均约 10 批次，先后赴美国、加拿大、肯尼亚、南非、新加坡、英国、法国、俄罗斯、意大利、丹麦、瑞典、智利、日本、阿根廷、越南等地进行境外旅游推介；积极组织接待境外来访考察的旅行商和媒体，包括美国、意大利、冰岛、匈牙利、乌克兰、日本、瓦努阿图等地旅游部门和旅行商、媒体，通过签订合作协议、举办座谈会、考察踩线等形式，深化开展旅游合作交流。

（5）日益完善的旅游环境

两地气候温润且水绿天青，具有良好的建设世界级旅游目的地城市的生态基础。经过多年的大力发展，包括两地旅游景区（点）、旅游住宿业、旅行社业、旅游交通业等在内的综合产业体系逐步建立，各类旅游设施环境日益完善。两地的旅游管理服务水平持续提升。

3. 两地建设世界级旅游目的地城市存在的主要问题

对比国际国内的世界级旅游目的地城市，两地离建设世界级旅游目的地和具有国际影响力的购物天堂这一目标还有很大差距，主要差距大致有以下几个方面。

(1)文化与旅游融合不足,旅游品牌不鲜明

两地虽拥有丰富多样的文化资源和旅游资源,但在如何将文化与旅游深度融合,将文化旅游作为城市独特的旅游品牌,形成一定规模和体系的特色旅游产品上还有待加强。现阶段两地旅游品牌是不够鲜明、响亮的。这关系到两地作为世界级旅游目的地的核心驱动力,也直接导致了入境游客数量不多、停留时间短,以及旅游花销低等后果。

(2)特色旅游产品开发不足,规模效应还未形成

目前,两地在旅游资源向具有吸引力的旅游产品的转化上还有所欠缺。旅游资源与旅游产品是存在巨大区别的,只有针对目标游客进行有针对性的开发利用和设计,才能形成具有吸引力的旅游产品,也才会拥有广阔的市场。同时,两地还缺乏激励旅游产品开发的创新机制,现有旅游产品大多是自然或历史景观的简单展示,传统的观光旅游产品仍然占主导,没有根据入境游客的需求和消费习惯,而是以市场为导向,充分利用自身独特的旅游资源,开发和设计出具有持续吸引力的、多元化的现代休闲度假旅游产品。已开发的项目面积都较为有限,并未形成片区规模,如广受好评的历史文化街区,宽窄巷子占地479亩,锦里仅占地45亩。尤其缺乏既具有国际水平,又充分体现地域文化特色的大型演艺娱乐项目。优秀的演艺娱乐项目是世界级旅游目的地城市的重要品牌,它不仅能充分展示城市的文化形象,而且能吸引大批游客,延伸停留时间,提升旅游消费。如杭州的《宋城千古情》是目前世界上年演出场次和观众最多的剧场演出,已推出十余年,累计演出17000余场,接待观众5000余万人次;北京的品牌旅游演艺舞台剧《功夫传奇》也已持续十一年,成功演出7500余场;坚持演出八年的大型山水历史舞剧《长恨歌》,也成为西安旅游的品牌项目。

(3)产业融合不够,旅游综合效益不高

两地的旅游与文化产业、现代农业、体育产业、商贸和会展产业的融合发展水平上做得还不够,旅游资源要素缺乏统筹,旅游产业综合抓的格局尚未形成,完整的旅游产业价值链还有待完善,这直接影响到旅游综合效益的提高。

两地目前仍以旅游集散功能为主,尤其是入境游客多数通过两地进入西

藏等中国西部其他旅游目的地,存在着入境游客停留时间短、消费不高且结构不够合理等问题。以成都为例,2013 年,入境过夜游客人均花费仅 193.47 美元/人天。

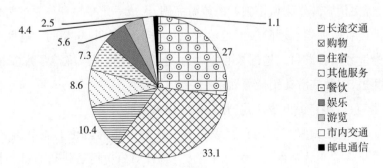

图 2-9　2013 年成都入境过夜游客人均每天消费构成百分比

数据来源:《旅游抽样调查资料 2014》

　　成都入境过夜游客的非旅游基本消费中,购物所占比重最大,人均消费的33.1%用于购物,其比重居全国主要城市排名第一;长途交通、市内交通、住宿、餐饮等"刚性消费"占全部旅游花费的 47.2%,比例过大;娱乐、购物、游览、邮电通信等"弹性消费"占比为 52.8%,比例较低。旅游发达国家往往将吃、住、行等基本消费支出控制在 30%—40%,娱乐、购物、游览等非基本旅游消费才是衡量一座城市旅游业发达水平的重要标志,其支出需求弹性大、有增长潜力,是提高旅游经济效益应瞄准的目标。而我市入境游客人均消费的4.4%用于游览,5.6%用于娱乐。2013 年我国国际旅游外汇收入构成中,游览占比 6%,娱乐占比 7%,我市低于平均水平,处在全国中等偏下的位置。对比世界先进国家,如 2014 年新加坡的旅游外汇收入中有高达 25%是用于观光、娱乐等活动消费。由此可见,两地目前入境过夜游客的人均花费不高,且消费结构还有待优化,尤其是用于游览和娱乐的花费有很大的提升空间,这也从侧面反映出两地针对入境国际游客的旅游产品和项目数量不多和质量不高的现状。

　　(4)旅游环境有待优化,人文素质有待提升
　　目前两地的旅游环境有待优化,不仅景区的配套设施、应急救援体系、智能数控系统、酒店的规范管理、人性化服务等方面都与国际先进水平存在一定

的差距,更重要的是,市民综合素质有待提高,还没有具备国际化的理念和素养,还不能消除语言、思维等交流障碍迎接世界游客。尤其是市民的善意迎客、热情对客、情意留客的人文情怀,与其他世界级旅游城市相比有较大的差距。

(5)国际竞争力偏低,国际营销还有待加强

两地现有的旅游企业规模化程度不高,大多市场竞争力不强,还不能担当起进军国际市场的重任。当前,两地旅游的国际化水平还偏低,游客来源仍以国内游客为主,境外游客主要集中在港澳台、韩国、泰国、日本等少数国家和地区,入境游客市场还有待进一步扩大推广。两地旅游的国际营销力度还有待加强,营销的方式需要进一步探索创新,提升两地的世界知名度还有很长的路要走。

第三章　巴蜀文化走廊建设的实践与探索

巴蜀"一家亲",发展"一盘棋"。建好"经济圈",文旅要先行。川渝两地将以巴蜀文化为纽带,坚持"一盘棋"推进,聚力打造巴蜀文化旅游走廊,推动成渝文旅产品、优惠政策等共建共享,建设新时代中华文明的文化高地、世界知名的旅游目的地。

第一节　川渝聚力打造巴蜀文化旅游走廊

当前川渝两地正紧紧围绕"聚力打造巴蜀文化旅游走廊",将其作为成渝双城经济圈唱好"双城记"的文旅 IP,结合川渝资源禀赋和产业潜力,联合进行深度的规划策划、产品开发和品牌塑造,着力推进"川渝石窟国际交流、西南城市旅游环线、巴蜀文化研学旅行、山地文旅装备制造和西部文旅职教培训"五方面的深度合作,以文旅为抓手,补齐短板,发挥优势,推动成渝地区双城经济圈相关产业协同发展和综合效应提升。

一、巴蜀文化旅游走廊建设的背景

2020 年 1 月 3 日,习近平总书记主持召开中央财经委员会第六次会议并发表重要讲话,专题部署推动成渝地区双城经济圈建设,使之上升为国家战略,并强调要推动双城经济圈建设,打造内陆开放战略高地,在西部形成高质量发展的重要增长极。2020 年 10 月 16 日,习近平总书记主持中共中央政治局会议,审议《成渝地区双城经济圈建设规划纲要》,会议强调,突出重庆、成都两个中心城市的协同带动,注重体现区域优势和特色,使成渝地区成为具有全国影响力的重要经济中心、科技创新中心、改革开放新高地、高品质生活宜居地。明确提出：推动成渝地区双城经济圈建设，是构建以国内大循环为主体、国内国际双循环相互促进的新发展格局的一项重大举措，是打造带动全国高质量发展的重要增长极和新的动力源。① 习近平总书记特别提出要"支持重庆、成都共建巴蜀文化旅游走廊"，习近平总书记将巴蜀文化旅游走廊建设作为推动成渝地区双城经济圈建设的一项重要工作交办给四川、重庆，寄托了总书记对两地形成高质量发展重要增长极和新的动力源的重托与期待，饱含了总书记对两地人民实现高品质生活的关切与厚爱，必将对两地文化旅游产业升级发展和巴蜀文化影响力全面提升并得到各方面支持产生重大而深远的影响。川渝地区在党委政府的坚强领导下，奋力推进成渝地区双城经济圈建设，牢固树立一盘棋思想和一体化发展理念，将协同打造巴蜀文化旅游走廊作为落实习近平总书记重要指示精神的一次生动实践。在这样的宏观大背景下应运而生的巴蜀文化旅游走廊建设全面起势、渐入佳境，区域文旅合作新典范持续创建和深化。

二、巴蜀文化旅游走廊建设的重要意义

打造高品质巴蜀文化旅游走廊意义重大、优势明显，巴蜀千载情，川渝一家亲。自古以来，川渝历史同脉、文化同源、地理同域、经济同体、人缘相亲，协同打造巴蜀文化旅游走廊既是对巴蜀文化文脉的延续，也是面向未来实现成渝地区双城经济圈文化旅游一体化的现实需要和重要途径。

一是有利于更好地满足两地人民精神文化需求。成渝地区双城经济圈的高质量发展离不开独特的巴蜀文化，川渝两地地域相接、血脉相连、文脉相通，有巴文化、蜀文化、长江文化、革命文化、"三线文化"、移民文化等深厚的文化渊源，打造巴蜀文化旅游走廊，符合两地人民群众日益增强的精神文化期盼，可以更坚实促进真正意义上的两地文化资源共建共享、合作共赢，以鲜亮巴渝文化这一长江上游最富有鲜明个性的文化增强中华民族文化自信，以融通满

---

① 中华人民共和国中央人民政府网：《习近平主持召开中央财经委员会第六次会议》，http://www.gov.cn/xinwen/2020-01/03/content_5466363.htm。

足多样化、高品位的精神文化需求。

二是有利于更好地推动两地文旅资源开发共享。川渝两地得山水之宜，自然旅游资源富集。重庆既是世界最大的山水城市，又是世界唯一的"温泉之都"，有世界自然遗产武隆喀斯特地质奇观和南川金佛山，还有以特大型山水都市为代表的都市旅游资源；四川是中国三大上古文明之一的古蜀文明承载地，留存有宝墩文化、三星堆遗址、金沙遗址等古蜀文明代表，是世界自然遗产中国四川大熊猫栖息地，有世界文化与自然双遗产峨眉山，以花萼山、白水河、长宁竹海为代表的国家级自然保护区等。通过推动巴蜀文化旅游走廊全域实行过境免签，构建"蓉进渝出""渝进蓉出"机制，将有效实现文化旅游优势互补、客源互送、市场共享，切实推动文化旅游资源共享和整体效能提升。

三是有利于更好地促进两地消费提质扩容。川渝两地是一个1亿人口的超大规模市场，内需潜力是世界级，消费能力还有待释放。重庆是国内率先开展国际消费中心城市培育建设的城市，四川成都是中国的内陆消费第一城。在消费上，川渝两地具有良好的居民收入水平和增长速度、城市性格和居民习惯、文旅商业丰富度、综合交通通达度等基础，通过合力打造巴蜀文化旅游走廊精品线路，合力举办具有世界影响力的文旅节会，实施区域公共品牌培塑、巴蜀文创产品开发工程等，将会进一步促进拉动内需，促进国内国际双循环。

四是有利于更好地推动两地基础设施建设。重庆是长江上游地区唯一汇集水、陆、空交通资源的超大型城市，正着眼于建设国际性综合交通枢纽，大力实施交通建设"三年行动计划"，交通建设按下"快进键"。四川省已初步形成以高速铁路、干线铁路、高速公路、长江航运为主骨架的综合交通网络，与京津冀、长三角、粤港澳大湾区等国内重要经济圈基本实现互联互通，省会成都的国际地区通航城市和国际地区航线均居中西部地区首位。巴蜀文化旅游走廊的打造将会进一步满足两地人民快捷、广域、灵便的交通的需求，进一步推动两地成渝地区基础设施建设高质量发展。

双城经济圈的高质量发展离不开独特的巴蜀文化。历史地理紧密联系的成渝两地在教育、艺术、旅游、音乐、考古、体育等方面有广阔的协同发展前景，而最具产业辐射性和联动性的领域当数文化旅游。成都作为蜀文化的核心区，在弘扬天府文化的过程中与西部唯一直辖市、巴文化发源地重庆协力打造巴蜀文化旅游圈,必将为成渝地区双城经济圈高质量发展注入强劲的文化动力。当前成都正以世界文化名城为目标加快"三城三都"建设,深耕天府文化与重庆共建巴蜀文化旅游走廊,已成为建设世界文化名城一项重要的子工作。

三、成渝文化旅游经济带和一体化发展的天然优势

成渝要落实习近平总书记关于"两中心两地"的战略定位,一方面须汲取我国其他经济增长极的先进经验,另一方面也须基于不同的人文环境、社会基础和不同的资源禀赋,探索总结"第四经济增长极"自身的发展经验和模式,创新开拓用巴蜀文化支撑起来的可持续发展路径。文化是社会经济发展的重要支撑,独具魅力的巴蜀文化正是把成渝建设成为"具有全国影响力的重要经济中心、科技创新中心、改革开放新高地、高品质生活宜居地"深层而内在的动力来源。成渝之间不仅经济联系紧密、贸易往来频繁,而且地域文化相似、民间血缘相通,具有深厚的文化合作基础,这就为成渝地区探索独具生命力的高质量发展路径提供了文化意义上的有利条件。泱泱历史,文化助力了中国社会经济多次立于世界前列,放眼当今世界,文化更是区域凝聚力和创造力的重要源泉,越来越成为区域发展和竞争力提升的重要因子。

川渝文化同源、历史同脉、地理一体、人缘相亲,近年来,川渝地区文旅产业发展迅速、规模显著。相关数据显示,目前川渝地区共有国家 5A 级旅游景区 21 个、国家级旅游度假区 5 个。2019 年重庆市接待国内外游客 6.57 亿人次,实现旅游总收入约 5739 亿元。2020 年四川实现旅游收入 6500 亿元,接待国内游客 4.3 亿人次。目前成渝之间已开通 4 条高速公路,联合八大高铁及三大国际机场,共同为成渝地区双城经济圈内所有城市形成对外快捷交通干线。(见图 3-1)

文化旅游业必将成为双城的"撬动点"。据了解,2021 年《巴蜀文化旅游走廊建设规划》开启了编制中,川渝两地建立共推巴蜀文化旅游走廊建设专项工作组、联合办公、协调会议和信息报送等保障机制,2021 年 1 月中旬完成了实地调研,于 11 月形成了征求意见稿,并编制形成《巴蜀文化旅游走廊(四川区域)建设实施方案》,梳理出一批具有标志性、示范性、引领性、全域性重大项目。有关专家认为,巴蜀文化旅游走廊的建设为川渝两地文旅产业带来

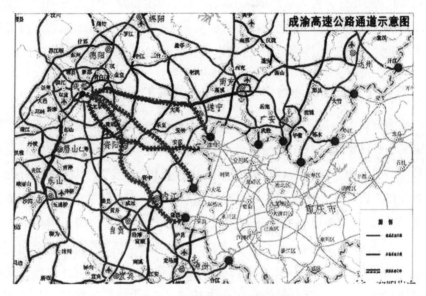

图 3-1　成渝高速公路通道示意图

的最大改变应该是实现协同联动、统筹共建为基础的高质量发展新格局。成渝双城将建立起一种良性竞合关系,覆盖全境的自然人文资源的廊道脉络将更加明确,有利于构筑全新旅游目的地形象,建立起若干个文旅融合发展示范区、试验区,为文旅企业创新发展提供新平台。预计到 2025 年,巴蜀文化旅游走廊共建共享体制机制将初步形成,旅游业为经济社会高质量发展做出显著贡献。到 2035 年,旅游业将成为成渝地区双城经济圈建设的战略性支柱产业,届时"国际范、中国味、巴蜀韵"的文化旅游整体形象将更加深入人心。

　　成渝地区是具有西部特色的文化产业活跃区域,具有极强的创新潜力和发展空间。2020 年 5 月,中共中央、国务院印发的《关于新时代推进西部大开发形成新格局的指导意见》强调,包括川渝等西部省份要发挥比较优势"推动形成现代化产业体系",深化旅游资源开放、信息共享、行业监管、公共服务、旅游安全、标准化服务等方面国际合作,提升旅游服务水平;要依托风景名胜区、边境旅游试验区等,大力发展旅游休闲。① 这一系列指导意见无疑为共建

————————————

　　①　中华人民共和国中央人民政府:《中共中央 国务院关于新时代推进西部大开发形成新格局的指导意见》,http://www.gov.cn/zhengce/2020-05/17/content_5512456.htm。

巴蜀文化旅游走廊指明了方向。

第二节　打造高品质巴蜀文化旅游走廊的成效

2020 年,成渝集中力量、大事大抓,有效推动巴蜀文化旅游走廊高标准谋划、高品质打造、高效率推进。积极争取国家层面相关支持,深化与四川文旅部门交流合作,以巴蜀文化为纽带,以文化旅游融合发展为突破,建立健全联动机制,着力将巴蜀文化旅游走廊打造成为双城经济圈亮点。

一、健全完善合作机制,确定文旅合作重点

自 2020 年起,川渝两地紧紧围绕"共建巴蜀文化旅游走廊"工作任务,签订各层级文化旅游战略合作协议数十份,发起成立文化旅游合作联盟 10 余个。川渝两地以巴蜀文化为纽带,以文化旅游融合发展为突破口,着力将巴蜀文化旅游走廊打造成为双城经济圈亮点和世界知名旅游品牌,共建具有国际范、中国味、巴蜀韵的世界重要文化旅游目的地。

据四川省文化和旅游厅规划指导处的调研情况显示,川渝两地成立了推动巴蜀文化旅游走廊建设专项工作组,设立联合办公室,定期召开协调会议,形成了《推动巴蜀文化旅游走廊建设工作机制》《深化四川重庆合作推动巴蜀文化旅游走廊建设工作方案》等机制文件。

坚持"一盘棋"推进,建立完善各层级工作机制,畅通常态化沟通渠道,积极争取国家层面相关支持,推进川渝两地文化旅游业发展规划协同、政策相通、产品相连、品牌共享。

一是加强调研定方向。2020 年,川渝先后组织召开 3 次专题会议扎实推进工作,进一步明确目标、完善机制、制定措施、落实责任,确保推动成渝地区双城经济圈建设任务落地落实。组织专业团队开展"推动成渝地区协同打造巴蜀文化旅游走廊"专项调研,通过实地调研,与相关部门、专家座谈等方式,基本掌握了川渝两地文化旅游资源和合作现状,分析查找协同打造巴蜀文化旅游走廊存在的短板和问题,形成了《推动成渝地区协同打造巴蜀文化旅游走廊研究报告》。

二是优化机制建平台。巴蜀文化旅游走廊建设专项工作组应运而生,设立联合办公室,定期召开协调会议,畅通信息报送渠道。会同四川省文化和旅游厅分别在重庆、成都召开多次巴蜀文化旅游走廊建设专项工作联席会议,形成《推动巴蜀文化旅游走廊建设工作机制》《川渝共同争取国家支持巴蜀文化旅游走廊建设重点事项》等机制文件,全面启动了巴蜀文化旅游走廊建设工作。

三是双向联动聚合力。重庆文化和旅游委与四川省文化和旅游厅签订《推动成渝地区双城经济圈建设战略合作协议》等一系列合作协议,共同推动成渝地区双城经济圈建设 15 项合作,建立成渝文物保护利用 11 项联动,强化成渝文化旅游公共服务 13 项协作,按照《成渝地区双城经济圈人才协同发展战略合作框架协议》建立川渝两地年轻干部互派挂职长效机制。重庆文化和旅游委与四川省文化和旅游厅互派挂职干部,深化川渝文旅协作,加强两地战略协同、政策衔接和工作对接。与四川省广播电视局签署《推动成渝地区双城经济圈广播电视发展战略合作协议》,通过课题共研、平台共建、技术共用、成果共享等方式,多措并举打开成渝两地广电协同发展的良好局面。

四是健康市场净环境。与四川文化旅游综合行政执法部门深入交流合作,持续开展文化旅游市场综合行政执法改革、执法工作情况和执法信息交流活动,实施实地执法协作检查,共同签署《四川省—重庆市文化旅游市场综合行政执法协作备忘录》,进一步规范重庆和四川文化旅游市场秩序,营造平稳健康有序的文化旅游市场环境。

二、推动合作走深走实,打造巴蜀文旅精品

着眼于川渝历史同脉、文化同源、地理同域、经济同体、人缘相亲历史机缘,立足互为文化发扬地、旅游集散地和重要客源地优势,会同四川省文化和旅游厅在重大文旅项目、精品线路、公共服务等方面展开深入合作。

一是推进重大文旅项目建设。积极争取国家文化和旅游部编制出台《巴蜀文化旅游走廊建设规划》,支持成渝举办"中国西部(国际)文化旅游博览会",设立"巴蜀文化旅游走廊国家改革试验区",落地实施重大文旅项目等重大事项。推动实施一批有引领带动作用的重大文化旅游产业项目,大力开发

文旅+大熊猫、文旅+影视、文旅+数字动漫、文旅+主题游乐、文旅+新艺术创作、文旅+音乐产业、舞蹈+产业等新业态,培育"巴蜀文脉"人文旅游、"巴蜀风韵"民俗旅游、"巴蜀脊梁"红色旅游、"巴山蜀水"生态康养等十大巴蜀特色优势产业集群。

二是推动市场主体合作联动。推动洪崖洞和宽窄巷子,金佛山和都江堰等地标级景区达成战略合作,推进两地文化旅游企业共同开展广元澳维鲲鹏小镇、曾家山荣乐国际生态康养度假区等旅游合作项目,引导成都索贝集团与重庆演艺集团探索实时传输技术落地重庆国际文化旅游交流之窗,落实重庆交运集团与成都文旅集团商洽合作内河夜游项目。支持川渝市场主体整合两地特色文化旅游资源,串联区域内优质景区(点),开发川渝两地一程多站旅游线路,打造跨省区的精品旅游连线产品,先后发布乡村旅游、红色研学、生态康养等精品线路70余条。

三是营造文化艺术合作氛围。开展"川渝艺术发展合作交流会",两地多家文化艺术单位签署多项合作协议,围绕打造巴蜀文化艺术传承创新区、筹建川渝剧本创作孵化基地等展开深入合作。首届"技炫巴蜀"川渝杂技魔术展、"巴蜀情"——2020川渝中国画作品展、音乐会《巴音蜀韵——成渝双城国乐嘉年华》、舞剧《杜甫》、歌剧《尘埃落定》、话剧《麦克白》、京剧《玉堂春》等在两地互演互办。

四是不断提升公共服务水平。启动巴蜀文化旅游公共服务融合高质量发展示范区项目,深入推进川渝城市群无障碍旅游合作,联袂打造"智游天府"和"惠游重庆"公共服务平台,集"吃住行游购娱"功能于一体,以移动终端(手机)为载体,通过APP、小程序、微信公众号,为公众提供旅游、文化、公共服务三大类16项服务。打通平台数据壁垒,实现游客身份和健康信息互通共享及跨平台核验认证。目前,川渝游客可凭借"一码"游览两地660余家景区和文化旅游场馆。

三、培育巴蜀文旅品牌,开展线上线下活动

为持续巩固合作成果,进一步发挥川渝文化旅游协同效应,共同培育巴蜀文化旅游品牌,重庆市文化旅游委先后组织了一系列线上线下活动,同时推动

两地广播电视和区县开展联动交流合作。

一是共同培育巴蜀文化旅游品牌。实施"成渝地·巴蜀情"区域文化品牌培育工程,成立巴蜀文化馆、图书馆行业联盟,渝阿公共图书馆联盟签约(重庆市区域性公共图书馆联盟 13 个成员馆与阿坝州 13 县(市)图书馆进行"一对一"友好结对并互赠地方特色文献资源)。作为主宾省参加第七届四川国际旅游交易博览会,重庆展厅以"山水之城·美丽之地"为主题,推广"山水之都,美丽重庆"旅游形象。共同承办第六届中国诗歌节,联合主办"在希望的田野上——川渝地区双城经济圈脱贫攻坚奔小康群众文艺巡演"。拓宽"重庆文化旅游惠民消费季"覆盖群体,特设"巴蜀文创潮集"文创产品专场进行直播推介,拉动川渝文化旅游市场消费。

二是持续开展线上线下系列活动。联合主办"巴蜀文化旅游走廊自由行"活动,川渝两地近 200 家旅游景区分别面向重庆、四川籍游客推出 120 万张免费门票和优惠政策,促进提振文旅消费,央视《朝闻天下》栏目对活动进行了长达 1 分钟的专门报道。联合主办"巴蜀文化旅游走廊自由行"活动,组织全市区县深入四川 17 个地市开展"成渝地·巴蜀情"2020 重庆文旅"大篷车"赴四川巡游营销推广活动。

组织川渝两地文创首次联展,20 余家川渝博物馆在"巴山蜀水"文创展上同台亮相,推出 600 余件(套)文创产品,线上点击量达 1000 余万人次。支持重庆中国三峡博物馆与四川博物院接力开展"川渝文博一家亲云游巴蜀双城馆"线上直播活动。合作举办中国石窟(南方)保护学术研讨会、"雕饰山河——巴蜀地区石窟与摩崖造像"艺术展、"成渝双城记·非遗云聚会"等活动。

三是推进成渝广播电视协同发展。融合传播营造共建氛围,分别在电视、广播、视听网站、IPTV 和手机移动端开辟成渝地区双城经济圈建设专栏,多屏联动播发相关报道 2100 余条、采访 213 人次、制作节目时长 574 分钟、点击关注量超 1000 万。协同合作促进资源整合,构建两地省市级播出机构合作框架,联合打造"巴蜀电影联盟""成渝地区双城经济圈时尚产业联盟",签订"万达开""泸江永荣"等区域性融媒体合作协议,形成"抱团"宣传合力。聚焦内容打造精品节目,启动《双城春晚》筹备,联合制作《双城热恋》《我和重庆有个约会》等影视剧,推出《成渝方言话双城》《成渝区县联动微访谈》等网络节目,启动两地公益广告创意制作和展播活动,唱响"双城品牌"。

四是推动区县合作共唱"双城记"。重庆潼南区与遂宁市,九龙坡区与遂宁市、眉山市联合推出两地市民免费耍景点互利互惠活动,北碚区与绵阳市,南川区与都江堰市,合川区与广安市、广元市、遂宁市分别签订了文旅战略合作协议,江津区携手泸州市、宜宾市推动文旅一体化发展,梁平区、垫江县及四川邻水县、达川区、大竹县、开江县联合举办明月山民宿消费季活动,万州、达州、开州达成"万达开"文化旅游体育一体化发展战略,武隆区与乐山市在加强文旅项目合作、形成文旅营销合力、提升文旅成渝地区双城经济圈建设活动品质、建立两地"绿色通道"等方面开展合作。

四、打造高品质巴蜀文化旅游走廊正当其时、大有可为

成渝地区双城经济圈是成渝双城的文化圈、生态圈、旅游圈、亲情圈、友谊圈,是巴文化与蜀文化的共生之地、融合之地。川渝两地将以协同打造高品质巴蜀文化旅游走廊为抓手,让巴山蜀水同呼吸、共命运、心连心,奏响新时代的大合唱,走向世界文旅高地。川渝两地力争到2035年将巴蜀文化旅游走廊建设成为弘扬中华文明文化高地、世界知名旅游目的地、国际经济合作和文化交流重要平台,文旅业成为双城经济圈建设的支柱产业。文化旅游综合性总收入突破5万亿元,文化旅游消费总人次突破15亿人次。

一是强化规划引领。有序推动《巴蜀文化旅游走廊建设实施方案》编制工作,积极配合文化和旅游部编制《巴蜀文化旅游走廊建设规划》并印发实施。启动《川陕片区城口革命文物保护利用规划》《四川省川陕片区红军文化公园保护利用规划(2020—2030)》编制工作,联合实施一批革命文物保护展示重点工程。

二是推动市场先行。坚持高端化与大众化并重、快节奏与慢生活兼具,激发市场消费活力,不断增强巴蜀消费知名度、美誉度、影响力。会同相关文旅部门及重点文旅企业,联合发起成立"巴蜀文化旅游推广联盟""川渝144过境免签推广联盟",共同搭建川渝文旅发展一体化新平台。打造一批工业旅游示范基地和工业遗产旅游基地、中医药健康旅游示范基地、体育旅游示范基地。培育一批巴蜀文化旅游走廊文旅消费示范城市(区县),打造一批巴蜀文

化旅游走廊夜间文旅消费集聚区,展现市井烟火味、国际时尚范、巴蜀慢生活。

三是鲜亮品牌打造。全力塑造文旅双城品牌,将巴蜀文化旅游走廊建设成为长江文明体验高地、世界知名旅游度假胜地。协同培育"成渝地·巴蜀情"区域文化品牌,开展夏布、蜀锦、蜀绣、竹编等项目合作。联动开展文化交流展演活动,高标准举办西部国际文创博览会、精心筹备"第五届川剧节"等,建设"巴山蜀水"乡村旅游示范带、协同推进文化旅游小镇建设,共同打造成渝地区精品旅游线路和舞台艺术精品。

四是开展国际营销。用好文化和旅游部"欢乐春节""美丽中国"以及两地现有"走出去"平台,双方相互宣传、联合推广川渝文化旅游项目及资源。

重点推广重庆三峡、山城、温泉、都市、乡村等旅游品牌,四川大九寨、大峨眉、大熊猫、大香格里拉、大贡嘎、大竹海、大灌区、大蜀道、大遗址、茶马古道等十大文旅品牌精品。

五是提升公服水平。升级打造"惠游重庆""智游天府"等公共服务平台,启动成渝公共图书馆一卡通融合项目建设,构建"书香成渝"全民阅读服务体系。联合推出《成渝地区旅游景区导览图》,推进成渝地区沿线旅游标识标牌和导视系统标准化、规范化建设。持续优化政务服务"跨省通办"业务。

六是推进广电协同。积极推动两地"智慧广电"建设与合作,建立完善两地广播电视和视听新媒体协同监管机制,推进相邻地区应急广播互联协作,建立灾害信息共享机制,深化广播电视技术人才培养交流合作,重点推进电视剧《双城热恋》策划制作。

七是加强文博合作。共同推动"巴蜀考古""西南夷考古"纳入国家文物局"考古中国"重大项目,联袂推动长征国家文化公园重庆段和四川段建设,联合实施革命文物、石窟寺和巴文化遗址调查研究,强化文物、遗址集中连片保护利用,贯彻落实《国务院办公厅关于加强石窟寺保护利用工作的指导意见》,全面落实石窟寺保护利用主要任务。

八是维护市场秩序。推动川渝两地共建文化旅游市场联合执法、案件协查协办机制,联合开展文化和旅游市场秩序整治,互通文化旅游行政处罚信息,黑名单信息等,推动两地常态化开展文化旅游市场综合治理工作交流,建立成渝两地旅游团队运营车辆互联互通机制,推进川渝无障碍旅游。

第三节　共塑巴蜀文化旅游走廊形象品牌

文化是成渝一体化发展的灵魂所在。成渝地区双城经济圈的发展是包括规划、环保、基础设施、制造、市场、服务等经济、文化方面的一体化过程,其中文化的一体化是更深层、内在和持久的融合发展,也是成渝一体化发展的灵魂所在。以巴蜀文化为特征的成渝地区,在国家战略蓝图中已从最初的"成渝经济区""成渝城市群"调整到了"成渝地区双城经济圈",并渐渐展露出与京津冀、长三角、粤港澳大湾区等城市群那样的区域一体化发展态势。

打造巴蜀文化旅游走廊是成渝一体化发展的重要途径。巴蜀大地在西晋时期已是"富饶游乐之都"、俗尚游乐之地,拥有"文化旅游"的深厚历史基础。协同打造巴蜀文化旅游走廊既是对巴蜀文化文脉的延续,也是面向未来实现成渝地区双城经济圈文化一体化的现实需要和重要途径。

近年来,为加快建设巴蜀文化旅游走廊,提高巴蜀文化旅游辨识度、知名度、美誉度和目的地整体感,川渝两地正共塑多个旅游形象品牌和共建数条旅游精品线路,两地先后联合策划实施了一系列线上线下活动。2019年5月,两地联办了"巴蜀文化旅游走廊自由行"活动,近200家旅游景区分别面向重庆、四川籍游客推出120万张免费门票以及多项优惠政策,提振文旅消费。2021年5月16日至19日,"大家唱"群众歌咏活动启动仪式暨首届巴蜀合唱节在四川省南充市举行,来自川渝两地及西部10省(自治区)的27支合唱队聚首嘉陵江畔放声高歌,共展节会风采。此后,巴蜀合唱节将成为常态化活动,每年由川渝两地轮流举办,有力助推巴蜀文旅融合发展。

文旅一体化未来可期,需注重文化内涵、带动方式、未来前景等多方面。一是加大系统整理巴蜀及周边红色和抗战文化旅游资源,按历史根脉和事件本身发生的主线和空间范围进行梳理研究,将川渝、黔、陕等地红军长征路线等红色文化资源统合梳理凝聚和系统优化激活。要加强联合开展革命文物资源调查的整合研究和保护利用,特别是注重整合小平故里、华蓥山游击队、红岩革命纪念馆、武胜县烈士陵园等红色文化资源和抗战文化资源,推进长征国家文化公园、川陕苏区红军文化公园建设。

二是加大以主题活动带动打通巴蜀自然旅游精品线路,促进自然风光旅游与人文景观相得益彰形成更深厚的吸引力。特别在以三峡文化、长江生态为主题的自然风光旅游线路设计中,注重整合嘉陵江流域沿线的南充、广安、合川等地,以及泸州、江津、万盛等地的自然旅游资源,并以两地民俗文化、饮食文化、戏曲文化、诗歌文化等主题活动,带动打造嘉陵江生态文化旅游区、川黔渝金三角生态旅游区;以城市历史文化、三峡文化、长江生态文化等为重点,创新打造一批巴蜀自然与文化旅游走廊的精品线路;支持双方市场主体共同打造跨省区的精品旅游联线产品,推出有特色主题的一程多站旅游线路,力求实现优势互补、客源互送、市场共享。

三是借力新技术拓展巴蜀文化旅游走廊发展前景。随着语音识别、图形识别、物联网、无人机、新材料等新技术以及虚拟现实 VR、增强现实 AR、介导现实 MR 等概念的运用,传统文化旅游业的呈现形式、管理方式、盈利模式都会产生颠覆性的改变,巴蜀文化旅游走廊的发展一定要踏上甚至引领智慧旅游的步调。借助科学技术这一文旅手段和主题,推广大熊猫繁育研究基地、汶川映秀防灾减灾科普基地、西昌卫星发射基地景区等旅游线路等成熟的科技主题旅游项目经验,更充分发掘成渝各自科技文旅优势,促进文旅产业及相关要素之间相互渗透、交叉汇合或整合重组,创新更多"科技+旅游"的巴蜀旅游新业态,形成未来可持续的高质量发展态势。

四是深化天府文化的人文研究与市场发掘,促进世界文化名城建设,为成渝地区双城经济圈建设提供改革开放的实践平台。自成都提出建设世界文化名城以来已经快三年了,各项工作有序地推进,但在文化产业品牌化、多元化、法治化、国际化战略方面还有较长的路要走。世界文化名城建设是一个充满创新的过程,管理者对新业态、新模式、新技术引入要实行"非禁即入"的审慎监管,文旅业发展才能够突破固有业态边界划分,使得文化与商业、法律、科技等其他各方面融汇立体发展。基于天府文化的世界文化名城建设为打通巴蜀文化旅游走廊奠定了深厚的基础,在此过程中的各种大胆探索,在客观上为成渝地区双城经济圈建设提供了改革开放的实践平台。

要着力发挥天府文化的包容性促进干支联动强化极核作用,把巴蜀大地建设成为高品质生活的宜居地。成渝作为所在区域首位城市,应当充分发挥在文化旅游业上的枢纽和主干作用,打通巴蜀文化旅游走廊、打造"三城三都",推动世界文化名城及公园城市的建设。成渝应当共同推进科技平台、金融平台、人力资源平台、开放平台、活动平台、营销平台等向走廊沿线地区开放,成渝双核联动,共同发布机会清单。在实施各项政策的过程中,两个主干城市与周边支干城镇有序联动,先易后难、先近后远,加快成都平原经济区东北部一体化发展,推动成德眉资文旅发展同城化、成都平原文旅发展一体化,协同推进巴蜀文旅产业生态圈建设,为巴蜀大地建设成为高品质生活的宜居地提供有益的先行经验。

一、坚持市场导向,共建巴蜀文化旅游走廊

巴蜀文化旅游走廊既是资源概念,又是空间概念,更是市场概念。推进巴蜀文化旅游走廊建设,带动川渝地区旅游产业高质量发展,关键要在开发导向、空间布局、产品培育、市场拓展上加强协作。建设成渝"两中心两地",为促进成渝文化一体化,打通巴蜀文化旅游走廊,把成渝地区建设成为"具有全国影响力的重要经济中心、科技创新中心、改革开放新高地、高品质生活宜居地",应当充分利用天府文化的创新性、人文性、包容性等显著特点,多元重点持续发力。要依托天府文化的创新性培育以市场和企业为主导的成渝文化旅游业,为成渝地区双城经济圈营造良好的科技创新氛围。科技、经济的创新力从根本上是源自包容的文化氛围,文化氛围则与政府的认识和管理水平直接关联。中央财经委员会第六次会议后,成渝两地快速建立了"四川重庆党政联席会议""巴蜀文化旅游走廊建设专项工作组联席会"等多项合作机制,有效推动成渝文旅产业大发展。下一步,要防止企业对政府主导发展模式的路径依赖,要将发展的主导力量归还旅游市场和文旅企业,推动政府从引导、鼓励两地文旅企业、媒体之间积极开展交流合作的角色,过渡到为企业、品牌的自主资源开发、线路打造、产品结构设计、艺术创作等方面提供总体规划、规范、指导和调控等基本公共服务,为成渝地区双城经济圈营造更优良发展环境。

(一)注重开发协作,变资源导向为市场导向

增强巴蜀文化旅游走廊的市场竞争力。旅游开发有资源导向和市场导向之分,资源导向强调"有什么资源开发什么旅游产品",市场导向要求"市场需

要什么就开发什么旅游产品",在旅游消费进入大众化、个性化、多元化的阶段,显然市场导向更适合旅游产业发展实际。这就要求在开发巴蜀文化旅游走廊上充分发挥市场对资源配置的决定性作用,注重对当前客源市场需求的分析和把握,以市场需求来指导资源开发,让旅游产品开发与市场需求结合得更紧密。

(二)优化空间协作,变地域分散用力为全域统筹布局

增强巴蜀文化旅游走廊的整体性。巴蜀文化旅游走廊涉及两省(市)多个地区,各地旅游资源禀赋与产业发展极不平衡,世界自然文化遗产与乡土原始景观并存,"网红"旅游城市与非知名城市同在。这就要求积极探索跨省域的全域旅游发展新模式,在基础设施、公共服务设施、服务标准、市场监督等方面做好统筹,整合区域内各地力量和资源,防止重复建设,以构建蓉进渝出、渝进蓉出的开放式快旅慢游集散体系、跨区域的智慧旅游管理服务平台等为依托,进一步提升巴蜀文化旅游走廊的旅游整体性、便捷性。

(三)强化产品协作,变荟萃式拼凑为主题式提炼

当前,川渝两地已明确把巴蜀文化旅游走廊建设作为成渝地区双城经济圈旅游产业发展的核心内容和重要载体。在当前新发展格局背景下,此举对丰富国内旅游产品供给,提升区域旅游发展质量具有重要意义。

要增强巴蜀文化旅游走廊的品牌影响力。川渝地区旅游产品多样性特点尤为突出,涵盖了城市、乡村、文化、生态、红色旅游等多种形态和业态。繁杂产品体系极易割裂区域主题形象,需要依靠统一的品牌和鲜明的形象进行引领和整合。这就要求进一步加强省际层面、市级层面的文化旅游协作,引导各地共同提炼和打造主题旅游线路,配套和串联特色旅游产品,共同打造和推广统一的区域性文化旅游品牌,提高市场辨识度。重庆、四川是我国重要的制造业基地,产业门类齐全,工业园区众多。文旅装备制造由于市场容量大,产品附加值高而备受关注,两地强大的制造能力为文旅装备产业提供了雄厚的研发和生产基础。要发挥川渝山地丘陵地形复杂、江河湖泊众多的特点,在沿线的产业园区精心规划,设立如垂钓装备、山地户外、无动力娱乐设施等一批特色文旅装备生产基地,填补相关产品的空白,助推两地制造业转型升级。

(四)加强市场协作,变客源互送为客源共享

要优化巴蜀文化旅游走廊游客结构。当前川渝地区到访游客仍以当地和

周边的短程市场、一日游为主。2019 年国庆中秋假期,重庆全市接待的超 247 万外地游客中,近四成来自四川。这充分说明川渝地区内部已实现高频次的客源互送,而区域外的游客比重仍是短板,需要进一步优化客源结构。同时,在做好国内客源市场结构升级的基础上,还应抢抓受疫情冲击形成的国际旅游市场格局调整的窗口期,利用大熊猫、长江三峡、美食等具有国际影响力的文化符号和旅游吸引物,以及峨眉山—乐山大佛、青城山—都江堰、武隆喀斯特等世界级优质旅游、康养资源,引导川渝各地加快布局适应国际旅游市场需求变化的重大项目和重点产品,提高国际游客数量。

二、加大文旅协同,整合创建国际文旅目的地

(一)规划西南城市文旅交通环线

旅游业是关联性很强的产业,与其相关的行业和部门达 100 余个,旅游消费对住宿业的贡献率超过 90%,对民航和铁路客运业的贡献率超过 80%,对文化娱乐业的贡献率超过 50%,对餐饮业和商业的贡献率超过 40%,旅游投资对经济的带动作用明显。成渝地区双城经济圈沿线的旅游资源各具特色,城市接待基础条件较好,将成为文旅行业发力的新战场。要利用成都—重庆—贵阳高铁环线城市开通的契机,包装一批旅游热点景区,并统一规划和配置两地重点高速公路服务区旅游形象和消费窗口的独有资源,提前布局挖掘商机,打造两地旅游交通环线一体化运营的优势平台。

(二)搭建川渝石窟国际交流平台

当前,成都和重庆正在创建国际文旅目的地,要提高渝西川东地区文化旅游的外向型开放度。巴蜀石窟是中国古代石窟艺术的巅峰,其历史地位毋庸置疑。但从现实情况看,两地石窟走廊的整体形象还需要整合和包装。尤其是处于双城经济圈几何中心的大足,是连接渝西川东地区的重要"桥头堡",要借鉴敦煌、博鳌等地开发文博的成功经验,由大足和川东石窟资源优势地区作为共同主办方,聚集巴蜀石窟资源集中的资中、内江、泸州、荣昌、遂宁、安岳、潼南、合川、永川、江津等地联合举办"巴蜀石窟艺术国际商协会(大足—安岳)圆桌会议"。邀请有关国家和地区的外交使节、商协会代表,国内外文化、贸易促进机构代表,以及知名文旅企业代表参加,研讨巴蜀石窟的文化文

物价值,共谋提升巴蜀石窟艺术在国际文化旅游界的影响力。圆桌会议可以一年一度在大足—安岳两地轮流举办,互相助力,互相宣传,达到整体提升巴蜀石窟文化地位和旅游市场份额的目标。

(三)建设西部文旅职业教育中心

成渝地区是我国重要的职业教育基地,经过多年的发展,以渝西川东为代表的职业教育蓬勃发展。随着经济转型和制造业向智能化高端化发展,传统的职业教育方式和专业设置也面临着新的挑战。而旅游业作为关联性较强的产业,涉及门类众多,人才缺口较大,尤其是"互联网+旅游"、乡村旅游、智能制造与旅游交通、涉外旅游、大数据与智慧旅游、酒店管理和景区运营服务等方面的人才需求较大。要结合旅游业新发展趋势,在永川、大足、内江等职业教育发展相对成熟的地区,积极谋划与文旅产业相关联的专业,更新专业设置,大力促进文旅职业教育发展和成渝地区双城经济圈建设的有机融合,打造中国西部地区文旅专业人才的职教培训基地。

(四)谋划巴蜀文化研学旅行地带

作为泛游学概念中的细分领域,研学旅游正处在大有可为的发展机遇期。在谋划巴蜀文化研学旅行地带方面,要依托成都、重庆"文旅双核心"和知名景区景点,以文化内涵相近、产业形态相似为契合点,大力开发"通识巴蜀"科普研学、"创意巴蜀"文旅创意等研学项目。特别注重渝西川东等拥有良好的自然资源和人文环境,以及规模庞大的人口基数的区域,共生共赢而形成创新文旅研学旅行地。

两地要打造独具特色的巴蜀文化研学业态和产业体系,推出一批包括"巴蜀文脉"人文旅游、"巴山蜀水"生态康养、"巴蜀风韵"民俗旅游和"巴蜀脊梁"红色旅游等在内的大文旅项目,形成多样化发展的巴蜀文化研学旅行地带,提升求新求变的文旅市场竞争力。

第四节　藏羌彝文化产业走廊政策协同

"藏羌彝走廊"是指中国西部历史上以藏羌彝系统的众多民族(族群)先民为主体、纵贯大西北和大西南的民族迁徙通道区,为费孝通先生提出的"民族走廊"学说中具有代表性的区域之一。藏羌彝走廊位于中国西部腹心,与"丝绸之路经济带"地理空间交叉覆盖,该区域形成并保留了丰富的多元特色民族文化,是中国乃至世界上多元文化和谐共生、相互交融、极具文化和自然魅力的典范地区。

2014 年 3 月,原文化部、财政部联合发布了《藏羌彝文化产业走廊总体规划》(以下简称《规划》),《规划》的核心区域位于川、滇、黔、陕、甘、青和藏西部 7 个省区交汇处,通过各省区跨区域的资源整合优化和政策的协调配合,致力于打造以走廊区域为核心的民族特色文化产业带,实现西部民族地区文化产业的跨越式发展。为此,西部 7 个省区地方政府纷纷出台了多项文化产业政策以引导各自省区文化产业的发展,以四川省、云南省等为代表的省份加大民族地区的经济发展,加深了民族文化的保护与传承,以文旅一体化形成了新的经济增长极。2018 年 11 月 1 日,四川省首个藏羌彝文化产业走廊行动计划即《藏羌彝文化产业走廊四川行动计划(2018—2020 年)》正式发布,提出在未来 3 年将重点实施 5 大工程,促进藏羌彝文化产业发展。① 但随着各省区相应政策的层出不穷,各省区文旅产业发展过程中不同程度上存在的发展不均衡、体系不完善、人才缺失等问题也愈加凸显,部分地方政府颁发的文旅产业政策在多方面多角度执行过程中呈现无序状态,过度追求走廊政策数量,忽略了政策自身的协同性,极大程度削弱了实施效果。对此,我们就藏羌彝文化产业走廊政策效力进行了调研,分析总结探索了推进走廊政策协同效应的策略。

一、藏羌彝文化产业走廊政策的量化

参考学术界已有研究,本书主要通过政策力度、目标、措施 3 个维度划分的各项指标并按各自标准分别进行赋值量化,经政策文本剖析到政策量化的转变,以综合数据分析直观反映藏羌彝文化产业走廊政策协同演变情况和效应。

(一)政策数据来源

数据来源主要以近年川、黔、滇、藏、陕、甘、青 7 个省区地方政府颁布的文

---

① 四川省人民政府:《我省首个藏羌彝文化产业走廊行动计划发布》,https://www.sc.gov.cn/10462/10464/10797/2018/11/2/10462042.shtml。

化产业政策为主,同时也涵盖了中央政府颁布的走廊相关政策。从中央政府到地方政府、各相关部委至各厅局的官网数据库搜集了 1985—2019 年颁布的涉及文化、新闻、创意等多领域近 800 条相关的政策,基于政策略读、核对和筛选,从中选出与藏羌彝文化产业走廊高度相关的政策 569 条,通过以发布时间、发布机构、政策类型、政策目标、政策措施等政策精读、归纳分类和提炼筛选,参考学界样本建立藏羌彝文化产业走廊政策文本数据分析模型,对包括国务院、文化和旅游部、财政部和 7 个省区地方政府、文化厅、旅游局等 40 多个机构颁布的相关走廊政策进行了分析。

(二)走廊政策协同量化指标体系框架建构

通过构建平均协同度测度模型,主要从政策目标、力度和措施 3 个维度进行总结分析。首先梳理研读 569 走廊政策,政策目标指标设定主要参考《国家"十三五"时期文化发展改革规划纲要》中主要目标任务,该政策涵盖了文化产业大部分领域目标,[①]再整合其他相关政策的新目标,并充分学习学界研究,将政策目标分为保护(加强文化保护利用与传承)、体制(深化文化体制机制改革)、创作(繁荣艺术创作生产)、传播(建设现代传播体系)、市场(完善文化市场和文化产业体系)、人才(加强文化人才队伍建设)、公共(构建现代公共文化服务体系)和文化(提高文化开放水平)。政策措施分类上主要对行政措施、财税措施、金融措施、人事措施和引导措施等进行搜集和分析。

通过搭建走廊政策协同量化指标分析体系,在政策数据维度的量化过程中,从政策的发文形式对政策进行力度量化结合对政策内容分析,达到政策措施、目标、效应的基本量化,进而逐一分析总结政策力度下对应的措施与目标的协同状况来反映政策协同情况及效应(见图 3-2)。

藏羌彝文化产业文化走廊政策量化标准操作过程参考学者彭纪生等研究政策协同的相关量化标准[②],主要将政策划分为目标、措施、力度 3 个维度,每

---

① 中华人民共和国中央人民政府网:《中共中央办公厅 国务院办公厅印发〈国家"十三五"时期文化发展改革规划纲要〉》,http://www.gov.cn/zhengce/2017-05/07/content_5191604.htm。

② 彭纪生、孙文祥、仲为国:《中国技术创新政策演变与绩效实证研究(1978—2006)》,《科研管理》2008 年第 4 期。

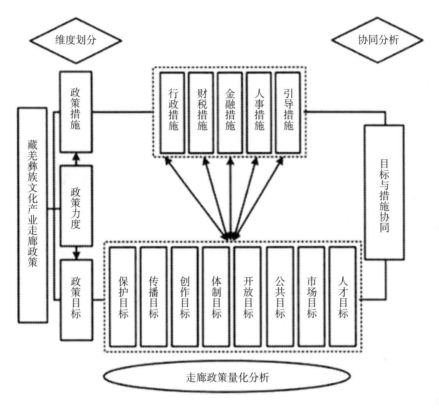

图3-2 文化走廊协同量化指标体系

个维度都依托相应的标准获取数据,对相应政策文本进行量化操作。政策力度主要用于描述法律效力,并根据政策机构的级别与政策类型,将相关政策按法律效力的高低分类排序[1],进行7—1的打分(见表3-1)。其中,量化政策目标时,根据颁发机构对目标态度的强硬程度,依据所采取的措施或方案实施目标程度的可能性大小[2],依据措施的力度和作用大小给予5—1分的标准量分赋值。

---

① 张国兴、李佳雪、胡毅等:《节能减排科技政策的演变及协同有效性——基于211节能排科技政策的研究》,《管理评论》2017年第12期。

② 郭淑芬、赵晓丽、郭金花:《文化产业创新政策协同研究——以山西为例》,《经济问题》2017年第4期。

表 3-1　文化走廊政策力度量化标准

得分	评判详细标准
7	全国人民代表大会及其常务委员会颁布的有关文化产业的法律
6	中央政府的行政法规(条例、规定、细则、办法等)
5	国务院办公厅以及各个部委的部门规章(方案、细则、规定、通知等)
4	地方政府颁布的行政法规(条例、规定、细则、办法等)
3	地方政府颁发的通知、公告、公示等
2	地方政府文化厅、办公厅、财政厅等有关厅局颁发的方案、意见、办法等
1	地方政府文化厅、办公厅、财政厅等有关厅局颁发的通知、公告、公示等

走廊政策量化数据信度、效度的讨论与检验尽管量化标准的设定是客观的,但为避免量化过程中打分主观性造成的数据失真,调研时主要最大限度地保证赋值的规范性、严谨性,采用 Cronbach'sα 指标,用 SPSS 软件对指标进行内部一致性等信度检验,分别进行了多轮打分,一般 Cronbach'sα>0.7 分视为信度良好,分析发现终轮(Cronbach'sα3)整体指标信度均为 0.7 分以上显示良好或较高。加之研究对象均是具有法律效力的文化产业政策,其本身对研究内容的效度就具有坚实的信任保障。

（三）政策协同演变分析

依托走廊政策量化基础,在研究羌彝文化产业走廊政策协同演变路径之前,构建运用平均协同度测度模型对量化后的指标原始数据进行协同度分析,总结描绘走廊政策总协同以及各目标与措施的协同演变过程。

（四）分析区域及数据预处理

藏羌彝走廊是位于我国西部区域民族文化形态丰富的重要廊道。研究依托《藏羌彝走廊总体规划》划分的区域标准,主要以规划涉及的 7 个省份为研究区域,重点关注以藏、羌、彝多民族聚集为特点的多项文化产业政策实施、廊道建设及其历史文化保护与传承,探讨促进西部民族地区的文旅产业一体化发展的优势和基础。

在数据预处理方面,对 1985 年至 2018 年的藏羌彝文化走廊政策的总效力和总协同度进行分析。总效力主要表示第 i 年的所有政策措施、力度和目标三者合力的整体状况,计算公式如下:

$$TPE_i = \sum_{j=1}^{N} P_j \times PM_j \times PG_j, i \in [1985, 2018]。$$

总效力是每年每条政策协同度的累加,为研究政策措施与目标元素的协同,在总效力的基础上采用平均值形式,剔除政策条数影响,以表示第 i 年政策总协同状况,如依托措施与目标指标的政策数量梳理,2018 年藏羌彝文化走廊政策共有 40 种措施和目标指标的协同搭配。

二、走廊政策总协同演变结果分析

在协同演变效应上,基于搜集筛选的藏羌彝文化走廊政策力度、目标和措施的原始打分数据,通过相关公式代入分析,获得了总效力各年度值。基于筛选的近 500 条 1985 年至 2018 年的藏羌彝文化产业文化走廊政策,总结分析协同度、政策措施、力度以及目标平均得分,形成总效力、总协同和政策数量的演变过程及政策目标、措施和力度平均得分的演变路径(见图 3-3)。

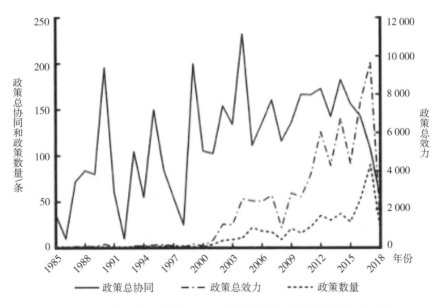

图 3-3 文化走廊政策总效力、政策总协同和政策数量的演变过程

从分析可以看出，藏羌彝文化走廊政策数量于 2001 年呈现出明显转折点。2001 年前，相关文化产业政策总效力和政策数量一直在低水平状态平稳波动，同阶段总协同波动幅度较大，主要是因为此阶段针对我国西部民族区域的文化产业政策数量非常少，同时虽然政策总协同骤升骤降的波动只反映个别政策在特定的年份存在较高的效力水平，但该阶段政策总协同度整体相对较低。2001 年后，文化走廊政策总效力和政策数量协同度明显大幅上升，且上升波动较稳定。这是因为 2001 年 12 月我国正式加入世界贸易组织，在面临全球文化多元化冲击与挑战的同时，我国文化企业也在新一轮全球化产业转移中寻找到了新机遇，我国文化产业的发展迈入了前所未有的高速增长期。2002 年党的十六大的召开、2003 年由中共中央宣传部等多部门联合发布的《关于文化体制改革试点意见》、2006 年的《"十一五"文化发展规划》、2009 年由国务院颁布的《文化产业振兴纲要》、2012 年党的十八大的召开和颁布的《国家"十二五"时期文化改革发展规划纲要》以及 2014 年由原文化部、财政部联合发布的《藏羌彝文化产业走廊总体规划》等促进了藏羌彝文化走廊协同大繁荣，7 个省区相继出台了多项政策和加大推进文化产业大发展。特别是在《藏羌彝文化走廊总体规划》颁布后，政策总效力和政策数量呈明显直升态势。

分析可见，2004 年后文化走廊政策总协同效应出现暴跌。2004 年政策数量继 2001 年后首次出现较明显上涨，且政策总效力出现小幅度下降，下降原因为当年政策目标平均得分、政策措施平均得分以及政策力度平均得分都同时下跌，前两者尤为明显（见图 3-4）。因此，政策总效力的下降、政策数量的增多必然造成总协同度下跌。其次，在 2008 年，藏羌彝文化走廊政策总效力和政策总协同都出现了骤降，受当年全球金融危机的爆发使得我国文化产业发展速度放缓，政策数量减少的影响，政策目标平均得分、措施平均得分以及力度平均得分偏低，导致协同总效力出现大幅度下降。相应地，2013 年文化产业总协同下降也是由于总效力大幅度下跌、政策数量小幅度减少造成的。总体而言，自 2014 年起，政策总协同、政策总效力和政策数量都呈快速增长之势，相关协同政策措施和目标的平均得分随时间的推移，增长愈发趋于平稳，但同时政策力度的平均得分呈持续下降的反向趋势。这说明政策数量的增加仅增加了总效力，协同平均力度的减弱导致藏羌彝文化走廊总协同度持续下降。发展状态体现出 2014—2018 年政府对西部民族区域文化产业发展越来越重视,并相继出台越来越多的政策,但存在颁布的政策法律效力不高、发布政策的部门行政权力有限等问题,在一定程度上削弱了 2014—2018 年藏羌彝文化走廊发展的总协同度。

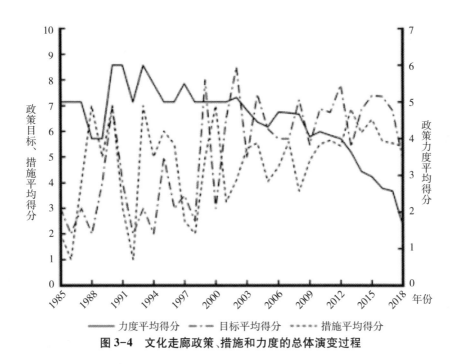

图 3-4　文化走廊政策、措施和力度的总体演变过程

三、目标与措施协同演变结果分析

分类具体总结藏羌彝文化走廊政策行政、财税、金融、人事、引导措施与各目标的演变路径和协同度效应。可以看到 1985—2018 年 8 项相关政策目标与行政措施的协同度呈上升趋势,协同效应良好。其波动状况与上述总协同的演变过程基本保持一致,主要是因为近 500 项走廊政策当中,使用行政措施的政策占比高达 80.43%,也恰恰反映了在走廊政策的制定过程中,为实现多项政策目标,行政措施是政府经常使用的手段之一,且行政措施与走廊政策目标也表现出了较高的协同度。其中,保护和公共服务与行政措施协同效应最佳,随着我国加入世贸组织开启的新机遇,藏羌彝文化走廊建设文化产业加快

发展,文旅一体化协同程度显著增强。相应地,市场和体制与行政措施虽然在2001年以前协同度较低,但在2001年后也有了显著增长。开放、创作、传播以及人才与行政措施的协同度在2001年后虽然有了一定程度的加强,但协同程度依然较低,且增长的幅度不均衡,其中人才最为显著(见图3-5)。

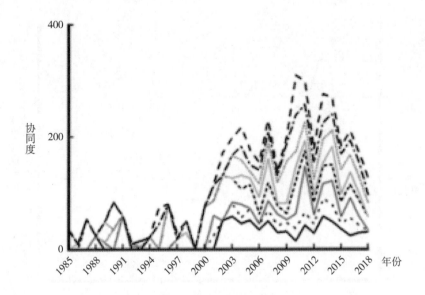

图3-5　文化走廊政策措施的演变效应

通过数据分析,我们还发现政策目标指标和财税措施随时间演变存在两个阶段明显的波动,主要还是反映在2001年前后,其中财税措施的协同状况波动是因为2008年全球金融危机的爆发,走廊政策整体目标的实现与财税措施的协同受到了冲击,直到2011年冲击减弱后才使得协同效应继续增长,与此同时,也要看到虽然此阶段冲击使得文化市场动荡萧条,但也带来了发展机遇,政府陆续出台多项具有针对性的政策,解决长期以来制约我国文化产业发展的结构性矛盾,其中,2011年中共十七届六中全会通过《关于深化文化体制改革推动社会主义文化大发展大繁荣若干重大问题的决定》,明确提出要提高文化支出占财政支出比例,加大财税对文化产业的政策扶持。① 这一重大

---

① 《中共中央关于深化文化体制改革推动社会主义文化大发展大繁荣若干重大问题的决定》,《人民日报》2011年10月26日。

指示给 7 个省区地方政府在后续出台的多项文化产业政策中加大财税措施力度起到了纲领性作用。总体来看，影响藏羌彝文化走廊政策目标与行政措施的协同状况的方面，创作和人才目标与财政措施有着较好的协同。产品创作与人才培养必然离不开财政的撬动作用，针对不同的政策目标侧重加大对与其相适应的政策措施，能更好地实现目标与措施的高度协同，更高效地发挥政策有效性。从效应分析上我们还可以看到，直至 2009 年后，政策目标与金融措施的协同才出现了较明显的持续性波动上涨，之后整体演变过程显示波动较为剧烈，这说明藏羌彝文化走廊涉及的主体及 7 个省区地方政府对走廊政策金融措施的使用频数和程度不够成熟。

2009 年协同度的显著增长是因为国务院颁布的《文化产业振兴规划》，这一政策的出台标志着我国政府正式将文化产业上升为国家战略性产业，走廊区域地方政府也纷纷响应国家号召积极行动，相继出台一系列政策措施助力文化企业在金融危机的威胁之际逆势而上，其中金融措施的作用得以显著体现。[①] 具体来看，政策目标中，市场与体制和金融措施的协同状况较好，而与行政措施协同完全不同的是，保护和公共服务与金融措施的协同度相对较低。这一协同现状再次证实了不同政策目标由于要求不同需要与之相匹配的政策措施来支持，显然，金融措施在激活文化市场活力等方面存在显著正向影响，而对于保护和公共服务目标的实现，行政措施则更为有效。

从政策目标和人事措施的协同演变上看，其协同演变趋势和总协同效应基本一致。相较其他措施，人事措施和总体政策目标的协同从低迷期转入波动上升期的时间相对更早，只是这种早期的上升波动幅度比较大，上升态势不够稳定，具体看来，这段协同度波动不稳定的上升期，更多的是来自实现人才政策目标和人事措施的协同，涨幅不稳定主要还是因为早期发展文化产业意识仅处在幼苗期。但可以看到，人事措施和行政措施同样都是我国乃至地方政府制定文化产业政策常伴随的政策措施。另外，人事措施与各项政策目标的协同状况存在不同于其他政策措施的地方，可以发现，不同的政策目标和人事措施的协同程度分布较为均衡，尤其出现在 2014 年前后的波峰处，这期间

---

① 《推动文化产业振兴的重大举措》，《人民日报》2009 年 9 月 27 日。

人事措施与各项政策目标的协同差异相对较小。但人事措施和不同政策目标的协同在特定时期仍然存在一定差异性,2004—2012 年的平稳波动缓慢上升期,保护、市场、体制以及公共服务和人事措施都显示了较高的协同度,而传播、开放以及创作这 3 项政策目标与人事措施的协同程度依旧偏低。

此外,从政策目标和引导措施的协同状况上看,在我国加入世贸组织后,人事措施与政策目标整体的协同度出现了非常明显的上升趋势,但随后便出现了一定程度的下跌,且维持在一个相对稳定的状态,尤其是在 2014—2018 年,既没有明显上涨也没有持续下跌,相比其他几项措施,尤其是财税、金融以及人事措施都存在较明显的持续回跌,且协同波峰都在 2014—2018 年。引导措施与其他措施在性质上有所区别,引导不是一个硬性规范措施,从文化产业初步获得认可到快速增长的过渡期,宣传引导措施对社会大众对文化产业思维观念认识的影响十分显著。但随着文化产业的不断发展,在不改变引导措施方式和力度的情况下,协同度便难以达到初期从无到有的状态。具体来看,不论是协同度快速上升还是稳定波动期,各项政策目标分别与引导措施的协同分布程度较均衡,每项政策目标和引导措施的协同度演化过程基本同政策目标整体与引导措施的协同演化保持一致,但其中,传播和开放和引导措施表协同度明显相对偏低。

总体来看,藏羌彝文化走廊政策措施和政策目标的协同演化明显且效应良好,相关数据和结论为比较各项政策措施同总体政策目标协同的差异性、探索弥补走廊政策措施短板奠定了基础。因此,根据分类措施同总体政策目标的协同度数值,研究利用平均值、中位数、最大值、最小值、标准差等多维度数值综合分析不同时期的演变规律及趋势,分析发现,2001 年和 2014 年是影响藏羌彝文化产业走廊政策的关键时间节点,同时,依托不同时期横向对比各项行政措施的协同效应,可以看到,其中行政措施与走廊总体政策目标的协同效应最佳,人事、财税、引导措施的协同效应相继减弱,金融措施与走廊政策目标的协同效应则最低。同时,通过纵向对比显示,各项政策措施与总体政策目标的协同度随时间的演变逐渐增强,并略有增长趋势下降的特征。(见图 3-6)

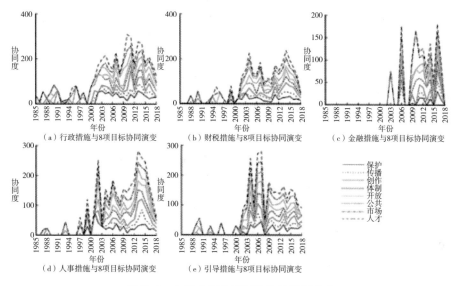

图3-6　文化走廊政策与措施的演变效应

四、结论与建议

（一）结论

第一,走廊政策总协同度整体上不断提高,但总协同度的增长率却呈下降趋势,尤其是在2014—2018年,总协同度明显持续下降。历年走廊政策数量的增长仅提高了政策总效力,并未对总协同度产生正向影响,这是因为相关研究的政策协同是政策内部各元素的协调状况。总协同度下降的根源在于制定政策力度越来越小、政策实施期限短以及缺乏系统性和战略性。

第二,随着政府对走廊区域文化产业的日益重视,各政策措施分别和整体政策目标的协同状况逐渐加强,但2014—2018年普遍出现协同度增长幅度下跌甚至协同度下降的现状。尤其是历年与政策目标表现出较好协同度的行政措施、财税措施以及人事措施也出现了明显持续下降。这种阶段性增长具体表现在1985—2000年协同度较低,而在2001—2007年间快速增长,2008—2013年增长较为缓慢,2014—2018年开始出现持续下跌的趋势。

第三,在各项政策措施分别与各项政策目标的协同中,其协同程度分布不均衡,相比其他政策目标,开放、创作以及传播政策目标均与各项政策措施的协同度相对较低。一方面,我国政府对这 3 项政策目标的实现要求不够明确,且采用的政策措施力度不足;另一方面,这 3 项政策目标与政策措施不匹配导致了协同度较低。

第四,不同走廊政策措施和走廊总体政策目标的协同度存在差异,其协同度从高到低依次排序为行政措施、人事措施、财税措施、引导措施、金融措施。其中行政措施和金融措施同政策目标的协同度差异最为显著,具体表现为行政最高、金融最低。可以看出,地方政府在制定走廊政策的过程中对行政措施的把控较为得当,相反,对于金融措施的使用不仅较少,而且和走廊政策目标的协同度较低。

(二)建议

第一,加大政策力度,延长政策影响力期限,加强走廊政策系统性战略性建设。长期高数量低效力的走廊政策会使协同有效性大幅度减弱,短期战略政策只能解决当下的表象问题,从走廊政策的制定到实施,对政策产生的影响存在一定滞后性,这必将导致政策协同有效性不足。因此,地方政府应适当颁布较大力度的政策,延长政策影响时效,将有助于实现走廊政策的系统性和战略性建设。

第二,在走廊政策目标方面,7 个省区地方政府应特别加强开放、传播、创作这 3 项政策目标与其相适配的政策措施的协同性。藏羌彝文化产业走廊数据库中地方政府颁布的政策数量占比较大,较低级机构颁布的政策主要表现出政策目标和措施力度小、内容具体等特点,若政策目标与措施相匹配,政策的协同性则会显著改良。根据各项政策目标的不同特点,要侧重采取与之相适配的政策措施来支持。

第三,在走廊政策措施方面,改良对金融措施的使用方式。与金融措施不相关的政策目标,应尽可能减少甚至避免对金融措施的使用,而针对与其高度相关的政策目标,尤其在实现完善文化市场等目标时,应加大金融措施的力度。不能盲目追求金融措施与总体政策目标的高协同度,该措施有一定特殊性,它不同于其他各项措施基本都能对政策目标产生正向影响,与其不相适配的政策目标的协同度存在显著的局限性。因此,政府应将重心放在金融措施重点解决与其相匹配的政策目标上,减少其他政策目标对政策协同有效性的削弱。

　　对藏羌彝文化产业走廊政策目标和措施一一对应的协同量化研究,不仅是对走廊政策相关质性研究领域的拓展延伸,更是完善了之前忽略个别政策目标和措施指标协同研究的缺陷。但已有研究未考察多项政策措施与政策目标的协同,且未更深一步探讨政策协同演变产生的经济绩效的差异性,后期研究我们将进一步深入。

第四章 文化旅游一体化的实证分析

第一节 文化旅游一体化政策
法规演变与趋势分析

一、数据来源

本书的文化旅游法规文本数据来源于中华人民共和国文化和旅游部官方网站(https://www.mct.gov.cn/),涉及法律规章、发展规划和其他规范性文件。由于1990年以前的文化旅游法规数据没有更新到网站,法规电子文本基本缺失,因此本书以1990年作为检索起始年份,为保证分析结果的相对完整性,检索截止年份选择为2019年。

确定1990年—2019年文化旅游法规文本的具体路径。首先,按照法规文本标题的一般规律,选择"通知、意见、规划、办法、决定、标准、法、令"等作为检索词库;其次,将检索结果进行词频分析;最后,确定自1990年以来文化旅游法规文本的主题词。

通过检索和筛选,最终梳理出法律规章83个,发展规划23个,其他规范性文件294个,共计400个,能较为全面地反映文化旅游法规的组成和特点。

二、研究工具与方法

本书运用的研究工具为"智分析"(Smart Analyze)软件,该软件是集词频分析、数据可视化等功能于一体的大数据文本挖掘工具。通过运用"智分析"软件自带的词频分析、数据可视化等功能确定了400个文化旅游法规的相关主题词,以期揭示 1990—2019 年我国文化旅游法规制定与发展变化趋势。

基于大数据的文本挖掘技术,采用法规文本标题的词频统计与分析,运用软件以数据可视化的方式呈现出来,对 1990 年以来文化旅游法规数据进行全面系统的把握。尤其是对出现较多频次的主题词,反映出某段时间内国家关注的重心变化,也代表着文化旅游行业发展的变化趋势。

三、实证结果评价

按照上述思路,确定了 1990—2019 年文化旅游法规相关主题词如图 4-1。

图 4-1　1990 年—2019 年文化旅游法规主题词词云图

表 4-1　1990—2019 年文化旅游法规主题词 TOP50

词语	词频	词语	词频	词语	词频	词语	词频	词语	词频
旅游	18.08	文化产业	6.48	经营	5.16	旅游主管部门	4.4	委员会	3.77
旅行社	11.29	项目	6.36	行政许可	5.06	音像制品	4.3	规章	3.76
导游	10.51	营业性演出	6.35	建设	5.01	市场	4.17	评审	3.75
文化	10.24	网吧	6.12	发展	4.94	图书馆	4.16	网络文化	3.7
文化市场	8.14	公共文化	5.98	艺术	4.94	规划	4.13	信息	3.7
国家旅游局	7.85	审批	5.82	文物	4.77	单位	4.02	国家	3.61
演出	7.72	服务	5.8	条例	4.55	申请	4.01	文物行政部门	3.6
文化部	6.73	执法	5.56	企业	4.52	技术	3.88	工程	3.51
文化行政部门	6.66	物质文化遗产	5.51	标准化	4.47	未成年人	3.82	经营单位	3.5
网络游戏	6.54	规范性文件	5.38	旅游者	4.47	娱乐场所	3.77	导游证	3.46

从表 4-1 可以看出,近三十年来,文化旅游行业法规中排名前 20 的主题词依次为:旅游、旅行社、导游、文化、文化市场、国家旅游局、演出、文化部、文化行政部门、网络游戏、文化产业、项目、营业性演出、网吧、公共文化、审批、服务、执法、物质文化遗产、规范性文件。

一是由于 2018 年文化部和国家旅游局才正式合并,所以以前出台的有关文化旅游的文件法规基本都是文化和旅游独立使用,较少涉及文化、旅游两个词同时出现或相关关联词语同时出现的情况。

二是文化由于覆盖面广,旅游在广义上也算文化的一部分,因此在排名前 50 的关键词中可以很直观地看出紧贴文化的关键词占大多数,例如演出、网络游戏、非物质文化遗产、网吧、公共文化、艺术、文物、音像制品,等等。

三是由于旅游的产业特征较为明显,因此,旅游的词频明显高于其他词语,与旅游最紧密的旅行社、导游等主题词也排名靠前。

四是前 30 年文化旅游发展主要以行政手段推动为主,文化行政部门、旅游主管部门、审批、执法、行政许可、规范性文件等主题词出现较多,表明国家对文化旅游的法规规范性正在逐步完善。

按照词频聚类原则,将主题词作聚类分析,形成了五个方面的聚类主题词,结果如图4-2所示。

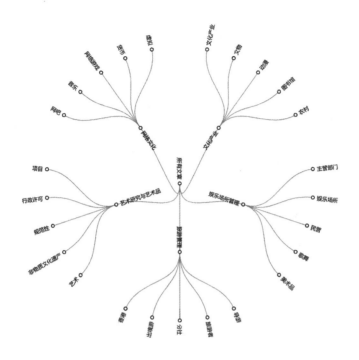

图4-2　主题词聚类分析图

由图4-2可见,400个文化旅游法规主要集中于五个方面,即文化产业、旅游管理、娱乐场所管理、艺术研究与艺术品、网络文化,每个方面又包含五个主要主题词。文化产业包括文化产业、文物、动漫、图书馆、农村五个主题词;旅游管理包括导游、旅游者、香港、出境游、分社五个主题词;娱乐场所管理包括主管部门、娱乐场所、民营、歌舞、美术品五个主题词;艺术研究与艺术品包括项目、行政许可、规范性、非物质文化遗产、艺术五个主题词;网络文化包括网吧、音乐、网络游戏、货币、虚拟五个主题词。

通过以上主题词分析可知:

第一,文化是文化旅游消费的基础。无论是文化产业、网络文化这些以文化为基本消费形态的领域,还是旅游管理中旅游者、出境游等以探寻异文化为特征的旅游消费形态,抑或是娱乐场所管理和艺术研究中的非遗、歌舞,都是文化旅游消费的表现形式。

第二，文化旅游是个宽领域、重融合的行业。从400个文化旅游法规中析出的五个方面的25个主题词，涵盖文化的诸多具体形态、旅游的诸多表现形式，以及文化和旅游结合的一些样态，恰恰说明文化旅游行业必须要高度融合，以文为基，以旅促文，文化旅游相融共生。

探索自1990年以来文化旅游法规主题词变化，通过可视化方式展现五个方面25个细项主题词的变化趋势和占比情况，可以直观了解一段时间国家在文化旅游行业上管理措施的细节性变化和动态趋势。

从图4-3不难发现，该趋势图共有25个主题词构成。

从以上数据分析可得出：

第一，2002年以前国家文化旅游法规重视不够，出台的数量少，且基本以艺术研究与艺术品方面的行政管理为主，鲜有从文化旅游产业角度出台政策法规的。

第二，1990年以来艺术研究与艺术品一直是国家文化旅游法规制定中的主要方面，从主题词上看，分年度主题词差异也很大，表明艺术研究与艺术品涵盖范围广、形态多，不仅表现为文艺、美术、影剧等形态，还涉及非遗、图书、文明、考级等方方面面，这也侧面说明了文化涵盖的范围是非常广泛的，不能停留在固有的思维上。

第三，2000年以后，伴随着互联网的发展，网络文化渐渐成为法规制定的重点领域，尤其是在2010年前后达到高峰，随后又呈下降趋势，但近年来又出现上升，主要表现在互联网治理等方面。

第四，文化产业在2005年左右出现高峰，随后下降。党的十八大以后，随着国家对传统文化越来越重视，文化产业发展又迎来一段发展黄金期，尤其是"一带一路"背景下文化产业的发展，数字文化、创意文化呈现蓬勃发展之势。

第五，文化旅游融合越来越明显。很多法规的出台都是从文化和旅游两个角度考量，因此，文化产业和旅游管理两个方面提取的主题词词频也越来越接近，到2019年这两者的宽度基本一致，文化旅游融合的发展趋势愈发向好。

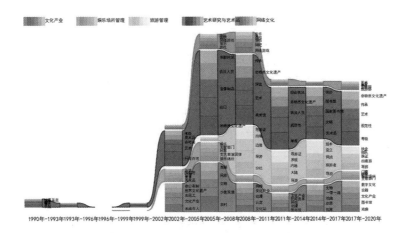

图4-3　文化旅游法规主题词变化趋势图

第二节　文化旅游一体化的实证评估
——以成都经济区为例

一、成都经济区旅游文化一体化的经济社会基础

(一)成都经济区概貌

2010年1月10日,成都经济区区域合作联席会第一次会议在蓉召开,签署《成都经济区区域合作框架协议》,标志着成都经济区一体化发展正式开始。成都经济区包括成都、德阳、绵阳、遂宁、雅安、乐山、眉山、资阳等八个市,总面积87162平方公里,人口约3300万。2017年,成都经济区GDP总量达23379.1亿元,比2016年相比增长了12.5%,成都经济区对四川省经济增长的贡献突出,首位作用明显,是成渝经济区中发展腹地最广、集聚人口最多、经济总量最大的区域。预计到"十三五"后期2020年成都经济区经济总量将达到2.8万亿元,人均地区生产总值达到8.5万元以上,城镇化率达到65%。①

成都经济区围绕建设国家级国际化大都市经济圈的目标,奋力推进一体

---

① 梁现瑞:《激荡率先发展的澎湃动能》,《四川日报》2016年3月3日。

图 4-4　成都经济区城镇结构示意图

化进程,区域合作取得积极成效。经过共同努力,成都经济区 8 个兄弟城市之间的合作不断深化,大都市经济圈建设迈入实质性阶段。作为朝阳产业的旅游业,蕴含着巨大的市场空间和广阔的发展前景,越来越成为支撑经济发展的支柱产业。在区域合作框架下,成都经济区八市加快了旅游项目合作和旅游线路互补等,但旅游一体化效果仍不显著。

(二)成都经济区旅游资源丰富

1.资源众多,品级较高

成都经济区面积辽阔,平原与山地相间,各类型旅游资源组合好、分布广,高品位、高等级的旅游资源众多。拥有世界文化遗产和世界自然遗产 5 项,

"中国优秀旅游城市"11 个,国家历史文化名城 3 个,中国历史文化名镇 6 个,国家级风景名胜区 9 处,国家级地质公园 5 处,国家级森林公园 13 处,国家级自然保护区 7 处,国家级文物保护单位 66 处,国家历史文化名城 3 座。国家2A 级以上景区 236 处,其中 5A 级景区 4 处,4A 级景区 108 处,3A 级景区 74处,2A 级景区 50 处。3A 级以上国家级景区密度达 15.72 处/万 km^2,比全国A 级景区密度 6.29 处/万 km^2 高出约 2.56 倍。且区内 8 市地缘相近、文化相通,古蜀文化、历史名胜、茶文化、佛道宗教文化、熊猫文化、生态文化、科技艺术等地域文化内涵丰富,文化旅游一体化基础条件较好。

表 4-2　成都经济区各市世界遗产及 A 级景区数　　（单位:个）

	成都市	德阳	绵阳	遂宁	乐山	眉山	雅安	资阳
世界遗产数量	2	0	0	0	2	0	1	0
5A 级景区数量	1	0	1	0	2	0	0	0
4A 级景区数量	42	4	14	7	12	8	19	2
3A 级景区数量	31	7	7	2	8	10	6	3
2A 级景区数量	15	3	6	4	13	4	2	3

注:以上数据由各市旅游局提供

根据各市旅游文化局提供的资料,我们统计了成都经济区八市 2017 年2A 级以上景区数量。截至 2017 年年末,成都经济区共有 5 项世界遗产,主要分布在成都(2 项)、乐山(2 项)和雅安(1 项)3 市;区域共有 5A 级景区 4 个,其中成都和绵阳各 1 个、乐山 2 个。综合世界遗产和 5A 级景区分布情况来看,成都、绵阳、乐山和雅安拥有高端旅游文化资源,其余 4 市的高端旅游资源则相对缺乏。在 4A 级景区方面,成都市拥有 42 个,在八市中占有绝对优势;雅安(19 个)、绵阳(14 个)和乐山(12 个)的 4A 级景区在成都经济区处于第二梯队;眉山(8 个)、遂宁(7 个)、德阳(4 个)和资阳(2 个)的 4A 级景区数量相对较少。在 3A 级景区方面,成都多达 31 个 3A 级景区,排名第二的眉山市则只有 10 个 3A 级景区,其余各市的 3A 级景区数量都不足 10 个。在 2A 级景区方面,成都和乐山的 2A 级景区分别为 15 个和 13 个,排名经济区前两位;其余六市的 2A 级景区都相对较少。从 2A 级及以上景区总量来看,成都共 89

个 2A 级景区,充分体现了首位城市的发展水平;排名第二的乐山共 35 个 2A 级景区,代表了传统旅游大市的实力;绵阳(28 个)、雅安(27 个)和眉山(22 个)大体处于同一水平,是成都经济区旅游市场的中坚力量;德阳(14 个)和遂宁(13 个)的 2A 级以上景区数量在成都经济区处于下游水平,有较大发展空间;资阳市的 2A 级以上景区最少,仅 8 个。

2. 种类丰富,门类齐全

成都经济区旅游资源丰富多彩,既拥有独特的自然生态资源,又拥有深厚的历史文化资源,不仅有绚丽的民族风情、快乐的乡村田园,还有包括时尚购物、美食品鉴、艺术欣赏、科技体验、康养度假等极具魅力的现代休闲娱乐旅游景区景点。中国科学院地理科学与资源研究所和原国家旅游局 2003 年颁布的《旅游资源分类、调查与评价标准》将旅游资源分为自然、人文、综合 3 个大类,地文景观、水域风光、生物景观、天象与气候、遗址遗迹与遗物、建筑与设施、优质服务与服务设施、旅游商品、人文活动、风景名胜、乡村田园、野外民俗活动场所 12 个主类,以及 47 个亚类、260 个基本类型。对照这种分类办法,将成都经济区 182 处国家 A 级景区的旅游资源进行分类,成都经济区的旅游资源涵盖 3 大类、11 个主类、24 个亚类,门类齐全、体系完整,区域内各市的文化旅游资源具有较强的互补性。

3. 文化相通,资源互补

成都经济区 8 市地理相邻、历史发展脉络大体一致,人文传统、民俗风情较为相似,在文化大类上都属于蜀文化,蜀文化是指以成都平原、岷江流域为中心的独特地域文化,是中华文化的源头之一。根据蜀地文化的类型,可将成都经济区的文化旅游资源归纳为古蜀文化类、历史名胜类、茶文化类、佛道宗教文化类、熊猫文化类、生态文化类、科技艺术类等几大种类。这些多元的内容共同构成了成都经济区深厚的地域文化内涵,地理、历史等方面的相似性,以及文化上的相通性,使得各城市之间具备在蜀文化统摄下,进行一体化开发的文化旅游资源基础,同时,成都经济区众多的文化旅游资源种类,以及不同种类带来的资源互补优势,也丰富了该区域文化旅游开发的广度和深度,增强了该区域文化旅游的吸引力,具备了满足游客求异心理的基础。

4.资源分布不平衡,距离较远

成都经济区文化旅游资源在空间圈层上呈现出不平衡状态。以成都这个特大城市为中心,核心圈层和第三圈层旅游资源富集,资源价值和资源品位高,而第二圈层的旅游资源相对贫乏,资源等级相对较低。从数据上来看,其主要表现为:由统计数据可知,处在核心圈层的成都拥有 2A 级以上旅游景区89 个,处在第三圈层的城市文化旅游资源相对丰富,如乐山拥有 2A 级以上旅游景区 35 个、绵阳拥有 2A 级旅游景区 28 个、雅安拥有 2A 级以上旅游景区27 个;而处在第二圈层的城市眉山、资阳、遂宁、德阳的资源则较为匮乏,如遂宁拥有 2A 级以上旅游景区 13 个、眉山拥有 2A 级以上旅游景区 22 个、德阳拥有 2A 级以上旅游景区 14 个,而资阳只有 8 个 2A 级以上旅游景区。成都经济区面积广阔,各文化旅游资源的距离较远,通常需要 1 至 3 小时的车程,较大地制约了区域内文化旅游一体化的开发和利用。

(三)成都经济区旅游基础设施便利

近年来,四川省加快推进以成都为中心的高速铁路网建设,以及经济区内高速公路网、国省干道网和城市道路网的一体化规划整合,贯通经济区内跨区域、通市域、城际公交化的快速通道,经济区内城市一体化交通进程加快。各市与中心城市的交通便捷度极大提高,成绵乐等一批纵向贯通的城际铁路、快速铁路及高速铁路相继建成,经济区环线高速公路建成后全长 459 公里,全程通行时间约 5 小时,区域环线两市间逐步实现"一小时生活圈",区域可达性和便利化程度显著提升。

1.旅游交通一体化进程加快,区域可达性和便利化程度提高

近年来,成都经济区经济社会飞速发展,紧紧围绕国家战略和全省发展需求,进一步加大道路交通建设力度,在高速公路等基础设施上投入了大量财力和物力,已基本形成以成都为中心,贯通南北、连接东西的高速公路网络。数据显示,截至 2015 年年底,四川省已建成高速公路突破 6000 公里,名列全国第五、西部第一,"十二五"期间,四川省累计完成高速公路建设投资超过 2800亿元,新建成高速公路 3300 多公里,新增高速公路里程居全国第一。已建成的联通成都经济区内部的主要公路网线大致有纵向、横向和环线三种类型,纵向公路网如:连接绵阳—德阳—成都—雅安的 G5 成雅、成绵高速、S8 成温邛

高速、S8 邛名高速、S1 成绵复线高速,连接成都—眉山—乐山的 S4 成自泸高速、S7 成乐高速,贯通雅安—成都—德阳—绵阳的国道 G108 京昆线,贯通成都—眉山—乐山的国道 G213 兰磨路;横向公路网如:连接成都—遂宁的 G42 成南高速,贯通雅安—成都—资阳—遂宁的国道 G318 沪聂线,贯通成都—资阳的 G319 厦成线、G321 广成线;环形公路网如:连接乐山—遂宁—绵阳的 G93 乐宜、绵遂高速,G4201 成都第一绕城高速,G4202 成都第二绕城高速。目前尚有成都经济区环线高速正在建设之中,成都经济区环线高速公路(成都第三绕城高速公路)起于蒲江境内的成雅高速,沿顺时针方向环行,途经蒲江、邛崃、大邑、崇州、都江堰、彭州、什邡、绵竹、德阳旌阳区、中江、金堂、简阳、仁寿、彭山 14 个区(市)县,闭合于起点,串联起整个成都经济区。成都经济区环线高速建成后全长 459 公里,全程通行时间约 5 小时,环线两个城市之间仅需 1 小时车程,将青城山都江堰、仁寿黑龙滩、眉山三苏祠、大邑西岭雪山、邛崃天台山、乐山大佛等众多景区串联起来,将实现"一小时城市生活圈"。据有关方面介绍,在"十三五"期间,成都经济区将形成辐射中西部、通达全国的"三环十三射"高速公路网络,这必然为成都经济区文化旅游一体化提供坚实的交通保障。

在铁路建设上,成都经济区一方面积极推进宝成、成昆、成渝、成达、成绵、成乐、成雅等多条铁路等干线的升级改造,另一方面建设成都绵乐等纵向贯通成都经济区内部的高铁,同时还加快成灌铁路、彭州、成蒲铁路等市域快速铁路的建设,并串连成都东南西北四个火车站,形成成都铁路枢纽环线,力争实现公交化运营。成都正在建强国内第五大铁路枢纽。同时,2014 年建成通边的西南第一条高铁——成绵乐城际高速铁路客运专线,将沿线江油、绵阳、罗江、德阳、广汉、青白江、新都、成都、双流、新津、彭山、眉山、青神、峨眉山、乐山等 15 个市、县(区)串联起来,形成成都经济区"一小时交通圈",将缩短时空距离。到 2020 年,成都经济区已初步建成层次分明、功能互补、无缝衔接、贯通南北、连接东西、通江达海的"二环十射"铁路运输网,出川通道增加至 15 条,实现市域 30 分钟快铁交通圈,至重庆等周边城市 1 小时快铁交通圈,至西安、昆明、贵阳、兰州、武汉 4 小时快铁交通圈,至环渤海湾、长三角、珠三角地区 8 小时快铁交通圈。

图 4-5　成都经济区高速公路示意图

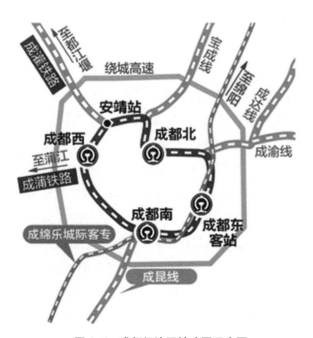

图 4-6　成都经济区铁路网示意图

2.区域旅游配套基础设施逐步完善,旅游集散能力不断增强

成都经济区8市在交通之外的旅游基础设施上,也有着不少合作和联系,为该区域文化旅游一体化的发展提供了良好的基础和条件。一是旅游企业联动协作,四川省中国青年旅行社等大型旅行社,均在8市都设有分社,整合资源、合作开发旅游线路,形成如成都—乐山—峨眉两日游的热点旅游线路。二是旅游豪华型高档住宿、舒适型品牌连锁酒店同步发展,但地区布局不平衡。据统计,成都经济区8市各类酒店发展情况如下:

表4-3 成都经济区各市酒店规模和等级统计   (单位:家)

	成都市	德阳	绵阳	遂宁	乐山	眉山	雅安	资阳
五星级豪华酒店	134	3	4	1	19	5	0	2
四星级高档酒店	536	16	40	15	59	12	26	2
三星级舒适酒店	840	36	79	30	110	35	64	11
二星级及以下酒店	12261	452	1184	345	1081	594	978	188
合计	13771	507	1307	391	1269	646	1068	203

数据来源于携程网

通过携程网检索窗口,可得出各城市酒店总数及分等级酒店数。从酒店总数来看,成都各类酒店规模达13771家,远超其余7市酒店数量之和(5393家);绵阳、乐山和雅安三市的酒店总数都在1000家以上,其中绵阳共有酒店1307家,乐山共有1269家,雅安1068家;眉山和德阳酒店总数都在500家以上,其中眉山646家,德阳507家;遂宁和资阳拥有酒店数量相对偏少,分别为391家和203家。从酒店等级来看,成都有134家五星级豪华酒店,排名第二的乐山则只有19家五星级酒店,除了雅安没有五星级酒店外,其他5市的五星级酒店都没有超过5家。在四星级高档酒店方面,成都共有536家,乐山59家、绵阳40家、雅安26家,其余各市的四星级酒店都在20家以下,资阳市的4星级酒店最少,仅有两家。在三星级舒适酒店数量方面,成都共840家;乐山市共110家,在其余各市中表现较为出众;绵阳(79家)和雅安(64家)紧随其后;德阳(36家)、眉山(35家)和遂宁(30家)的三星级酒店相对较少,而

资阳则仅有 11 家。总之,不管是从总量还是分级别来看,成都市在经济区内都占有绝对优势;从酒店总量来看,乐山、绵阳和雅安属于第二集团,但雅安却是经济区内唯一没有五星级酒店的地级市,这也说明雅安急需对酒店业进行提档升级。眉山市虽然酒店总量不多,但却拥有 5 家五星级酒店,区域排名第三。德阳在酒店总量和高级别酒店规模方面都比遂宁具有优势;资阳受行政区域和经济腹地方面的限制,在酒店总量上低于其他各市,但具有少而精的特点。总体而言,目前成都经济区酒店业发展已为区域文化旅游一体化提供了较具规模的住宿基础设施,但中高端及标准化品牌连锁酒店的缺乏和发展不均衡又限制了区域文化旅游一体化的进一步发展。

在旅游信息基础设施上,2010 年眉山、资阳并入成都本地网,统一使用长途区号 028,使得成都经济区的南部区域联系得更加紧密,降低了经济运行成本,信息、资金、人力等生产要素的配置更加优化,旅游信息的管理和发布也更为一体化。在成都、眉山、资阳并号的基础上,启动电信一个区号工程,按照由近及远、成熟即扩原则,逐步实现经济圈整体并号。此外,成都经济区在金融、医疗等公共服务方面,也有一些同城化的合作,如 2013 年《成都德阳同城化发展框架协议》签定,推动了两地存取款免手续费,金融 IC 卡"蓉城卡"和"天府通"互联互通,建通用门诊病历、双向转诊机制、同级医疗机构享同等报销比例等。这些都为该区域的文化旅游一体化提供了基础条件。

位于新南门汽车站的成都旅游集散中心,作为省内最大的公路旅游运输主枢纽车站,已开通 50 余条辐射省内外世界级、国家级和省市级旅游风景名胜区的旅游客运线路,日发班车 500 余班,日运送旅客 10000 多人次。同时也具有综合化、智能化、快速化的运输服务功能,候车大厅内配备了完善的弱电系统、全球卫星定位系统、语音系统、电子商务系统,设有滚动播放景点风景、民风民俗、天气、出行情况的双语大型电子显示屏、电子查询触摸屏、电子显示条屏及拥有最先进的电脑网络平台,并通过微波与成都市交通局信息中心数据库联接,实行网上签单审查制度,所有旅游车辆都安装了安全行驶记录仪。成都旅游集散中心为成都经济区文化旅游一体化提供了旅游交通、集散等重要基础设施。

二、成都经济区文化旅游发展状况分析

以文化为主题的体验旅游已成为人们选择出行的主要动力,文化与旅游融合成为成都经济区旅游发展的主流趋势,文化在提升旅游活动附加值、促进旅游业转型升级过程中的作用越来越突出。近年来,成都经济区旅游业对全省旅游经济的支撑作用明显,2017年经济区旅游总收入占全省旅游总收入的64%以上。为客观分析成都经济区旅游业发展状况,我们利用《2015年四川省旅游统计便览》《2017年四川省旅游统计便览》披露的相关数据和八个市州旅游发展委员会提供的2017年旅游发展统计数据,对四川省和成都经济区近年来的旅游发展主要指标作了统计分析。

(一)四川省旅游产业发展现状

四川是旅游大省,近年来全省旅游产业蓬勃发展,四川旅游在国内旅游指数排名也呈现出不断攀升的良好发展趋势。如表4-4所示,四川旅游总收入全国排名从2012年第9名跃升至2015年和2016年的第5名,接待国内游客规模排名全国第三,稳居国内旅游大省第一方阵;四川在涉外旅游方面表现得不尽如人意,长期以来四川省国外旅游收入占旅游总收入的比例没能突破两个百分点。不管是入境游客数量还是接待入境游客天数,抑或是旅游外汇收入排名都不占优,这也表明四川的对外旅游还有较大提升空间。

表4-4 四川省旅游指数全国排名统计表

年份	旅游总收入排名	国内游客排名	入境游客排名	接待入境游客天数排名	旅游外汇收入名次
2012	9	—	14	18	18
2013	7	—	15	17	18
2014	6	3	14	16	17
2015	5	3	13	16	16
2016	5	3	13	16	16

根据统计数据,"十二五"以来,四川省GDP由2011年的21026.7亿元增至2017年的36980.2亿元,也即是说全省经济总量在7年内增长了1.758

倍。从 GDP 增幅来看,全省 GDP 增长率从 2011 年的 15%,逐步回落至 2016 年的 7.7%,2017 年重回 8% 以上。全省旅游总收入从 2011 年的 2449.15 亿元增至 2017 年的 8923.1 亿元,7 年内翻了 3.64 倍;这段时间内的旅游总收入增长率有较大波动,2017 年旅游总收入同比增长率是 2011 年以来的最低值,但也达到了 16.1%。全省旅游总收入占 GDP 比重较大,且一直呈现强劲的增长态势,从 2011 年占 11.6% 上升到 2017 年占 24.1%,七年内增长了 12.5 个百分点。由此看来,旅游产业在四川省国民经济体系中占有举足轻重的地位,对于 GDP 的贡献率较大。在产业结构调整和居民消费升级的总体背景下,大力发展旅游产业将是全省今后的重要发展路径。

表 4-5 四川省旅游总收入和 GDP 统计表

年份	四川 GDP (亿元)	同比增长 (%)	旅游总收入 (亿元)	同比增长 (%)	相当于 GDP (%)
2011	21026.70	15.0	2449.15	29.9	11.6
2012	23849.80	12.6	3280.25	33.9	13.8
2013	26260.77	10.0	3877.40	18.2	14.8
2014	28536.66	8.5	4891.00	26.1	17.1
2015	30103.10	7.9	6210.50	27.0	20.6
2016	32680.50	7.7	7705.54	24.1	23.6
2017	36980.20	8.1	8923.10	16.1	24.1

(二)成都经济区是四川省旅游业重要承载

成都经济区 8 市旅游资源丰富、旅游产业整体发展水平较高,为全省旅游产业发展发挥了积极推动作用。根据统计数据计算可知,成都经济区占据了四川省旅游总收入的大半壁江山。从年度数据来看,成都经济区旅游总收入占全省旅游总收入比例呈现出稳中有升的趋势,从 2012 年的 59.8% 上升至 2017 年的 64.8%,正在不断巩固整个区域在全省旅游业中的领先地位。从旅游收入结构来看,国内旅游收入占旅游总收入的比重较大。2017 年,成都经济区国内旅游收入占旅游总收入的 98.4%,与全省水平基本相当。这表明,成都经济区旅游收入结构还有极大的优化空间,非国内旅游收入将是今后旅游总收入的重要增长点。

（单位：亿元）

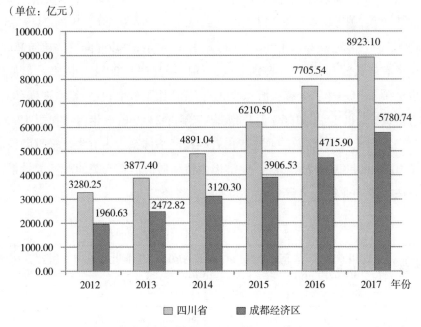

图4-7　四川省和成都经济区旅游总收入对比图

（三）成都经济区旅游收入结构分析

成都市的旅游总收入优势地位非常显著。从旅游总收入情况来看，成都市在成都经济区内占有绝对的领先优势，2017年达到了3033.42亿元，占整个区域旅游总收入的52.5%，占全省旅游总收入的34%；相比而言，其他各市旅游总收入距离千亿都还有一定距离，对于成都经济区乃至全省旅游总收入的贡献率要远低于成都市。即是说，成都市在成都经济区乃至全省旅游业的龙头地位在短期内难以撼动。

表4-6　2014—2017年四川旅游总收入分地区情况　（单位：亿元）

地区	2017年	同比%	2016年	同比%	2015年	同比%	2014年	同比%
四川省	8923.10	15.8	7705.54	24.1	6210.50	27.0	4891.04	26.1
成都市	3033.42	20.1	2524.88	23.0	2052.67	23.5	1662.44	25.2
德阳市	285.10	50.0	190.10	22.1	155.75	29.1	120.65	30.3
绵阳市	533.22	26.4	421.93	22.8	343.60	23.9	277.26	35.1

续表

地区	2017 年	同比%	2016 年	同比%	2015 年	同比%	2014 年	同比%
遂宁市	385.99	24.5	310.03	23.5	251.02	24.8	201.18	20.5
乐山市	769.10	23.0	625.32	25.3	499.10	29.0	386.76	21.0
眉山市	356.66	20.9	295.01	28.0	230.40	27.5	180.65	24.5
雅安市	255.05	22.6	208.00	36.5	152.43	40.3	108.66	54.1
资阳市	162.20	15.3	140.63	−36.5	221.56	21.3	182.70	25.9

乐山市和绵阳市的旅游总收入位居成都经济区的第二梯队。乐山市的旅游总收入在八市中排名第二，从 2014 年的 386.76 亿元增长到 2017 年的 769.1 亿元，但与成都市差距甚远。绵阳市旅游总收入紧随乐山市，四年间从 277.26 亿增至 533.22 亿元，与乐山的差距逐渐拉大。总体来讲，乐山市和绵阳市处于成都经济区的第二梯队，与除了成都外的其他五市相比拥有明显优势，旅游总收入都在 500 亿以上。

遂宁市和眉山市的旅游总收入处于成都经济区的第三梯队。遂宁市旅游总收入从 2014 年的 201.18 亿元增长至 2017 年的 385.99 亿元，区域排名第四。眉山市旅游总收入在 2017 年增长至 356.66 亿元，紧随遂宁之后排名第五。从产值规模来看，两市旅游产值都迈入了 300 亿以上的城市行列，对成都经济区旅游市场的繁荣和旅游产值的增长贡献将越来越凸显。

德阳、雅安和资阳的旅游总收入在成都经济区的第四梯队。其中，德阳和雅安的旅游总收入在 2017 年分别达到 285.1 亿和 255.05 亿，但都没有突破 300 亿大关。资阳市旅游总收入在 2017 年仅为 162.2 亿，在八市中排名最末。统计数据显示，资阳市在四年内旅游收入出现了较大的起伏，受行政区划调整的影响，从 2015 年的 221.56 亿降至 2016 年的 140.63 亿，2017 年又增长至 162.2 亿。

（四）成都经济区接待境外游客分布状况

四川省接待游客数量以境内游客为主，接待境外游客数量虽然处于持续增长态势，但绝对数量相对较低，2017 年接待境外游客数量仅为 336.2 万人次。统计数据显示，四川省境外接待游客数则主要分布在成都经济区，其中成都市接待了绝大部分境外游客。在入川境外游客方面，成都经济区成为绝大多数游客的旅游目的地,从 2013 年起经济区接待境外游客就占到了全省的 91.8%,并在 2017 年跃升至 98.7%,充分说明了成都经济区在全省对外旅游中的重要地位。在成都经济区内,成都市则是入境游客的主要停留地,经济区内接待境外游客数量排名第二的是乐山市,但 2017 年接待量仅为 23.44 万人次,与成都市超过 300 万人次的接待量相差甚远。

表 4-7 成都经济区接待境内外游客占省内比重统计表

	2012 年	2013 年	2014 年	2015 年	2016 年	2017 年
成都经济区接待境内游客占全省比重	54%	60.50%	66.30%	68.40%	68.60%	72.30%
成都经济区接待境外游客占全省比重	85.70%	91.80%	90.10%	92.90%	94.80%	98.70%
成都市接待境外游客占全省比重	69.50%	84.20%	82.40%	84.40%	86.90%	89.60%

成都经济区内对外旅游发展不均衡,成就了成都市在全省接待境外游客数量方面一市独大的格局。从成都市接待境外游客占全省接待境外游客比重来看,已经由 2012 年的 69.5% 增长至 2017 年的 89.6%,快速增长了约 20 个百分点。今后,成都市所占比重大有不断上升的趋势。成都市对全省境外游客接待的贡献大,对成都经济区接待境外游客规模的贡献率更大,也表明成都经济区乃至全省在吸引境外游客方面还有广阔空间。

(五)成都经济区接待境内游客分布状况

2017 年,四川省接待境内游客数量达到 58500.63 万人次,而成都经济区接待游客数量则占到了七成以上。统计数据显示,自 2012 年以来,成都经济区接待境内游客规模占全省接待游客比重从 54% 逐渐递增至 2017 年的 72.3%,在 6 年内上了两个台阶。

成都年接待境内游客超过 2 亿人次,在成都经济区内占比最高。在接待境内游客方面,成都接待人次在 2012 年就超过了 1.2 亿人次,2017 年更是超过了 2 亿人次,占到了全省的 30.9%。单从游客接待量来看,2017 年仅有绵阳市和乐山市的年游客接待量超过了 5000 万人次,而成都则突破了 2 亿人次。仅就 2017 年的数据来看,成都接待境内游客数量占成都经济区接待总量

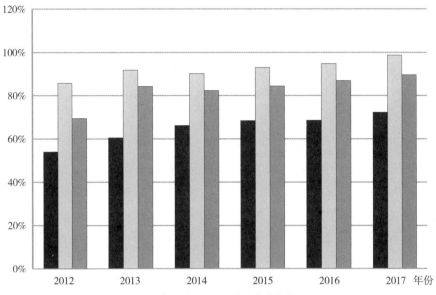

图 4-8　成都经济区接待游客统计图

的 4 成以上。纵观 2012—2017 年 8 市接待游客分布情况,成都市在经济区内占有绝对优势,并且与其他各市的差距越来越大。

表 4-8　四川和成都经济区接待国内游客统计表　（单位:万人次）

地区	2012 年	2013 年	2014 年	2015 年	2016 年	2017 年
四川省	43451.77	48696.50	53549.69	58500.63	63025	67000
成都市	12088.34	15338.99	18423.02	18903.52	19756.48	20703.81
德阳市	1106.70	1734.68	1843.62	2304.96	2601.01	3312.5
绵阳市	1919.54	2462.48	2821.12	3385.70	4205.6	5292.32
遂宁市	1703.00	2011.00	2432.79	3106.25	3931.81	4356.51
乐山市	2655.55	2984.07	3342.13	3903.46	4359.69	5100.80
眉山市	1560.00	1943.24	2386.09	3022.1	3746	4356.6
雅安市	1194.48	1132.00	1658.91	2162.72	2725.92	3100
资阳市	1409.40	1857.20	2610.70	3200.51	1897.01	2243.9

　　乐山市和绵阳市游客接待量稳居经济区第二梯队。2017年,两市都实现了接待游客超过5000万人次的阶段性成果,两市接待游客比重达到了10%及以上,继续保持着区域领先的发展态势。一个显著特征便是两市对于经济区内第二接待人次席位的争夺进入白热化状态,自2012年以来,绵阳市的游客接待量呈现了一个快速的增长态势,不断缩小与乐山市的游客接待量。绵阳市从2012年比乐山市少接待736万人次,到2017年实现了比乐山市多接待191.52万人次的大逆转,成功进阶第二名。

　　眉山市和遂宁市的境内游客接待量处于经济区第三梯队。2017年两市接待境内游客数量均超过4300万,分别占成都经济区游客接待总量的9%,与第二梯队绵阳和乐山两市的差距在逐步缩小。通过对两市数据的对比,我们可以发现遂宁市具有一定的优势,但眉山市也通过持续的追赶并在2017年以微弱的优势超过了老对手遂宁的游客接待量。

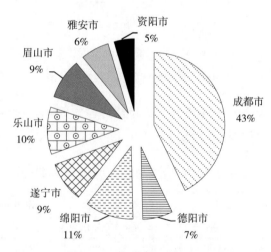

图4-9　2017年成都经济区接待境内游客分布图

　　德阳市、雅安市和资阳市的境内游客接待量处于经济区第四梯队。从量级来看,三市接待游客量属于3000万人次及以下规模。2017年,德阳、雅安和资阳的接待人次分别占经济区总接待量的7%、6%和5%。综合2012—2017年三市接待游客的数据来看,三市游客接待量增长较慢,没有对第三梯队城市形成冲击。

（六）成都经济区文化旅游合作现状

1. 区域城市之间政府合作进程加快

自2010年1月，成都、德阳、绵阳、遂宁、雅安、乐山、眉山、资阳8市在成都经济区区域合作联席会第一次会议上签署的区域合作框架协议，标志着成都经济区正式抱团发展以来，区域城市政府之间合作进程加快：

一是建立每年定期召开的合作联席会议长效机制。"成都经济区区域合作联席会议"，以各市党政主要领导为成员，联席会议负责成都经济区重大事项的决策和协调，由各市按年轮值召集，各市分别设立国土城乡规划、基础设施、产业协作、环境保护、标准建设、科技合作、公共服务和社会事业等专责小组，具体协商和落实合作事项。自2014年以来，联席会议更名为成都经济区发展座谈会，此外，成都经济区还定期召开城市管理、医疗卫生等重点行业的区域合作联席会，以促进相关专题的深度合作。成都经济区已形成以定期召开工作会为主要抓手的促进区域一体化发展的长效合作机制，从而寻求包括文化旅游在内的，发展规划、基础设施、重大产业、环境保护、科技工作、金融、市场环境、公共服务和社会保障、社会管理、开放合作等多方面的合作共赢。

二是签定系列合作协议，落实联席会议精神。2010年签订《成都经济区合作框架协议》后，随后又相继签订了《成都经济区劳动保障区域合作框架协议》《成都经济区区域科技合作框架协议》《成都经济区金融合作备忘录》《成都经济区就业服务区域合作协议》《成都经济合作区域通用门诊病历》《成都经济区区域协同创新框架协议》等涉及不同领域的合作协议，全面推进成都经济区一体化发展。成都经济区在总体的合作协议之下，还以成都为中心采取双边或多边合作的模式，签定《成都德阳同城化发展框架协议》《成德绵劳动保障区域合作框架协议》《国家生态文化旅游融合发展试验区旅游合作联盟框架协议》等，就各市的旅游、工业经济、交通、教育、城市水源地保护、金融、劳动就业等方面进行合作，在旅游共享上，提出打造旅游环线，加强旅游节庆活动、宣传营销合作，联手打造跨市州精品旅游线路。

三是统筹编制经济区规划，健全完善区域协同和联动机制。早在《四川省国民经济和社会发展第十二个五年规划纲要》中就提出：加快推进成渝经济区四川部分"一极一轴一区块"建设，建立健全区域协调互动机制，促进五大经济区协调发展。《四川省国民经济和社会发展第十三个五年规划纲要》又再次强调：发挥比较优势，推动成都平原经济区领先发展。推进成都平原城市群同城化，建成区域协同发展的样板区。成都经济区先后制定了《成都平原城市群发展规划（2009—2020）》《成都经济区国民经济与社会发展"十二五"规划纲要》《成渝经济区成都城市群发展规划（2013—2020 年）》。目前，正在加紧制定《成德绵区域合作规划》《成眉区域合作规划》《成德同城化空间发展规划》等区域规划。成都经济区长期以来统筹制定实施经济区、城市群等规划，有利于明确区域整体功能定位和生产力布局。

2. 区域旅游市场融合态势明显

成都经济区内各市的旅游企业纷纷推出了成都周边地区的一至两日短途旅游产品，将乐山大佛、峨眉山及雅安碧峰峡等景区连线。一些大型龙头企业还借助互联网，搭建起自己的旅游信息平台，如隶属于成都光大国际旅行社有限责任公司的成都旅游中心，隶属于国际旅行社、四川海外旅游公司的成都旅游集散中心，在网站上发布成都经济区各市旅游景点的相关信息，提供团体和个人旅游服务等。

成都通常作为外地游客来四川的主要集散地，游客在成都短暂逗留后就向包括成都经济区其余 7 市在内的周边地区辐射开来，除此之外，成都本地居民在周末和小长假里也大量选择成都经济区其他城市作为休闲度假的主要地点，因此可以说，成都是成都经济区其他城市的重要客源地和客源中转站。但相较而言，其余 7 市向成都输送的客源就比较少，主要是本地居民因购买大宗物品、商务及就医等需求到成都而发生的休闲旅游活动。

3. 区域文化旅游一体化发展环境良好

自成都经济区成立以来，各省市媒体给予了密切的关注。2014 年 5 月，《成都日报》的《都市圈新闻周刊》以"飞速向前　成都平原经济区一线报道"为题，系列专栏全面展现成都平原经济区科学发展加快发展的火热进程。2016 年 2 月，《四川日报》又以"做转型升级引擎　当创新改革先锋——成都平原经济区特别报道"为题，对成都经济区推进全面创新改革试验、供给侧结构性改革、城市群协同发展、坚决打赢脱贫攻坚战等方面的探索和成效进行系统报道。2016 年 2 月，四川卫视在《四川新闻》中推出成都平原经济区特别报道系列节目。媒体的系统报道不但传播了成都经济区发展的最新进程,也引发了社会各层面对成都经济区文化旅游一体化的关注和参与。

三、新冠肺炎疫情对成都平原经济区文化旅游发展的影响分析

新冠肺炎疫情与中国经济的下行压力叠加,增添了宏观层面的不确定性,与中国文化旅游业转型升级的阻力重叠,加大了行业发展的中观变数;与中国中小企业生存压力艰难并行,又加重了企业发展的微观困难。

为深入了解新冠肺炎疫情对成都平原经济区文化旅游发展的影响,和疫情影响下人们的旅游出行意愿,课题组通过问卷调查方式,针对疫情发生后到2020 年6 月,成都平原经济区范围内文化旅游企业和八个城市的居民就疫情后旅游消费状况、旅游业发展情况以及当前文化旅游发展面临的主要困境展开调研,共计完成调查问卷1002 份,其中文化旅游企业调查问卷82 份,游客调查问卷920 份。82 家文化旅游企业全集中在成都,其中锦江区、青羊区、金牛区、成华区、武侯区各10 家,都江堰市、大邑县、彭州市各7 家,郫都区6 家,双流区5 家。920 名被调查游客分布在成都平原经济区八市,其中成都市206 份,德阳市、绵阳市、乐山市、眉山市、资阳市、遂宁市、雅安市各102 份。

(一)新冠肺炎疫情对文化旅游企业经营状况的影响

在新冠肺炎疫情的防控举措下,春节期间绝大多数的餐馆关停,许许多多的商旅酒店被迫暂停营业。旅游者出行被限和疫情防控需要,海陆空等各种出行交通工具大幅缩减,宅在家里成为多数人的春节选项。全国所有的景区被按下暂停键,春节期间只能关门大吉,不仅景区的营收为零,节前的营销投入也全部打了水漂。

1. 企业经营收入下降明显

从问卷调查结果来看,疫情对成都平原经济区文化旅游企业具有非常大的影响,几乎所有受调查企业都反映疫情对企业影响较大,其中有74.39%的受访企业表示影响非常大。从接待游客数量和旅游收入上来说,营业收入减少大多在20% 以上,约占全部受访企业的95%,其中下降80% 以上的企业占比达21.95%(如图4-10)。从企业自身运营成本压力来说,资金周转困难、银行贷款压力、企业内部重建、税收税费压力等共同构成了文化旅游企业经营

的现实困境。尤其是对于旅行社,受访企业普遍反映春节前垫付了大量的资金,如果在前些年没有足够的过冬粮食,面对疫情下的旅游"倒春寒",银行户头只出不进,经营压力巨大。过于倚重现金流的旅游企业,这个时候被关了水龙头,半年没有收入,全年收入也大打折扣,其日常经营难度可想而知。降薪裁员、收缩战线,乃至关张大吉,可能会是很多旅游企业的无奈之举。

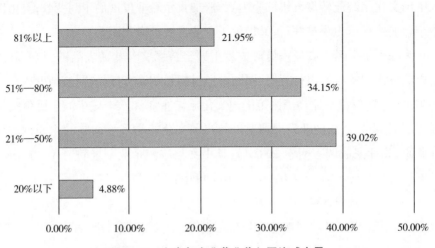

图4-10 上半年企业营业收入同比减少量

2. 企业经营恢复趋势向好

随着全国疫情防控形势不断呈现向好态势,加之文化旅游部门逐步取消文化旅游行业相关控制限流措施,截至2020年6月,文化旅游企业营业收入同比恢复到21%—50%的企业占比达41.46%,有23.17%的企业营业收入恢复到去年同期50%—80%的水平(如图4-11),表明文化旅游业正逐步恢复正常。

另据中国旅游研究院面向旅游供给侧的专项调研表明:受访者的企业主中有54%认为风险可控能渡过难关,24%认为风险因企业能力而异,21%则认为风险加大、倒闭企业增多。同时,随着文化和旅游部7月14日跨省游解禁为旅游市场注入强心剂,恰逢暑期、亲子、避暑、商旅出游旺季,各目的地营销推介与促销活动同期展开,在多重利好因素叠加下,旅游市场加速回暖,旅游行业复工复业同步进入加速期,表明业界对国内市场信心更足,旅游市场应有的发展趋势可能会因为疫情而推迟,但不会消失,旅游企业自救和政策托底政策将一定程度上对冲疫情的不利影响。

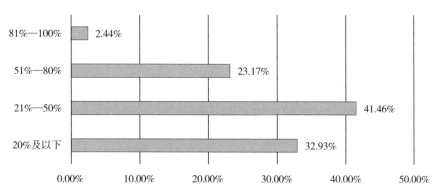

图4-11　近一个月企业营业收入恢复量

但不可忽视,疫情尚未完全结束,游客对外出旅游,尤其是长距离、密集型旅游还未消除担忧。因此,疫情之下和之后的国内游复苏路径是有一定规律的,一般商务游先恢复、再是近郊休闲、再是探亲、再是度假……因此在复苏的前中期旅行社等获客量不多有一定必然性,完全恢复到正常水平的企业占比还不高,在受访企业比例中仅占2.44%(如图4-11),也表明文化旅游业恢复依然不是一蹴而就的,必须做好打持久战的准备。

3. 企业亟须政府出台更加有效的帮扶政策

疫情发生后,成都平原经济区各市都针对恢复旅游市场、提振文化旅游消费出台了一系列帮扶政策。例如,成都在疫情发生后不久就出台了《关于有效应对疫情稳定经济运行20条政策措施》《关于应对新冠肺炎疫情影响促进文化旅游业健康发展的若干措施》,在保障安全复工复产、切实降低企业经营成本、强化财政精准纾困、加大金融支持力度、培育产业新动能、优化政务服务等方面,制定了一批有助于文化旅游企业恢复发展的优惠扶持细则。在疫情防控进入常态化后,又出台《成都市促进旅游业加快恢复发展的政策措施》,通过线下与线上奖补相结合、重点奖励与普惠鼓励相结合的方式,进一步激发旅游市场主体的创造性和主动性,促进文化旅游产业市场复苏回暖。乐山作为旅游大市,也及时出台《乐山市应对新冠肺炎疫情缓解文化旅游企业经营困难十条政策措施》,切实帮助景区、旅行社、酒店、演艺、电影院等文化旅游企业渡过难关。绵阳则出台《旅行社组织游客在绵阳市旅游补贴奖励办法（试行）》，编制《应对新型冠状病毒疫情支持文化旅游企业有关政策摘要》，帮助企业缓解经营压力、激发文化旅游市场活力、助推稳定发展动力、提升自救能力。但根据调查显示，企业对政府帮扶政策的评价普遍不够高，有70%的企业觉得效果一般或者没有明显效果，其中43%的企业觉得效果一般，27%的企业觉得没有明显效果，19%的企业觉得有一定效果，仅有11%的企业觉得有比较好的效果（如图4-12）。表明虽然各地政府都出台了一系列促进文化旅游业恢复发展的具体措施，但措施的针对性、有效性还是不强，尤其是区域的各个地市相互之间存在政策的独立性，与文化旅游天然的跨地域性存在割裂之处。

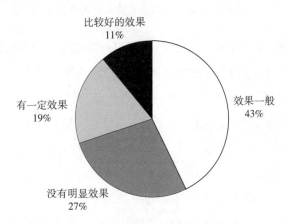

图4-12　企业对政府帮扶政策的评价

　　为深入了解区域内文化旅游企业对更加有效应对疫情冲击，加快恢复文化旅游政策秩序，推动文化旅游深度融合和高质量发展方面的想法，在此次调研中，课题组也专门进行了专题访谈。调查结果显示，文化旅游企业希望政府丰富文化旅游发展业态、大力发展夜间文化旅游的占比70.73%，加强文化旅游基础设施建设、推动文化旅游消费便利化的占比64.63%，推动文化旅游与体育、农业等融合发展的占比51.22%，以文彰旅，充分挖掘城市文化底蕴的占比50.00%，加大历史文化挖掘力度，形成显著文化品牌的占比48.78%，加强智慧文化旅游，推动文化旅游线上线下融合发展的占比48.78%（如图4-13）。表明进一步丰富文化旅游业态，提供更加多样化、多元化的文化旅游产品,推动文化旅游基础设施更新升级,尤其是发展智慧文化旅游,推动文化旅游消费便利,深入推动文化旅游深度融合,以及文化旅游与商业、农业、体育等方面的融合,应是疫情后文化旅游高质量发展的趋势和方向。

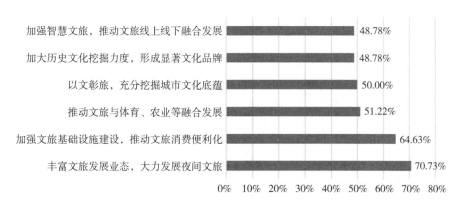

图4-13　企业对文化旅游发展的建议

(二)新冠肺炎疫情对游客旅游意愿的影响

1. 新冠肺炎疫情对游客出游意愿影响较大

一方面,新冠肺炎疫情对就业产生一定影响,从整体来看,一些被调查者收入有所降低,尤其是月收入高于5000元的群体占比普遍减少(如图4-14),这也直接导致有37.72%的被调查者降低或取消出游预算安排。2019年中国居民人均可支配收入达到30733元人民币,同比增长8.9%,消费者购买力提升。但面对疫情,消费者又更加重视理性消费,重视"时间性价比",选择更聪明的消费,提供价格相同,但是产品选择更丰富,品质更高的文化旅游产品更能获得当前消费者的青睐。

另一方面,受国外病例输入及部分城市疫情防控存在反弹情况的影响,部分被调查者对旅游的态度是外出旅游不安全,尽量减少外出,加之因疫情防控需要采取的一些限制措施,给外出旅游带来一定麻烦,当时的大多数被调查者外出旅游意愿不强,尤其是跨省域的长距离旅游占比更是不多。根据调查,疫情后没有外出旅游的被调查者达到59.46%,而在剩余外出旅游的被调查者中,选择在成都平原经济区八市的占比达到56.3%,只有不到10%的市民出省旅游。

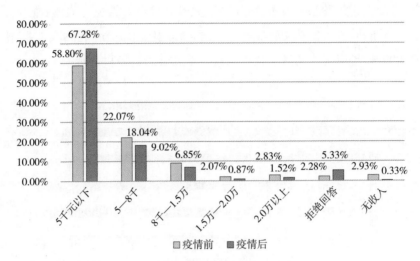

图 4-14　疫情前后游客收入对比图

同时,由于出入境航班管控,以及入境隔离等措施现实,只有极少数被调查者因为个人需要到过境外(如表 4-9)。

表 4-9　被调查者的出游目的地情况

序号	政策内容	百分比(%)
1	疫情后没有旅游	59.46
2	成都平原城市群	22.83
3	四川省内其他地区	10.11
4	国内其他地区(除港澳台)	3.91
5	四川省外西南地区	3.15
6	境外(含港澳台)	0.54

2. 游客对"云旅游"等方式体验感有限

疫情防控加速产品和业态创新,自驾游、周边游、乡村游、本地休闲游带动了"车旅协同"、智慧旅游、数字文化等新业态的快速发展。网络游戏、网络视频、数字音乐、网络教育、知识付费等新兴业态用户大规模增长,多地推出"云旅游",故宫直播吸引 3000 多万人在线游览。在疫情影响下,文化和旅游部已率先启动虚拟现实、增强现实、全息技术等在文化旅游项目中的研究和应用推广,云赏花、云看展、线上邀约和网红直播带货等成为常态,线上线下互动将持续深入。可以预见,疫中及疫后数字化技术将为文化旅游产业发展持续赋能。"云旅游"是线下旅游业受到冲击而催生出来的一种旅游新思路,指在家中通过直播等方式游览旅游景点,也是一种全新的旅游模式,可以让人们足不出户领略到更多的美景,这种思路不仅可以给旅游者们带来方便,也可以缓解线下旅游业的压力。通过"5G 直播、VR 游园"等科技助力旅游市场,旅游热门目的地从线下到云端,实现线上种草,线下拔草转化,全面开启"旅游+直播"带货模式,促进省内游、周边游的热度回升。

但根据调查,有 36.09%的被调查者觉得"云旅游"没有体验感,有48.80%的被调查者觉得"云旅游"没有参与感,有 15.43%的被调查者觉得"云旅游"没有获得感,其中,有 7.17%的人觉得"云旅游"体验感、参与感、获得感都没有,仅有 27.07%人感觉"云旅游"还不错(如图 4-15)。说明虽然疫情催生出了"云旅游"这种新型旅游业态,但由于根植文化不深,且形式样态不丰富等原因,整体上获得被调查者认可度不高。

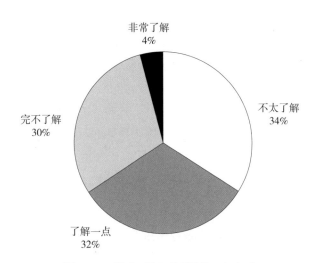

图 4-15 游客对"云旅游"的了解程度

3. 对疫情后的文化旅游消费的期望较高

本次调查有 78.48%的被调查者表示政府应在保证安全的前提下鼓励人们消费旅游,其中,有 40.54%的被调查者觉得鼓励市内消费旅游,37.93%的被调查者觉得鼓励省内消费旅游。在有意愿出游的游客中,有62.83%希望得到减免门票的补贴,46.52%希望得到开通免费旅游线路的补贴,有9.24%希望得到住宿费用、高速费用的补贴、景区提高服务质量。分城市来看,疫情后,成都和绵阳的被调查者希望通过减免门票、开通免费旅游线路、发放旅游消费券的形式进行旅游消费补贴,德阳、资阳、眉山、乐山等城市的被调查者希望通过减免门票、开通免费旅游线路的形式进行旅游消费补贴,仅有遂宁和雅安的被调查者希望通过减免门票的形式进行旅游消费补贴(如图4-16)。

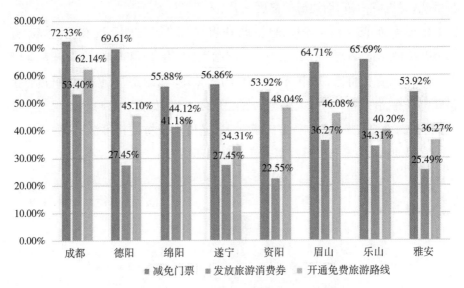

图4-16　各城市游客对旅游消费补贴的看法

四、成都经济区文化旅游一体化发展的制约因素

在区域合作总体框架下,成都经济区文化旅游的城际合作一直是"呼声很高、进展缓慢",尚未形成有效的合作机制与模式,文化旅游一体化的成效也不够明显。

(一)旅游发展水平不均衡,区域合作诉求差异较大

成都经济区是典型的单中心经济区,从资源集中度和产业发展水平来看,文化旅游的极化效应突出。旅游资源在空间分布上不均衡,以A级景区为例,成都的集中度显著高于其他7市。

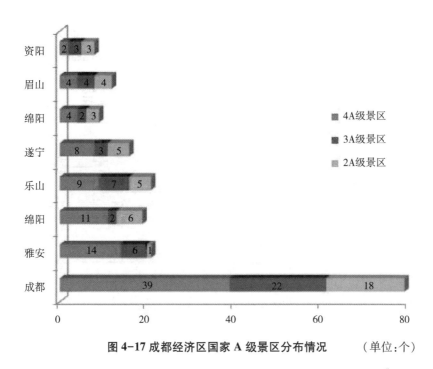

图4-17成都经济区国家A级景区分布情况　（单位:个）

成都经济区旅游业呈现"一城独大"的特征,以2014年为例,成都在旅游总收入和接待国内游客数两大指标上,均超过其他7市之和。作为首位城市的成都与经济区内其他7个城市旅游业发展差距过大,7市旅游总收入占成都经济区旅游总收入的比重不足4%,文化旅游一体化发展的规模、能级、水平尚不匹配。而这一失衡发展局面并没有随着成都经济区的建设而出现均衡发展的趋势,2017年成都市旅游总收入占经济区旅游总收入的52.5%,接待游客总人次占全经济区接待游客总人次的42.7%,与其他城市相比优势巨大。

由于旅游业所处发展阶段不同,导致区域内合作诉求差异较大。成都在旅游经济规模、旅游基础设施等方面已达到一定水平,未来的发展除量的积累外,更重在质的提升上。而其他7市无论是旅游市场,还是旅游基础设施投入和建设能力,与成都相比还有较大差距。如2017年,成都旅游总收入已超过3000亿元,排名第二的乐山旅游总收入不足800亿,排末位的资阳市旅游总收入则低于200亿。如何弥补7市基础设施短板,提升区域旅游整体质量与效益,是一体化发展的重点。

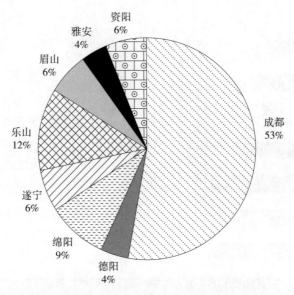

图 4-18   2014 年成都经济区 8 市旅游总收入比较

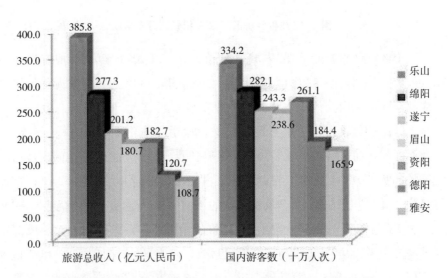

图 4-19   2014 年成都经济区 7 市国内旅游收入与游客数比较

（二）文化对区域旅游的整合作用不强，文化主题形象模糊

由于缺乏文化分工和文化协作的统筹规划，成都经济区关联文化的协同效应不明显，存在资源浪费和重复建设的现象。各地针对本地区文化旅游的

发展,多少都带有"文化优越感"的自我认知,对文化的自融性和跨行政区的本质特征较为忽视。从8个城市的旅游形象定位来看,单个城市的旅游形象单薄、片面,并容易与相邻地区重叠。此外,区域内由于缺乏以核心文化品牌为支撑的区域旅游合作,对外旅游营销宣传相关机制不健全,导致区域文化旅游整体形象较为模糊。

表4-10　成都经济区8市旅游形象定位

城市	旅游形象定位	地域文化
成都	一座来了就不想走的城市、雪山下的公园城市	水文化、金沙文化、三国文化、大熊猫文化等
绵阳	行南丝绸之路·游大熊猫家乡	李白文化、文昌文化、三国蜀汉文化、大禹文化、嫘祖文化、宗教文化、温泉沐浴文化、西羌文化、白马文化等
德阳	古蜀秘境、神奇德阳	古蜀文化、三国文化
乐山	山水佛国、中国乐城、山水福地、中国山水禅意城市、中国佛度、山水福地,奇秀之城	佛禅文化、武术文化、沫若文化、美食文化、养生文化、民族民俗文化
资阳	蜀人原乡、大美资阳	三贤文化、红色文化
眉山	东坡老家、快乐眉山	东坡文化
遂宁	中国观音文化城	观音文化、书院文化、曲艺文化、书法文化、诗画文化等
雅安	熊猫家园、世界茶园	熊猫文化、红色文化、汉文化、茶文化、三雅文化等

　　成都经济区虽然文化积淀深厚、类型丰富多样,但区域的文化主题还有待进一步明确。一是缺乏归纳和选择。对文化本底的研究还不充分,未能做出系统梳理、高度提炼和权威发布。因此,成都经济区暂时还未能从庞杂多元的文化元素中,选取和归纳出特色鲜明的文化主题。二是整合不充分。成都经济区多样化文化资源、旅游资源,基本上是呈点状零散分布状态,近年来虽在交通硬件上有所改善,但未能以文化为核心,对其进行内在的有机整合。三是整体营销有待提升。成都经济区尚未根据区域文化主题,有重点地捆绑进行对外旅游营销宣传。营销重点不够突出,宣传口号不够响亮,区域文化旅游形象相对较为模糊、不够清晰,因此,在外界的知名度也还有待进一步提升。

(三)文化旅游资源开发利用水平不高,融合发展的意识不强

成都经济区文化旅游资源共享和整体开发的意识不强,政府在本地区文化旅游的发展谋划上多具有明确的发展思路、路径和目标,但针对文化旅游区域协作平台的搭建、合作机制的构建、地区间关联文化元素的协同利用和开发涉及较少。区域内对文物、古迹、名胜、景区的历史文化资源缺乏深度开采,重旅游、轻文化的现象较普遍。文化旅游产品的开发存在产品趋同、市场运作乏力、品牌影响力较弱、文化与旅游融合形式单一、新产品和新业态发育缓慢等问题。

成都经济区文化与旅游融合发展水平亟待提升。一是文旅融合意识不强。政府、市场、社会等各层面在以文化促进旅游的发展理念还未形成高度的统一认识,在具体的工作中还存在重旅游轻文化的现象。二是文化内涵挖掘不深入。对于文物、古迹、名胜、景区的历史文化资源缺乏深度开采,对地域人文特质、民族风情等的开发不够充分。目前成都经济区的文化旅游仍然停留在景区本身的历史文化内容展示,而对于时代的、地域的文化特色的挖掘还很有限,还未实现从点到面的展示。如杜甫草堂除展示杜甫的诗歌文化外,能否扩展到唐代的诗歌文化、蜀地的文学面貌、历代入蜀诗人的文学现象等相关文化层面,并以此串联起成都经济区内的薛涛望江公园、陆游崇州罨画池、李德裕新都东湖、眉山三苏祠、杨升慎新都桂湖等,形成成都经济区古典诗词旅游线路等。三是文化展示不充分。目前,多数旅游仍然是依托实物展示、文字介绍和导游解说,旅游形式仍然是以传统观光为主,缺乏体验性和自助性。在利用高新技术手段,依据市场需求、消费习惯等,创新开发新型文化旅游产品上还较为欠缺。现有文化旅游产品的更新升级较慢,国际化程度有待提高。还存在资源丰富、产品短缺的问题。四是标志性的文化旅游综合项目缺位。成都经济区虽然文化旅游资源丰富,但尚未开发出类似西安大唐芙蓉园、曲江新区、杭州宋城等标志性文化旅游综合项目,缺乏在国内外叫得响的文化旅游产品。

(四)区域发展不平衡,文化旅游一体化发展难度较大

成都经济区8个城市经济社会发展不平衡,一体化发展难度较大。主要表现在:一是经济社会发展差异大,以单向合作为主。成都经济区其余7市与

成都的经济社会发展差距较大,旅游招商投资能力、文化消费水平参差,区域合作仍然是以成都为中心向外辐射带动的单边或多边合作,成都以外7市之间缺少合作互动。二是所处阶段不一致,发展重点难以统一。成都在旅游总收入、旅游基础设施等方面已达到一定规模,未来的发展除去量的积累,更重在质的提升上。如2015年,成都旅游接待游客1.91亿人次,实现旅游总收入2040.19亿元,但接待入境游客230.14万人次,实现旅游外汇收入8.73亿美元。如何扩大国际旅游市场,提升旅游外汇收入,是成都旅游未来发展的重要目标。而德阳、雅安2015年的旅游综合收入还不足两百亿,却仅为155.7亿元和152.33亿元,如何扩大国内市场,提升旅游总规模仍是当前的发展重点。

(五)区域合作流于表面,尚未形成有效的一体化机制

目前,成都经济区各市间的旅游合作主要表现在以交通设施为基础的旅游景点串联,区域文化旅游合作还处于起步阶段。市场化对接机制不健全,尚未形成具有较强吸引力的现代文化旅游产业链。加之行政区划限制,文化旅游发展的政策保障、促进措施、合作机制等方面存在一定制度性障碍,区域整体优势和成都的辐射带动作用难以得到充分发挥,制约了区域文化旅游一体化的发展进程。

从成都经济区各市在文化旅游方面的合作现状来看,一是协作形式简单,尚未合力开发出文化主题鲜明的旅游"拳头产品"。目前成都经济区各市间的旅游合作,仍然是以交通设施的完善为基础,加上旅游景点的简单组合,形成成都周边旅游环线为主。旅游合作没有深入到旅游产业各环节,未能共同开发出满足市场需求的现代旅游产品,未能形成有机的产业链。二是各自为政,地方本位主义引发内部利益竞争。经济区内各市由于行政区划限制,各市自己的经济发展,在旅游发展的政策保障、促进措施等方面,存在着明显的差异,地方保护性政策,阻碍了旅游要素的自由流通和有效配置,制作了区域文化一体化的发展进程。三是偶发式合作,未形成保障一体化的长效机制。目前,各市大多是依照联席会议或签署合作协议时的合作框架进行的,由于大多面上整体的合作协议,暂时还缺乏成都经济区文化旅游的专项合作协议,因此,区域内的文化旅游一体化没有形式长远的专项规划、统一的行动路线,合作内容还是偶发的,缺乏长效机制的保障。

五、成都平原经济区文化旅游融合发展的策略

多年来,成都平原经济区在促进文化旅游融合、推进区域文化旅游合作、构建共同市场等方面已经进行了诸多探索,文化旅游发展成效明显。但受长期"重旅游、轻文化"影响,区域的文化旅游融合发展与进一步促进文化旅游消费,推动文化旅游产业高质量发展还存在一定的不适应之处。此外,受到突如其来的新冠肺炎疫情影响,文化旅游受到冲击严重,尤其是进入疫情防控新常态下,文化旅游行业完全恢复尚需时日。面对疫情冲击,成都平原经济区文化旅游有必要借助疫情对文化旅游产品业态、消费形态的重塑,化"危"为"机",从塑造主题形象、统一文化标识、创新文化旅游产品、完善公共服务体系、重构协作合作机制等方面入手,推动文化旅游深度融合发展,实现目标同向、措施一体、作用互补、利益相连。

(一)增强文化的凝聚作用,塑造区域文化旅游主题形象

1. 挖掘整理区域文化资源

从历史文化的角度,挖掘、整理成都平原经济区范围内的文化资源和旅游资源,统一梳理区域历史文化资源,形成展示成都平原历史演进过程的特色文化旅游产品,深挖文化主题,以多样化的方式进行演绎展示,注重不同地域景区、景点在同一文化主题上的凸显,做好文化过渡和衔接,提升现有旅游产品的文化内涵。如将新石器晚期的三星堆、商周时期的金沙遗址、战国时期的都江堰水利工程、三国时期的武侯祠、唐代的杜甫草堂、宋代的三苏祠、元代的云顶山古城遗址、明代的杨慎桂湖、清代的移民会馆等。统一整合同类文化旅游资源,以相似"文化"为主题,开发反映区域特色的文化旅游产品(线路),如古蜀文化游、诗歌文化游等。成都平原经济区的文化主题可大致分为历史文脉、现代都市、自然生态等方面。其中历史文脉又包括古蜀文化、三国文化、诗歌文化、宗教文化、古镇文化等类别;现代文明则包括休闲文化、消费文化、都市游乐、公共文化、艺术科技等类别;自然包括山水自然、熊猫文化、现代生态等类别。

2. 构建区域文化旅游品牌体系

随着国内大循环的有效构建和国际国内双循环的持续推动,可以预见,疫

情后文化旅游消费必然要迎接新一轮调整升级,尤其是对品质、安全、服务方面的需求将不断增大,成都平原经济区应抓住机遇,首先消除外地游客心理影响,重塑安全旅游目的地形象,塑造区域文化旅游品牌。突出各城市文化旅游特质,根据区域文化旅游资源布局和产业发展现状,依据稀缺性、唯一性等条件,选取本区域的核心品牌,建立以成都为中心的跨行政区点—轴开发合作系统,以古蜀文化、熊猫文化、三国文化为核心品牌,道教文化、佛教文化、诗歌文化、农耕文化和山水文化等为特色品牌的文化旅游品牌体系,例如成都与德阳共同构建"探秘古蜀"文化旅游品牌,成都与雅安、绵阳合作建立"熊猫乐游"文化旅游品牌,成都与资阳、遂宁共建"天府农耕"文化旅游品牌等,形成一个中心、多个增长极、多条发展轴的合作分工体系,以先发带动后发,提升以文彰旅的品牌价值和影响力。

3.加强区域文化旅游营销合作

在成都平原经济区文化旅游融合发展进程中,应当以整体的形象对外统一营销,实施整合营销、数字营销、节事营销、精准营销等现代营销策略,实施多种营销手段联动。运用互联网等新媒体创新营销手段,开设官方微信、微博、抖音账号,及时发布区域内旅游信息、旅游动态等,以生动活泼的形式制作区域文化旅游电子期刊,以驴友攻略等具有亲和力的形式,推介成都平原经济区的特色文化旅游线路,同时,链接区域文化旅游产品销售平台。举办文化旅游节庆活动集中营销,既可以是区域整体性的文化旅游节,也可以是由区域内部分地市共同参与的古蜀文化、熊猫文化等专题文化旅游节庆,深入挖掘区域文化旅游内涵、集中展示、精细包装、精准营销。鼓励和支持文学影视等持久营销。事实证明,小说、电影、电视等文艺作品具有超强且持久的旅游营销影响力。因此,可通过优惠政策或奖励等方式,引导和鼓励创作展示区域文化旅游魅力的影视作品,以生动形象的方式对外推广成都平原经济区文化旅游的特色形象。

(二)顺应消费升级需求,创新文化旅游产品

1.培育发展文化旅游新兴业态

针对疫情后旅游消费意愿恢复压力较大的情况,及时推出一批新兴的惠民利民文化旅游产品和项目,让更多的游客能够感受到区域文化魅力,提升旅

游的幸福感、获得感。促进文化旅游在技术、产品、市场方面的融合,利用大数据、5G通信、区块链等技术,科学锁定成都平原经济区目标及潜在旅游市场,提高文化旅游产品供给的有效性和精准性。顺应旅游消费观念和移动时空环境的变化,促进文化与旅游的产品融合、市场融合,大力培育商务、研学、康养、探险旅游和科学考察等文化旅游新业态。抓住疫情带来的旅游消费习惯变迁,完善云旅游基础技术支撑,将云旅游作为吸引外地游客前往成都平原经济区旅游的前置环节,通过VR邀约、云体验等方式提升云旅游的参与感、互动感。引入专业市场力量,围绕熊猫文化、古蜀文化、三国文化、水文化等主题,以跨行政区域合作、文化旅游资源连片开发的形式,打造系列文化旅游创意新产品,例如文化创意园区、电影之旅、动漫之旅、音乐节、节庆会展等,创新打造现代文化旅游精品项目。大力发展夜间文化旅游,提档升级"夜游锦江"项目,推出"夜游乐山""夜游青城"等一批具有示范性、引领性的夜间消费项目,并做好交通、餐饮、住宿等夜游配套服务,提升成都平原经济区文化旅游竞争力。

2. 以目标市场为导向实施产品整合

疫情加速了细分市场的壮大,低密度、零距离、无接触的旅游方式来临,更需要推出更多个性化、宽空间的旅游产品。因此,需要结合后疫情时代特点,针对旅游者的文化背景、生活习惯和需求喜好进行调查了解,细分目标消费群体类型,找准游客的多元需求,并按照年龄和消费结构差异,正确定位文化旅游产品开发的市场方向,整合本区域优势文化资源和旅游资源,创新开发或优化组合文化旅游产品。如针对儿童的亲近自然家庭亲子游,针对中小学生的徜徉历史文化假期研学游,针对白领人士的美食购物商务休闲游,及针对中老年人的佛道养生医疗保健游等。面对今后日益兴盛的国际文化旅游市场,在研究区域目标市场的基础上,应根据不同国籍游客的文化兴趣差异和游览习惯,结合本地资源和游客的游览习惯,有针对性地开展文化旅游产品升级。适应现代旅游的需求消费重心正由单一的观光型向文化型、体验型、保健型、学习型、休闲型、娱乐型等多元需求转变,满足游客旅游消费新需求,开发多样化的文化旅游产品。

3.构建跨区域文化旅游产品体系

通过构建跨地区的特色文化旅游产品体系,共享国际国内旅游客源市场,互为旅游客源地,构建序列性的文化旅游核心吸引物,增强本区域的文化旅游吸引力,以多样化的旅游产品,增加游客在区域内的滞留时间。打造跨区域的文化旅游精品项目,通过加大招商引资力度,以熊猫文化、古蜀文化、三国文化、水文化等为主题,长远规划、创意思路、精细设计,注重将资源连片开发,搭建跨区域文化旅游的联系纽带,构建成都平原经济区文化旅游重点合作项目库①,开发文化旅游产业融合创新产品。在文化旅游产品的研发过程中,加强技术创新,运用高科技声光电技术、文化演艺、微缩景观等手段,将现代科技融入文化传承保护,把文化旅游优质资源转化为游客更能感知、更能参与的优质文化旅游产品,打造一批历史文化传承保护和文化旅游融合重点工程项目。

(三)融入成渝地区双城经济圈建设,不断深化区域合作水平

1.增强成都"极核"的引领带动作用

抓住国家成渝地区双城经济圈建设战略机遇,以打造高品质生活宜居地为目标,深度融入巴蜀文化旅游走廊和成渝国际文化旅游示范带建设,推出一批具有引爆性、支撑性、战略性的重大项目。发挥成都的"极核"引领作用,充分利用好成都吸引国内外游客的"门户枢纽"和"策源地"作用,实施"成都进出+平原旅游"合作计划,开发与成都共建共享的文化旅游线路,与成都搭建一体化旅游发展路径,实现各方共赢。推动成都与其他七市游客的互送,推动文化旅游智能化建设方面学习互鉴、交流合作、数据共享、平台互通,让成都优质智慧文化旅游资源向区域内其他七市辐射。

2.加强与重庆等其他区域的文化旅游融合

注重与重庆文化旅游产业的合作互补,增强两地旅游业的文化支撑力,强化中心城市带动效应。与重庆联合打造"切换式都市旅游区",依托成都平原辽阔与山河崎岖的地貌特征,凸显成都平原城市群与重庆都市圈观感、体感、味感的转换性,在文化创意、休闲娱乐、商业时尚、特色美食类旅游项目上做出

---

① 王苹:《成都平原经济区文化旅游一体化发展研究报告》,《中国社会科学报》2020 年 1 月 8 日。

鲜明特色。结合区域内旅游资源特点,合力打造一批蕴含巴蜀文化、彰显地域特色,具有国际旅游价值的文化旅游品牌与点位。发挥自然生态资源优势,整合峨眉山、都江堰—青城山、武隆仙女山等资源,联合打造国家级"度假观光旅游区"。发挥历史底蕴深厚优势,整合武侯祠、宽窄巷子、洪崖洞、三苏祠等人文资源,联合打造西南"历史人文化旅游区"。发挥民俗资源优势,整合成都国际非遗博览园、重庆非遗博览园以及各地非遗基地等非遗平台资源,联合打造西部"非遗体验旅游区"和研学旅行重要目的地。发挥时尚文化优势,整合春熙路、太古里、解放碑、观音桥等知名商圈资源,联合打造西部"时尚消费旅游区"。

3. 推出基于政策共享的文化旅游福利

深化成都平原经济区与成渝地区其他区域的文化旅游联盟合作,成立成渝文化旅游发展联盟,出台旅游观光专项优惠政策,设计推出不同文化主题的系列主题套票。推行"一票多优惠"政策,激活区域内旅游流动性,实现成都平原经济区与重庆等地外来客源互送,联合推出一批城市"一日游"、沿线"二日游"、特色"三日游",以及深度"七日游"等线路产品,形成"成渝一家亲,周末大串门"的旅游格局。尤其针对疫情影响,更要深度挖掘本地本区域游客的文化旅游消费潜力,针对川渝两地居民共同派发文化旅游优惠券,实施更加优惠、更加精准的旅游扶持政策等,推动本地居民更好享受文化旅游优惠带来的福利,共筑成都平原高品质生活宜居地建设。

(四)改善硬件设施条件,提升文化旅游服务水平

1. 加强区域基础设施共建共享

以打造建设世界级旅游目的地为目标,推进区域基础设施建设。根据文化旅游市场现状及未来发展需求,围绕"商、养、学、闲、情、奇"六大旅游新要素,从彰显文化特色的角度规划建设多层次的旅游配套设施,构建航空、铁路、高速公路汇通,"快旅慢游、便捷安全、无缝换乘"旅游立体交通体系,以成都双流机场、天府机场为依托建设国际航空枢纽,发挥绵阳机场、乐山机场区域枢纽机场作用,构建国内快速通达航空网络,缩短"旅游交通时间",增加"旅游休息时间"的舒适度。在现有道路资源的基础上,侧重发展高速公路、快速通道、高铁及地铁延长线等快速交通,形成以成都为中心枢纽串联周边城

市的环形和放射状快速交通网络,实现八市的"1 小时快速交通圈"。优化住宿、餐饮设施,建设包含高端星级酒店、主题酒店、经济型品牌连锁酒店、星级乡村酒店、特色客栈等覆盖高中低多档次的住宿、餐饮体系,尤其注重从业者的综合素质,以人性化细节服务取胜。尤其要针对重大突发公共卫生事件,完善公共旅游安全规划,把公共旅游安全规划纳入全域旅游体系中,出台应急预案,整体提升文化旅游环境的安全水平,不断提升文化旅游治理水平。

2. 以科技助力推动智慧文化旅游

抓住疫情对文化旅游模式带来的变革机遇,推进以各大景点或典故为背景的网游开发和推广,实现"网游+云旅游"的紧密结合,运用 AI 赋能的人脸识别、声纹识别、光学字符识别等技术,实现景区人员身份多维智能验核,确保旅游的安全性。推进智慧文化旅游项目建设,加强区域内"互联网+"与旅游产业的融合,以建设文化旅游服务云平台为重心,形成覆盖全省、中西部旅游目的地动态信息的成都"大旅游"云数据库等多项智慧旅游服务,构建成都平原经济区智慧旅游体系。推进"成都平原文化旅游一卡通"建设,推动政府部门涉旅数据共享共用,建立动态信息共享的旅游云数据库及电子商务平台,开发相关 APP、公众号,为游客吃、住、行、购提供更加便捷、人性化的智能服务与引导,逐步实现文化旅游线上线下一体化,提高信息化服务水平。

3. 以标准化管理提升旅游服务水平

标准化的管理和统一的服务规范,有利于旅游要素的自由流通,对于区域文化旅游融合发展起到了十分重要的推动作用。协调成都平原经济区八市实现服务管理规范和标准对接,对区域内的文化旅游设施和服务进行统一标准的建设与管理,提升区域文化旅游国际化、现代化水平。建立成都平原经济区文化旅游标准技术委员会,在该委员会指导下开展区域文化旅游管理服务标准的制定、实施和评估等,统一区域内文化旅游设施建设、旅游景区管理、旅游配套服务等标准。加强区域内各市文化旅游标准的互认,对区域内的景区、交通、住宿、餐饮、购物、咨询中心、集散中心等文化旅游设施和服务采取统一标准建设和管理,提升区域文化旅游国际化、现代化水平。

(五)加强统筹协调,完善区域文化旅游一体化发展机制

1. 建立区域分工协作机制

文化旅游业作为区域经济系统的一部分,它的基本要素如旅游资源、设施、旅游服务和旅游者等空间差异性也是极其普遍和客观的。区域性也是旅游活动最为明显的特征,单一的景点或地区旅游都不能满足游客的基本需要及最大化效用,也违背旅游发展的一般规律,因此其运行发展必然表现出区域经济运作的一般规律和特征。因此,成都平原经济区需要加强区域文化旅游协同联动,摒弃地方主义保护观念,跳出各城市短期利益陷阱,突破城市间的行政区划限制,打破区域文化旅游发展的市场壁垒,加强旅游业、文化产业、公共文化服务等方面的区域合作,着眼长远规划,以促进旅游业各要素自由流通、最优配置为指向,在行业管理、行业政策上,实现区域统一标准和步调,整合资源,捆绑经营,以实现"1+1>2"的合作效应。建立成都经济区文化旅游协调沟通机制,适时召开八市联席会议,由各市分管领导和职能部门负责人参加,商讨区域文化旅游统筹发展事宜,统一调配加强区域文化旅游的统筹协调、深化合作。编制成都平原经济区文化旅游发展总体规划,依据游客期待及文化旅游市场分工等综合原则,对区域总体的文化旅游功能、发展理念、发展路径、合作计划等做出统一的规划,绘制时间表和行动路线图。制定文化旅游管理的统一政策和规章,共同出台指导性强、具有一定约束力的旅游管理规章、条例,进而确保规划、协议等各种合作性政策的实施,确保规划落地实施和协议的有效贯彻。统一规范区域文化旅游市场秩序,联合对文化旅游市场中的重点环节实行常态化监督检查,严厉打击随意采借区域文化、扰乱旅游秩序的违法违规行为,促进区域文化旅游产业健康发展。

2. 引导多元主体参与文化旅游区域合作

培育和壮大文化旅游领域市场主体,优化文化旅游产业发展环境,构建适应区域一体化发展目标的文化旅游市场运行机制。培育和发展一批行业龙头企业,鼓励域内文化旅游企业通过兼并重组、合作开发等多种形式,开展跨地域的文化旅游业务。充分重视社会团体、行业协会在区域文化旅游一体化中的积极作用,鼓励和支持建立跨地域的旅游行业协调组织,以开展行业培训、市场调研、召开专题讨论会等形式,促进成都平原经济区信息交流和共享,维

护区域行业秩序,协调解决区域旅游一体化发展中的地区利益冲突问题,引导区域内旅游各部门的合理配比,促进区域内市场经营主体的联合,实现规模经营,引导区域旅游业合理的空间布局,推动区域文化旅游全方位、多层次融合和密切合作,建立有效的区域文化旅游合作、联系协调机制。

3. 完善利益分配和补偿机制

强化文化旅游企业的市场主体地位,政府积极运用财税激励政策等有效手段干预和引导市场,逐步培育起适应区域文化旅游一体化良性循环的企业运行机制,促进文化旅游企业联合、兼并,打破行政区域界限,侧重于发展跨地域的文化旅游业务,对形成区域内有机的文化旅游产业链起到积极作用,为区域文化旅游培育具有内生动力的市场主体。搭建成本分摊和利益分享平台,适当平衡文化旅游项目空间布局,优先建设文化旅游基础设施等方式,按照自利性与互利性相统一的协作原则,组建成都平原经济区文化旅游业发展基金,建议按八市文化旅游业产值收益大小确定筹资比例,完善区域文化旅游收益的分配和补偿机制,采取文化旅游专项财政收入转移支付等经济收益再分配方式,为相对滞后城市提供资金支持,以弥补市场机制带来的利益分配缺陷和负面影响,实现区域整体利益最大化、一体化发展。

第五章　成渝地区双城经济圈文化旅游 一体化的经验借鉴与启示

第一节　国外城市群文化旅游一体化经验借鉴

目前,世界上城市群一体化比较成功的地区主要有以伦敦为核心的从伦敦到曼彻斯特的英伦城市群,以巴黎、阿姆斯特丹为核心的欧洲西北部城市群,以波士顿、纽约和华盛顿为核心的美国东北部城市群,以芝加哥为核心的北美五大湖城市群,以东京为核心的从东京、横滨到大阪的日本太平洋沿岸城市群等。这些城市群的文化旅游一体化发展各有特色,立足自身实际充分发挥了比较优势,为成渝地区双城经济圈提供了宝贵的经验借鉴。

一、英伦城市群

英伦城市群由伦敦—利物浦一线的城市构成,涵盖了曼彻斯特、利兹、伯明翰、谢菲尔德等大城市,以及众多小城镇。面积约 4.5 万平方公里,人口约 3650 万人。它是世界最早的城市群,也是世界级城市群中城市密度最高的。

(一)凸显城市自然本底

伦敦市中心沿着泰晤士河一段是世界著名的区域,拥有世界闻名的标志建筑和景观,泰晤士河及其沿岸众多的优秀建筑共同打造了伦敦的城市名片。在伦敦新一轮的发展战略规划中明确指出英伦城市群各区政府根据各自的"城市发展计划"划定泰晤士政策区 Thames Policy Area 的范围,此过程必须咨询临近区的意见,通过协调各区来打造泰晤士河岸的整体形象。①

(二)打造文化地标和城市品牌

英伦城市群文旅一体化发展突出将生态资源、历史遗产、当代文化、创意产业等与旅游发展紧密结合,协同打造统一的城市文化地标和城市文化品牌,既增强旅游吸引力,也实现文化的保护与传播。一方面,创新性保护和开发标志性文化建筑。英伦城市群最大的吸引力主要依靠于它无可匹敌的遗产和传统。例如,圣保罗大教堂、伦敦塔、西敏宫、塔桥等历史建筑在国际享有盛誉,也是英伦城市群打造国际文化旅游目的地的主要名片。② 针对诸多的名人故居,英格兰文化遗产基金会早在 1866 年就实施了"蓝牌计划",凡被挂上蓝牌的建筑均不得随便拆除甚至改建。此外,英伦城市群十分重视利用大量有价值的历史遗产进行城市更新,③推出了以金丝雀码头为典型的系列"后工业城市营销典范"项目。另一方面,联动开展城市文旅品牌的全球营销。英伦城市群注重彰显其在遗产、传统与现代文化等方面的资源优势,塑造国际旅游形象,促进入境旅游发展。先后推出的"来自大不列颠的邀请""非凡英国""传承金色遗产"等国际营销活动,将英国独特的文化、创意、遗产旅游产品推向全世界,爱丁堡国际艺术节、诺丁山艺术节、泰晤士河艺术节等大大小小 600 多个文化节庆吸引着国内外游客,莎士比亚、雪莱、拜伦、简·奥斯丁等文学巨匠以及哈利波特等文化元素均得到广泛应用。

---

① 陈琳:《全球化时代国际大都市的营销策略——香港、伦敦、上海案例研究》,同济大学 2006 年硕士学位论文。

② 泰晤士河伦敦塔桥的两旁,有一些拥有上百年甚至三四百年历史的建筑,如有象征胜利意义的纳尔逊海军统帅雕像、葬有众多伟人的威斯敏斯特大教堂、具有文艺复兴风格的圣保罗大教堂、曾经见证英国历史上黑暗时期的伦敦塔、桥面可以起降的伦敦塔桥等,每一幢建筑都称得上是艺术的杰作。——笔者注

③ 英伦城市群是全球较早利用历史遗存进行城市更新的区域,这种发展模式也为后发城市群所效仿。其主要思路是:一方面,对遗产周围的缓冲区以及作为遗产背景的区域在设计上特别加以考虑;另一方面,通过非常现代的建筑设计或城市设计手法,在城市更新中提升历史建筑的利用率。——笔者注

延伸阅读:金丝雀与城市更新①

金丝雀码头是被遗弃的西印第安码头系统的一部分,位于伦敦的东面,距市中心有好几英里。1981 年,码头停止了运营,彻底废弃了。金丝雀码头改造具有如下一些特色。通过选择世界优秀的设计师进行方案的设计,提升周边土地价值,成为整个地区乃至整个伦敦城市发展的触媒。金丝雀码头已经发展成为新的 CBD,在此落户的世界超级银行和媒体机构包括汇丰银行、花旗银行、巴克利银行、每日电讯、独立报、路透社及镜报等。它改变了伦敦市金融和商业中心的格局;成为了英国及欧洲最繁忙、最重要的商业区;是伦敦港口项目中最成功的一个;已成为伦敦的地标,就像帝国大厦是纽约的地标一样;是世界上最大的单一商业房地产开发项目,写字楼面积达 1200 万平方英尺;主要租户是金融业和出版业;公共交通发达;通过 Jubilee 地铁延线与伦敦市区中心连通;租金比伦敦其他地区低得多,因此生意兴隆;英国最高的建筑物都在这里;体现了难以置信的灵活性。金丝雀码头改变了伦敦的金融和商业中心格局,也改变了英国的经济地位。

(三)为文旅一体化发展提供多样化的金融支持

一是设立遗产彩票基金。其用于文化保护的社会公益基金主要来源于英国国家遗产基金会负责管理的英国遗产彩票基金。博物馆、公园、历史名胜、考古遗址、传统手工艺等均得到相应资助。二是社会公益资金。主要来源于众多文化遗产保护基金会,如加菲尔德威斯顿基金会、海德雷信托基金会、沃弗森基金会等。这些基金会通过文化遗产文创开发、旅游纪念品售卖、旅游接待服务等获得收入,实现内生式的遗产保护与管理。三是通过 PPP 模式引入社会资本。这已成为旅游文化资源开发融资渠道最主要的模式。以利物浦阿尔伯特船坞为例,利物浦市政府通过资产委托令,由默西赛德郡城市发展公司得到全部土地,出资改造基础设施,并吸纳私人资金,建设甲壳虫乐队故事纪念馆、泰特利物浦美术馆等。

---

① 高树勋、盛况:《伦敦金丝雀码头棕地治理启示》,《城乡建设》2019 年第 18 期。

延伸阅读:伦敦著名的文化旅游地标简介①

文化地标之一:伦敦的泰晤士河两岸

伦敦多元化的空间形象在世界上享负盛名,城市自然环境、历史建筑、新地标、泰晤士河、公园等都集中表现了伦敦的形象特征,它们是伦敦吸引游客和外来居民的重要元素,也就是说这些地区是人流聚集,公众活动最丰富的区域。在伦敦多元化的空间形象中,最具吸引力的地区仍是在中心城区和泰晤士河沿岸。

泰晤士河两岸是英国伦敦最具影响力的城市客厅,吸引着来自世界各地的游客。泰晤士河是英国南部主要河流,发源于英格兰西南部,其流域大部分在伦敦盆地内,这里是英国经济最发达的地区,沿河多胜景和古迹。

泰晤士河伦敦塔桥的两旁,有着一些拥有上百年甚至三四百年历史的建筑,如有象征胜利意义的纳尔逊海军统帅雕像、葬有众多伟人的威斯敏斯特大教堂、具有文艺复兴风格的圣保罗大教堂、曾经见证过英国历史上黑暗时期的伦敦塔、桥面可以起降的伦敦塔桥等,每一幢建筑都称得上是艺术的杰作。

文化地标之二:时尚创意之都,保守和激进的碰撞

伦敦,曾经的世界工业中心,在最近的 20 年间完成了它华丽的转身。带着全球三大广告产业中心之一、全球三大最繁忙的电影制作中心之一和国际设计之都的称号,伦敦利用其自身的人才资源和大都会的优势,扶持和推动了这些高附加值的、可持续的文化创意产业的发展,向全世界展现了这个魅力城市鲜活和动感的另一面。伦敦的创意产业已经成为了伦敦最新标签,在世界公认的旅游权威杂志《Cond Nast Traveler》的评选中,伦敦几乎每年都入选全球最"酷"城市,理由不外乎伦敦政府扶持创意产业的飞速发展,让伦敦从世界上最大的加工厂变为世界上的创意基地。作为英国第二大产业,时尚消费每年就能给国家带来 400 亿英镑的巨额收入。文化的积淀是英国时尚产业的根基,也标志着它在全球市场中的独一性。

---

① 陈琳:《全球化时代国际大都市的营销策略:香港、伦敦、上海案例研究》,同济大学 2006 年硕士学位论文。

文化地标之三：文化艺术之都

伦敦建城 2000 年，留下了大量的社会、政治和经济遗产，拥有丰富的保存：完好的历史建筑、空间和文物，以及许多有国际影响力的建筑和地区。其中包括 4 处世界文化遗产、149 个纪念碑、143 个被登记注册的公园和超过600 个历史广场、892 个历史保护区域。它们增加了伦敦的个性、吸引力和文化价值，吸引着海内外的游客、创造出有价值的休闲、商业和居住空间，是伦敦经济的重要组成部分。新一轮的战略规划要求保护和强化伦敦的历史环境。

文化地标之四：古典优雅的牛津街①

牛津街是英国首要的购物街，享有遍及全球的声誉，它不仅吸引了英国其他地方的游客，也吸引了大量的海外游客。每年吸引了来自全球的 3000 万游客到此观光购物，其中外国游客来这里参观购物的消费占牛津街全部收入的20%。它是伦敦西区购物的中心，长 1.25 英里的街道上云集超过三百家的世界大型商场，是英国最繁忙的街道。如同零售一样，这条街也提供大量的就业机会，是千万人的工作场所。在圣诞节的高峰时期，这里有大约 6 万人。牛津街还为伦敦的中心提供了一条重要的交通干线，每小时有 50 辆公共汽车运行，4 个地铁站与 5 条线路相连，从而确保了公共运输网的核心地理位置。

二、大巴黎地区城市群

大巴黎地区城市群位于欧洲西北部城市群的核心，在欧洲部分国家《申根协议》的带动下，统一的货币，一国签证也可旅游数国使得巴黎成为欧洲旅游的主要进出口岸城市。② 巴黎是世界时尚之都和先锋文化集散地，从一个世纪前的大巴黎大改造和两次巴黎世博会开始，就为其旅游业的发展奠定了坚实的基础。旅游发展历经百年，大巴黎地区对于老城区与新城区的协调发展、自然环境的保护、硬件交通设施，以及旅游购物环境的打造，都对其成为世界目的地的打造起到了积极作用。

---

① 佚名：《世界 10 大步行街》，《国际商务财会》2007 年第 9 期。

② 法国 TGV 高速铁路是连接欧洲西北部大城市带的主要综合运输通道，年均运送乘客始终保持在 1 亿人次。——笔者注

（一）注重规划引导，强化城际对接

大巴黎城市群文化旅游发展的一致性和协调性离不开强有力的战略规划指引。自 19 世纪初起，巴黎政府就把城市发展规划调整作为保持巴黎国际城市地位的有效措施之一。

延伸阅读：大巴黎地区出台的战略规划①

1. 1934 年，"巴黎国土开发计划"提出了跨行政区域的大巴黎地区规划，目标是限制巴黎恶性膨胀，更好美化城市。

2. 1958 年，政府在巴黎近郊拉德方斯建设新商务区，分担主城区的娱乐、居住功能。

3. 1960 年，《巴黎地区总体布局规划》提出划定 4 个近郊城市，建成"多中心巴黎"，重新整介无序蔓延的城市化空间。

4. 1965 年和 1976 年，《巴黎地区城市发展与管理总体规划》主张沿交通干线开发 8 座新城，形成若干发展轴线。

5. 1994 年，在巴黎大区总体规划以及整治计划的引导下，划分出建成空间、农业空间和自然空间，强调 3 类空间协调发展。

6. 2000 年，"大巴黎交通出行规划"提出，通过建设城市副中心、外迁部分机构等措施，分散中心区功能和交通压力。

7. 2007 年，"大巴黎计划"提出着重解决交通运输、古建筑保护和高耗能旧工业退化等问题，着力建设"可持续发展、具有国际竞争力、小而有郊区的绿色环保大都市"。

（二）打造文化建筑，培育文化土壤

大巴黎城市群有着适宜文化生存的丰富土壤，是塑造其城市国际竞争优势的重要因素之一。文化资源方面，巴黎许多著名的景点都集中在塞纳河（Seine）沿岸，是大巴黎地区著名的城市会客厅；文化设施方面，在巴黎仅仅105 平方公里的面积里，就有着 134 家博物馆、200 座教堂、350 家电影院、64

---

① 金世斌：《国外城市群一体化发展的实践成效与经验启示》，《上海城市管理》2017 年第2 期。

所市属图书馆、400 多家体育馆以及 8000 个带有露天座位的咖啡馆,吸引着全球 2.5 万名客居艺术家。此外,巴黎浓厚的文化艺术氛围与自身长期形成的沙龙文化密不可分。此外,各式各样的报告会成为推动巴黎文化发展的重要手段,通过报告会形式传播交流是沙龙文化的另一种延伸。

(三)细分文旅市场,推行多样化城市营销

近年来,亚太地区、东南亚地区、中东地区等地区旅游业的快速崛起对欧洲文旅市场形成了强烈冲击。大巴黎城市群面对急速变化的市场趋势,把客源市场细分为传统市场(美国、德国、英国、意大利),新兴市场(俄罗斯、中国、墨西哥)、混合市场(日本、巴西)3 个类型,实行不同的营销战略。例如,以文化遗产观光的传统形象改善为基础,配合各种文化活动、娱乐活动设施的扩充,巴黎的流行创造等来确保传统市场、攻略新兴市场。又例如,积极对应世界观光地的最新动向(如把悉尼、新加坡、香港联为一体的旅游项目的开发和运营),并积极开发活用空隙市场等。

三、东京湾区

东京湾区位于日本本州岛关东平原南端,为房总、三浦两半岛所环抱,南北长 80 千米,东西宽 20—30 千米,湾口宽仅 6 千米,是一个纵深 80 余千米的优良港湾。东京湾区包括"一都三县",即东京都、神奈川县、千叶县和埼玉县,陆地面积 1.36 万平方公里,占日本陆地面积的 3.62%,经济总量占据全国的 1/3,汇聚了日本的钢铁、有色冶金、炼油、石化、机械、电子、汽车、造船等主要工业部门。东京湾沿岸由横滨港、东京港、千叶港、川崎港、木更津港、横须贺港 6 个港口首尾相连,形成马蹄形港口群,年吞吐量超过 5 亿吨,并构成了鲜明的职业分工体系。在港口群的带动下,东京湾区逐步形成京滨、京叶两大以制造业、重化工业为主的工业带。1986 年起,湾区内建成第一条高速公路,由西端川崎市横越该湾至东端木更津市,大部分公路由长的海底隧道组成,又加建了一座桥及人工岛。湾区内现代物流、装备制造和高新技术等产业十分发达,三菱、丰田、索尼等一大批世界 500 强企业的总部就位于此地。东京湾区是日本最大的工业城市群和最大的国际金融中心、交通中心、商贸中心和消费中心,也是日本重要的能源基地、国际贸易和物流中心,还是日本的政治、经

济和产业中心。2015 年东京湾区的地区生产总值为 19876 亿美元,占日本 GDP 总量的 40%。

(一)完善基础设施,密切城际联系

方便快捷的交通运输网络体系,是城市群文化和旅游一体化发展的重要前提和有力支撑,特别是以轨道交通、高速公路为标志的现代交通运输水平,决定了城市群文旅一体化发展的速度和规模。日本政府始终坚持"优先公共交通"原则,重视交通体系建设。1925—2000 年,东京都市圈历经 9 次轨道交通规划,通过政府颁布的"通勤五方向作战计划""新线、复线建设项目制度"(P 线制度),允许东京都政府、私铁企业共同参与修建东京区域地铁等多项政策措施,使东京轨道交通进入高速建设时期,有力促进了都市圈内各个城市的互动发展。进入新世纪后,东京以申办 2020 年奥运会为契机,加强首都中央环状线等基础设施建设,缓解交通拥堵并满足货运需求。[①] 轨道交通较好满足了东京都市圈高强度的出行需求,强烈支撑和推动了东京城市群文化和旅游一体化发展,不仅使本来荒芜的山手地区变成了今日繁华的城市中心,还促进了东京都市圈南部的神奈川县、北部的琦玉县、东部的千叶县和东北方向的茨县等地的旅游业崛起。

(二)挖掘文化资源,推动国际交流

展示东京传统与现代文化,以及战略性地培育新型产业,是东京文化建设的重点。一是展示东京传统与现代文化,通过开展国际交流,积极地宣传东京文化,确立东京在文化方面的影响,形成以东京为核心的亚洲各城市间文化的交流格局,实现东京成为亚洲的文化中心。二是开发以文化为基础的包括自然景观在内的东京旅游资源,用文化衡量城市魅力,从文化的角度演绎和展示东京,实现东京成为年接待入境游客 1000 万人的旅游城市。通过文化活动在国内、在亚洲乃至全世界掀起东京文化的风潮。政府设立"体育、文化振兴交

[①] 目前,东京都市圈已形成位于 4 个小圈层,由 JR 铁路(原日本国铁)、私铁、地铁和其他铁路组成,总规模约为 3500 公里的轨道交通运输体系。东京都市圈轨道系统按照站间距离和运行速度,分为 5 个功能层次。其中,新十线主要承担东京和南北主要城市间的中长距离高速城际运输;城际列车和快速列车主要承担都市圈范围内的核心城市和次级城市之间的快速运输;普通列车每站停靠,主要承担各个大站与就业中心和居住区之间的运输;地铁列车主要运营于中心城区;有轨电车主要服务于局部区域。——笔者注

流基金",利用这些基金开展大型文化活动同世界各大城市开展国际性交流活动。文化活动根据各个领域自身构架,通过不同方式进行相关的宣传,最大限度地聚集文化资源展开活动。同时,培育以亚洲为主的各个领域的文化人才,扩大城市中的艺术文化空间,通过国际交流为艺术家或设计师提供展示的空间。此外,加强青少年对文化的体验,逐渐扩大艺术网络。

(三)提升城市形象,厚植竞争软实力

打造和展现热情好客的"东京亲和力",进行以文化为基础的新城市形象建设。东京未来10年发展规划提出新文化东京建设与城市建设和旅游政策相互合作,充分利用江户时代酝酿而成的东京传统印象"江户风情"以及东京聚集的国内一流的文化设施,开展众多历史遗产活动;使用多语言标识提供信息,展示东京近代城市新文化,如东京都立上野公园"文化之林",使来过的人一提到东京就会想起"新文化东京"的强烈印象。开展对公园等设施的再度整修,整修步行路,确保洄游性,添加餐馆或咖啡厅等聚集休憩场所,复兴社区公园、修建活动广场等,使城市成为能够具有感知文化和历史的魅力空间。

(四)建强展示平台,演绎都市魅力

东京都着眼于扩大旅游城市规模和经济效果,通过现有设施再度开发,打造新型的城市空间,使设施与景观、文化、娱乐等有机结合,使江户时代开始的传统文化、近代城市新文化,以及包括世界称赞的先进技术和多摩、岛屿地域的多样化观光资源相结合,建设演绎和展示东京的魅力,向世界展示日本的尖端技术、多样文化和美食魅力平台。配合旅游平台建设演绎和展示东京的优秀魅力,扩大新的观光亮点,充实夜间文化娱乐活动,形成全天候的繁华城市。

(五)扶持文创产业,重塑发展动能

支持东京国际漫画展览活动,增强发挥动漫产业对旅游业带动与振兴作用。东京未来10年发展规划以发展东京都市型产业(创意都市产业)快速成长,在新的产业领域带动日本经济发展为目标,提出配合消费生活个性化和文化要素倾向,利用东京积聚的企业、大学及研究机构进行的尖端研究开发和中小型企业的基础技术等,支持和促进创意产业发展。其中,促进尖端的研究开发和培养创新产业是都市型产业建设的战略重点。

第二节 国内城市群文化旅游一体化经验借鉴

当前随着我国进入都市圈城市群时代,城市组团发展带动区域发展已经成为新型城镇化的主流模式,文化和旅游业发展的主战场也由城市扩展到了区域。文化旅游一体化在推动地方文化复兴、凝聚区域价值共识、优化人力资源结构、推动地区产业结构调整等方面都有着深远的影响,因此文化旅游一体化发展顺理成章成为区域和城市协同发展的重要着力点。

一、京津冀城市群

京津冀地区在文化旅游发展上具有很大的天然优势。无论是从历史渊源、地理环境、资源禀赋来看,还是从区位优势、政策红利、市场要素来看,京津冀三地都关联紧密。据统计,京津冀地区集中了七处世界文化遗产,占全国总数的近五分之一;拥有国家4A级以上景区200余处,占全国总数十分之一。[1]同时,三地的文旅资源又各具特色,优势互补:北京是代表东方文化的一个中心,皇家建筑、传统民居、国粹京剧以及众多物质和非物质文化遗产,都位居全国前列;天津是中国北方最大的港口城市,历史环境造就了天津中西合璧、古今兼容的城市风貌;而河北省则是中国唯一兼有高原、山地、丘陵、平原、湖泊和海滨的省份,省级以上文物保护单位达930多处,居全国第一位。京津冀地域一体、文化一脉,具有雄厚的协同合作基础。当前三地以打造世界级旅游目的地区域为目标,共建旅游带、旅游圈,[2]旅游协同发展步入全面对接、务实操作、高效落实的合作新阶段。

(一)织密"快旅慢游"交通网,加强线路互联

一是构建京津冀环形铁路圈。以旅游直通车为抓手,加快推进京津冀旅

---

[1] 刘静、李慧敏:《以京津冀协同发展实现三地旅游一体化研究》,《中小企业管理与科技》2016年第1期。

[2] 苏凯:《河北省旅游扶贫发展研究——以燕山—太行山集中连片特困地区为例》,浙江海洋大学2019年硕士学位论文。

游交通一体化。①"轨道红利"助推三地旅游业发展。如由石家庄客运段值乘的石家庄至秦皇岛列车、衡水至秦皇岛的列车、邯郸至秦皇岛的列车,分别从河北石家庄、衡水、邯郸往返秦皇岛,形成京津冀环行铁路圈。不仅北京、天津、唐山、保定等9个城市互联互通,高邑、深州、饶阳等16个县级城市的居民也搭上了"旅游顺风车"。二是完善自驾游高速交通体系。让京津冀三地旅客更加轻松地享受"自驾游"的乐趣。2016年9月18日,京秦高速(天津段)正式开通,天津、唐山、秦皇岛与北京的交通更为便捷。2016年12月9日,位于北京市南部的京台高速公路北京段正式通车,成为北京去往天津的第三通道。此外,京津冀三地还打通了京昆高速、111国道等10条共计1300多公里的"断头路""瓶颈路",使旅游交通体系得到了进一步提升。三是推动公共交通同城化。目前,河北已有356条公交线路与京津实现互联互通。按照计划,今年,京津冀一卡通将实现全覆盖,在公交、地铁、出租、轮渡、城际铁路、停车场等领域均可使用。

(二)共塑区域旅游品牌,实现优势互补

一是建立协同合作机制。京津冀在市场推广、监管合作等方面以任务分解方式逐渐推进旅游大格局建设。从2014年开始,三地便着手建立旅游协同发展工作会议工作机制,打破"一亩三分地"的思维定式,共塑区域旅游品牌。二是打造区域旅游品牌。在京津冀旅游格局中,河北旅游景区整体规模小、分布散、创新不够、规划建设水平低、附加值低,呈现"大资源、小产品"的现象。"'星星'多、'月亮'少,'月亮'不震撼,'星星'不耀眼。"河北举办首届旅游发展大会,积极打造全域旅游,围绕"京畿福地·乐享河北"核心品牌,大力实施旅游品牌化战略,提升旅游产品供给,让京津游客"引得来、待得住、住得久"。2016年,河北省旅游业总收入同比增长34%。

(三)加强区域旅游合作,优化发展布局

京津冀三地17个县(市、区)公布了《京津冀旅游协同发展示范区合作宣

---

① 三地铁路部门先后开通"衡水湖号""邯郸号""西柏坡号""正定号"旅游专列,开通了班线化旅游直通车40多条,全面覆盖避暑山庄、北戴河、野三坡、古北水镇等环京津重点景区。目前,随着京津冀区域铁路网不断加密,环行列车、县域列车、早晚动车、旅游列车等,以北京、天津、石家庄为鼎足,以纵横交错的高铁、城际、市域铁路线路为骨架的京津冀铁路交通运输新格局初步形成。——笔者注

言》，三地共建的京东休闲旅游示范区、京北生态(冰雪)旅游圈、京西南生态旅游带等正快速推进。深耕旅游公共服务，扩大景区景点吸引力，京津冀三地联合搭建旅游服务新网络，囊括周末亲子游、历史文化游、红色主题游、休闲自驾游等。三地共同推出的"旅游路书"打破区域限制，将京津冀三地的景区、景点串联起来，其中由北京出发的 18 条，天津 10 条，河北 20 条。同时，三地还积极互设交通指示牌，京津冀游客驾车行驶在一地时，在高速公路、国道、省道上将可以获悉其他两地距离自己较近的景区。

二、长三角地区

长三角区域是中国经济最为发达、城市化程度最高的区域之一，也是比较成熟的区域文化旅游大市场。

(一)互为客源市场，共享区域旅游资源

长三角地区有着鲜明的江南文化特色，上海市和周边省市旅游资源互补性强，上海、杭州、南京、苏州、无锡、宁波和常州居民旅游来往频繁，互为重要的旅游客源地、旅游目的地，区域旅游合作形成了较为扎实的基础。同时，长三角地区互联互通的交通系统也为游客提供了极大的便利，有助于区域旅游客源的高效对接。以绍兴为例，上海游客一直是绍兴的主要客源，占三成以上。上海与绍兴之间仅有一小时二十分钟的高铁路程，不断完善的高速交通也为自驾游提供了便利，上海周边丰富的旅游资源也为上海聚集了更多人气。

(二)跨行政区合作意愿强烈，建立一体化发展机制

长三角地区旅游一体化起步较早，1992 年，上海、江苏、浙江三地旅游部门就共同举办了"江浙沪旅游年"活动，标志长三角地区区域旅游一体化实质性运作开启。[1] 1997 年，长三角城市召开第一次经济协调会，重点研究区域旅游合作发展，拉开政府层面联合开发长三角旅游的序幕。2003 年，杭州携手长三角其他 14 个旅游城市及黄山市，在杭州举办了"长三角旅游城市 15+1 高峰论坛"，共同发表了《长江三角洲旅游城市合作宣言》，建立起三省一市之

---

[1]　葛立成、聂献忠、李文峰：《长三角区域旅游一体化研究》，《浙江社会科学》2006 年第 2 期。

间的旅游合作长效机制。2017 年,江苏、浙江、安徽、上海等三省一市共同签署《推进长三角区域旅游一体化发展行动计划》。①

(三)发挥市场主体作用,推动行业联动发展

作为旅游业新支柱之一的主题乐园备受资本青睐,拥有经济、交通、气候等区位优势的长三角地区成为中国主题乐园的主要集聚地。② 在区域整体发展中企业单打独斗已经不是最好选择,长三角主题乐园在同台竞技的过程中,开始谋求联动发展。为克服主题乐园散、乱、小的问题,让主题乐园更加科学合理地发展,在政府的推动下,于 2018 年 3 月成立了长三角主题乐园产业联盟,成员包括常州恐龙园、华强方特、华侨城集团、万达集团等 11 家主题乐园企业。长三角主题乐园产业联盟的组建,推动建立覆盖长三角城市的主题乐园服务体系,打造长三角主题乐园行业全产业链公共服务平台,帮助长三角城市主题乐园企业实现品牌化发展,推进城市主题公园休闲娱乐品牌建设,助力城市主题乐园产业跨界融合、转型升级。

延伸阅读:长三角地区大力推动文化和旅游一体化③

共筑文化发展高地。加强文化政策互惠互享,推动文化资源优化配置,全面提升区域文化创造力、竞争力和影响力。加强革命文物保护利用,弘扬红船精神,继承发展优秀传统文化,共同打造江南文化等区域特色文化品牌。构建现代文化产业体系,推出一批文化精品工程,培育一批文化龙头企业。继续办好长三角国际文化产业博览会,集中展示推介长三角文化整体形象。加强广播电视产业跨区域合作发展。推动美术馆、博物馆、图书馆和群众文化场馆区

---

① 《行动计划》主要内容包括:将深入整合旅游资源,拓展养生游、休闲游、房车游等新业态、新市场,推出高品质长三角旅游新产品、新线路,促进旅行社、旅游饭店、旅游景区联手开展旅游促销,实施客源互送。共同编制长三角旅游公共服务体系标准,建设一批形象统一、标准统一的旅游咨询服务中心和集散中心,深化市场监管合作,提升信息覆盖面。强化区域间有机联系和支撑,引导错位发展,提升区域内互联互通水平,联手打造长三角地区的生态走廊、风光带和休闲度假区。——笔者注

② 郭宇杰:《"广电+旅游"趋势下区域广电的融合发展之道》,《新闻研究导刊》2018 年第19 期。

③ 《中共中央国务院印发〈长江三角洲区域一体化发展规划纲要〉》,http://www.gov.cn/zhengce/2019-12/01/content_5457442.htm。

域联动共享,实现城市阅读一卡通、公共文化服务一网通、公共文化联展一站通、公共文化培训一体化。加强重点文物、古建筑、非物质文化遗产保护合作交流,联合开展考古研究和文化遗产保护。

共建世界知名旅游目的地。深化旅游合作,统筹利用旅游资源,推动旅游市场和服务一体化发展。依托长江、沿海、域内知名河流、名湖、名山、名城等特色资源,共同打造一批具有高品质的休闲度假旅游区和世界闻名的东方度假胜地。联合开展旅游主题推广活动,推出杭黄国际黄金旅游线等精品线路和特色产品。依托高铁网络和站点,推出"高铁+景区门票""高铁+酒店"等快捷旅游线路和产品。整合区域内红色旅游资源,开发互联互通的红色旅游线路。建设旅游信息库,建立假日旅游、旅游景区大客流预警等信息联合发布机制。探索推出"畅游长三角""惠民一卡通""旅游护照"等产品,改善游客旅游体验。

三、粤港澳大湾区

粤港澳大湾区包括香港特别行政区、澳门特别行政区和广东省广州市、深圳市、珠海市、佛山市、惠州市、东莞市、中山市、江门市、肇庆市(以下称珠三角九市),总面积5.6万平方公里,2017年末总人口约7000万人,是中国开放程度最高、经济活力最强的区域之一,在国家发展大局中具有重要战略地位。2019年2月18日,中共中央、国务院印发《粤港澳大湾区发展规划纲要》,明确指出要把粤港澳大湾区打造成宜居宜业宜游的优质生活圈,成为高质量发展的典范。近年来,粤港澳大湾区内相关主体协同发力,深化粤港澳大湾区在文化和旅游领域合作,统筹推进粤港澳大湾区文化和旅游协调发展,共建具有国际影响力的人文湾区和休闲湾区。

(一)加强文化遗产保护利用

加强粤港澳大湾区文化研究,推进中华优秀传统文化创造性转化、创新性发展。传承弘扬中华优秀传统文化,加强古籍保护、研究、利用,深入开展历史文化、文物资源普查、保护,促进资源共享、活化利用。强化重要文化和自然遗产、非物质文化遗产系统性保护,联合实施重要文化遗产保护传承专项计划,建立粤港澳大湾区文化遗产数字信息共享平台,共同推进海上丝绸之路保护和联合申遗工作。建设和统筹用好粤港澳大湾区历史文化街区、名镇名村、名人故居、会馆商号等展示空间及非遗传承体验设施。鼓励文博机构参与"互联网+中华文明"行动计划。依托文化和自然遗产日、重要传统节会等,合作举办各类文化遗产展演活动。

延伸阅读:粤港澳大湾区文化遗产保护传承工程①

项目1:粤港澳大湾区非物质文化遗产保护传承工程支持粤港澳大湾区开展非物质文化遗产传承人研修研习培训计划,支持代表性传承人开展记录、展演、研究等活动。在粤港澳大湾区内地城市开展"非遗在社区"工作。

项目2:粤港澳大湾区岭南文化传统体育赛事活动支持粤港澳三地共同推动以国际龙舟邀请赛、醒狮表演赛、传统武术表演赛等为代表的岭南文化传统体育赛事。

项目3:粤港澳大湾区文化遗产实验室项目建设工程加强粤港澳大湾区文化遗产研究和保护传承的专业合作,打造"金融产品+公益资助+专业保护"的合作平台,协同开展粤港澳大湾区文化遗产保护重点课题。

(二)提升公共文化服务水平

推进公共文化服务体系一体建设,创新实施文化惠民工程,广泛开展群众性文化活动,推动公共文化数字化建设。建立剧院、博物馆、美术馆、公共图书馆等公共文化服务机构联盟。建设粤港澳大湾区文化资讯网,推进公共文化服务机构数字化共建共享。探索创新群众文艺创作与传播模式,加强粤港澳大湾区群众艺术交流合作,推出一批优秀群众文艺作品,培育群众文艺人才和团队,打造粤港澳大湾区群众文化品牌活动。

延伸阅读:粤港澳大湾区公共文化设施建设重点项目②

项目1:港澳公共文化设施建设重点项目支持香港西九文化区文化设施

---

① 中华人民共和国文化和旅游部:《文化和旅游部 粤港澳大湾区建设领导小组办公室 广东省人民政府关于印发〈粤港澳大湾区文化和旅游发展规划〉的通知》,http://zwgk.mct.gov.cn/zfxxgkml/ghjh/202012/t20201230_920403.html。

② 中华人民共和国文化和旅游部:《文化和旅游部 粤港澳大湾区建设领导小组办公室 广东省人民政府关于印发〈粤港澳大湾区文化和旅游发展规划〉的通知》,http://zwgk.mct.gov.cn/zfxxgkml/ghjh/202012/t20201230_920403.html。

建设,加强与内地文化交流和项目推广。支持香港故宫文化博物馆、澳门故宫文化遗产保护传承中心建设,支持澳门博物馆与中国国家博物馆合作,开展内容共建,共同推动文物展示、保护、文创研发和教育推广。

项目2:广东公共文化设施建设重点项目高水平建设广东美术馆、广东非物质文化遗产展示中心和广东文学馆“三馆合一”项目,建成彰显广东特色、具有国际水平的重大标志性公共文化设施。

项目3:粤港澳大湾区特色博物馆建设项目支持粤港澳大湾区城市建设一批开放历史、华侨华人、动漫陶瓷、地质等特色博物馆。支持国家级博物馆及有特色的专题博物馆在深圳设立分馆,面向粤港澳大湾区乃至国际开展合作、交流展览等。支持深圳建设海洋博物馆。

(三)促进滨海旅游高品质发展

建设贯通潮州到湛江并连接港澳的滨海景观公路,推动形成连通港澳的滨海旅游发展轴线。探索试行核发三地通行自驾旅游营运车牌,有序发展粤港澳大湾区出入境自驾游。大力推进新兴海洋旅游与“海洋—海岛—海岸”、跨岛游立体开发,加强海上旅游产品综合开发。支持港澳与内地合作开发海岛游和邮轮、游艇、帆船旅游。统筹兼顾沿岸生态景观和交通功能,推进旅游航道建设,因地制宜发展港口游、工业遗产游。丰富海上运动旅游产品,开发水上飞行运动和低空飞行项目,建设一批滨海休闲旅游度假区和游憩区、旅游特色乡村小镇。探索开通香港—深圳—惠州—汕尾海上旅游航线。

延伸阅读:粤港澳大湾区特色旅游项目①

项目1:粤港澳大湾区特色小镇支持打造广州黄埔长洲国际慢岛、佛山岭南文化和旅游小镇、珠海平沙影视文化小镇、中山翠亨历史文化小镇、江门赤坎古镇华侨文化展示旅游项目、肇庆高要回龙宋隆小镇等一批能够体现粤港澳大湾区传统文化、景观风貌的特色小镇。

项目2:粤港澳大湾区美丽乡村支持中山崖口村、江门古劳水乡、新会陈

---

① 中华人民共和国文化和旅游部:《文化和旅游部 粤港澳大湾区建设领导小组办公室 广东省人民政府关于印发〈粤港澳大湾区文化和旅游发展规划〉的通知》,http://zwgk.mct.gov.cn/zfxxgkml/ghjh/202012/t20201230_920403.html。

皮村、东莞南社古村、广州从化西塘村、惠州龙门上东村、肇庆黎槎八卦村、香港大澳渔村等环境优美、旅游基础条件好的村落建设特色美丽乡村。

项目3:粤港澳大湾区康养旅游休闲度假区支持肇庆高要区、惠州罗浮山、广州从化区等地依托良好自然生态和中医药传统医疗文化,打造粤港澳大湾区康养旅游休闲度假区。支持粤港澳合作建设广州南沙、深圳光明新区、珠海横琴粤澳合作中医药科技产业园等医疗旅游健康服务示范区。

项目4:粤港澳大湾区文化和旅游融合发展项目支持以广州岭南文化广场和深圳大鹏所城文化和旅游区为代表的粤港澳大湾区文化和旅游融合发展项目建设,促进文化产业和旅游产业融合发展。

(四)推动旅游资源要素互通

建设粤港澳大湾区旅游集散中心,推动航空、航运、高铁联程联运。大力推动出入境口岸联检制度,便利外国人入境粤港澳大湾区旅游观光、度假和商务旅行。支持香港建设"一程多站"示范核心区和国际城市旅游枢纽。拓展澳门世界休闲旅游中心和以中华文化为主流、多元文化共存的交流合作基地新空间。高水平建设珠海横琴国际休闲旅游岛,支持琴澳旅游深度合作,允许香港、澳门旅游从业人员经培训考核后到横琴提供相关服务。支持合作建设粤港澳大湾区北部旅游生态合作试验区。

(五)完善协同推广工作机制

加强政策协同和资源共享,联合开发和推广"一程多站"精品线路,促进信息沟通、产品开发、市场营销、游客互推等合作常态化、机制化。加强数据和业务管理互联互通,联合编制、动态更新文化和旅游活动与产品分类目录,建设粤港澳大湾区智慧文化和旅游平台和多元化国际传播平台。加强粤港澳大湾区与泛珠三角地区文化交流和旅游推广合作。

延伸阅读:粤港澳大湾区旅游资源推介平台①

项目1:粤港澳大湾区全球旅游推广平台支持粤港澳参与我国与联合国

---

① 中华人民共和国文化和旅游部:《文化和旅游部 粤港澳大湾区建设领导小组办公室 广东省人民政府关于印发〈粤港澳大湾区文化和旅游发展规划〉的通知》,http://zwgk.mct.gov.cn/zfxxgkml/ghjh/202012/t20201230_920403.html。

世界旅游组织等国际组织合作,建设粤港澳大湾区全球旅游推广平台,共同开拓国际客源市场。

项目2:粤港澳重点旅游展会论坛支持香港国际旅游展、澳门国际旅游(产业)博览会、世界旅游经济论坛、广东国际旅游产业博览会等重点旅游展会提质增效。

项目3:粤港澳大湾区旅游集散与问询服务体系加快旅游公共配套设施建设,完善旅游交通标识系统,加快推进旅游集散中心和旅游咨询中心服务体系建设,联合推出景区景点、交通、优质旅游经营企业、产品、著名文化和旅游商标名单等。

延伸阅读:广佛肇文化旅游一体化①

广州、佛山、肇庆三座城市位于珠三角腹地,山水相连,历史悠久,广佛肇三地高速的信息网络和城市交通网络,更是将这三个城市紧密联系在一起。广佛肇三地文化底蕴深厚,是岭南文化的中心地,孕育了粤剧、粤菜、精雕、陶瓷、龙狮、饮食等特色岭南代表文化——广府文化。三地广府文化资源十分厚重,通过对三地广府文化资源的整体性开发,能够充分展示广府文化所具有的文化风格、文化气派和文化魅力,进一步提升广州作为光伏文化中心地的文化旅游价值,推动佛山和肇庆迈向文化旅游高端化发展的新台阶。在广佛肇一体化发展中重视文化旅游的融合发展,形成资源共享、优势互补、内在延伸的发展态势。

加强文史研究,梳理区域文化渊源。在文化传承上,广佛肇都是广府文化的重镇,具有同根通脉的内在关联,是推动文化旅游一体化发展的基础。广府文史考的专家学者根据出土文物、文献记载和民间传说等,从古人类遗迹、古代政区沿革、行政机构设置、古代军事形势等方面,对肇庆历史发展过程进行梳理并取得共识,得出"肇庆市广府文化发祥地"的重要结论。从近三百年来肇庆地区与珠三角地区的经济互动、文化交流,根据明清时期西江、绥江流域内河商贸发展,提出广佛肇文化"源自一体"的重要观点,从历史文化的角度

---

① 李仁武、麦佶妍:《广佛肇文化旅游一体化发展的思路与对策》,《探求》2013年第1期。

论证了广佛肇区域整合的必要性,把肇庆定位为广府文化发展过程中的三个文化中心之一。因此,广佛肇应当从广府文化一体化发展的文化定位中探寻文化旅游一体化的整合效应。

强化市场分工,拓展区域文化旅游合作空间。佛山和肇庆都是广州的后花园,旅游发展对广州有很强的依存关系。一方面,佛山和肇庆需要广泛吸引来自广州的客源,拓展自身旅游市场,把旅游业做大做强;另一方面,佛山和肇庆需要加强与广州的合作,在资金、人才、项目上得到广州的支持和帮助,依托广州发展新兴旅游业态。因此,广佛肇文化旅游一体化,有助于拓展广州文化旅游空间、丰富广州文化旅游内涵、延伸广州文化旅游品牌、扩大广州文化旅游规模。推动广佛肇文化旅游一体化发展,也是全面提升佛山和肇庆旅游发展水平的内在要求。

建立区域合作机制,营造文化旅游一体化氛围。2009年,广州、佛山、肇庆三市旅游部门签订了《广佛肇旅游一体化合作框架协议》,建立了广佛肇旅游合作联席会议制度,三市旅游局将建立联席会议制度,解决三市旅游业合作在行业管理、市场宣传推广、旅游规划、旅游资源开发和整合、旅游人才交流培训等四个方面需协调、协商和推进的重大问题。2010年广佛肇旅游合作联系机构正式成立,三地旅游局整合城市状态和人文风情,共同描绘原味岭南的名片,打造出"多彩广佛肇,岭南真味道"的旅游品牌。为企业和市民推介精彩旅游产品和线路,广泛宣传三地旅游资源及产品,吸引游客到三地休闲、旅游、度假。2016年,为推进珠江三角洲旅游一体化,广州、佛山、肇庆三地联合推出"广佛肇旅游一卡通",三地居民凭卡在500多家三地的景区景点酒店消费时,可享优惠。

第三节　国外城市群文化旅游一体化经验借鉴

一、区域中心城市带动

国内外文化旅游一体化,大多是以区域内的中心城市为增长极点,发挥它的集聚和扩散效应,形成新的增长轴线,再通过发达的交通系统将各个地方有机地串联起来,最后形成网络化的运行模式,实现旅游要素的自由流动。

(一)跨行政区协作

打破行政区划限制,由区域内的大城市、中心城市牵头,建立区域间的统筹协调机构和执行机构,以统筹规划区域文化旅游发展规划,并确保实施。如京津冀区域,由京津两个直辖市政府和河北省政府间成立了京津冀"文化旅游发展委员会",负责该区域省际协调、规划调控、政策制定等职能;在各省市旅游、文化、文物部门间成立了京津冀"文化旅游协作执行委员会",作为文化旅游发展委员会的实施机构,负责贯彻执行相关政策、规划及具体业务工作;在省市所辖地方政府层面,成立实施委员会,负责所辖地区参与京津冀区域文化旅游协作的相关政策制定、实施、推进以及对内对外的协调等职能。此外,京津冀三地也有意建立京津冀旅游行业监管体系,对于旅游投诉、非法一日游等旅游问题,三地也将通过跨区旅游联合执法、信息互通、成果共享,共同打击各种旅游违法行为。

(二)交通网络驱动

区域内交通的网络化、便捷化,是促进区域旅游资源整合、推动旅游市场互动、提升区域旅游一体化的重要基础。以世界第6大都市圈的长江三角洲为例,不仅经济基础雄厚,区位优势良好,而且交通路网发达,基础设施完善,因而成为我国旅游产业最具竞争力的地区之一。长三角区域内航空、铁路、公路、水路等交通系统发达,其中,以上海为核心利用发散交通带动区域发展,成为长三角区域一体化发展的重要纽带。近年来,随着京沪高铁、沪杭城铁、杭宁城铁、宁杭高铁、沪宁高速、沪杭甬高速等相继建成通车,以上海为中心的"1小时交通圈"的通达范围已覆盖到无锡、苏州、嘉兴等城市,从而形成以上海为中心的长三角"2小时交通圈"。高速铁路的开通,推动长江三角洲的高速铁路形成"公交化"网络格局,极大地缩短了人们旅游出行的时间,使旅游形式更加多样化,对旅客的旅行观念也产生了强烈冲击,并形成了新的旅游理念和业态:"高速铁路旅游"。

(三)打造区域品牌

当城市群一体化发展进入新的阶段,文旅融合就需要创新利用文化与旅游的双向关系来打开新文旅时代。具体来讲,既需用旅游业带动当地特色文化的建立,做到精细化;也需在区域整体的、共同的文化氛围上发展旅游业,开创大型战略布局。另外,城市群中的极核城市应通过统一规划整合开发,来加强各个城市间协同旅游发展,共同打造具有国际影响力和区域显示度的文旅品牌。例如,长三角区域的三省一市协同合作,加大招引全球知名品牌的主题公园入驻长三角的政策协同,积极共建"世界知名旅游目的地",以此提高长三角旅游目的地在全球市场的影响力和吸引力。

二、市场思维逻辑驱动

基于大众对文化旅游的需求不断增加,国内外各个区域的城市群根据文化内容开发出遗迹遗址旅游、建筑设施旅游、人文风俗节庆旅游、特色商品旅游、概念旅游及其他多种形式的旅游产品。从开发机制上看,就是要将文化产业链中不同内容的文化产品与旅游产业相对接。

(一)以文化产品为主题的产业一体化对接

针对文化产业与旅游产业中要素的对接实现文化旅游一体化联动发展。如在国外,以文艺表演、影视作品为主题,由旅行社进行组织对接,形成的到维也纳欣赏歌剧表演、到米兰参观时装表演的文化旅游产品已成为世界知名文化旅游品牌。在国内,基于文化旅游资源条带状分布的现状,形成串联型的旅游品牌线路。如香格里拉大环线、西北大环线、内蒙大环线等,成为文化一体化的跨区域合作典型。

(二)以文化产业链要素为中心进行旅游市场对接

在文化产业链中开发出来的文化产品要适应旅游市场的需求,通过科学的市场分析制定可行的影响策略,并精心设计具有吸引力的产品定位。相比较而言,传统文化旅游产业链主要围绕历史文化、民俗文化等内容进行陈列,现代文化旅游产业开始延伸到影视产业、动漫产业等文化创意领域。

(三)以旅游产业链要素为中心进行地方特色文化对接

以地方特色文化进行主题酒店建设,开辟特色文化旅游线路、打造地域特色文化主题公园等。以长三角洲为例,其旅游空间结构表现为以上海为核心,宁波、南京、杭州、苏州与无锡为"五级",上海核心旅游圈、南京旅游圈、杭州旅游圈、环太湖旅游圈、宁波旅游圈为"五圈",沿长江旅游带、沿运河旅游带、沪宁旅游带、沪杭旅游带、杭甬旅游带、环太湖旅游带、沿海旅游带为"七带"的"一核、五极、五圈、七带"的空间格局。

第六章　文化旅游一体化发展的战略思考

第一节　建设国际文化旅游消费中心

一、建设国际文化旅游消费中心的总体考量

当前,我国文化旅游消费的发展整体上正处于勃兴期。文化旅游消费的扩张,既面临着国际国内经济转型调整的巨大压力,也面临着"互联网+"加快发展、国内文化政策改善带来的重大机遇。文化旅游消费,既是稳增长的重要引擎,又是群众文化权益保障的重要内容。推进文化旅游消费发展的最终目标,就是要通过建立健全扩大文化旅游消费的长效机制,使文化产品和服务更加丰富、文化旅游消费市场更加健全、文化旅游消费环境更加完善、文化旅游消费满意度大幅提升,城乡居民的文化旅游消费潜力得到充分释放,最终促使文化旅游消费真正成为城市新经济增长点,同时较大程度地满足居民群众日益增长的文化需求,推动居民文化权益的保障、社会文化的繁荣发展。

文化旅游消费的发展是一个历史过程,随着社会的进步,文化旅游消费的功能也在不断变化发展中。很多研究者对文化旅游消费的功能进行了分析,总体说来,在我国,文化旅游消费的功能随着经济的发展和人们思想的解放,由纯粹的政治与意识形态领域的功能扩展到了经济、社会、人的发展等领域,其对社会发展的影响力逐渐显现并日益壮大。

(一)有利于促进经济发展

从经济意义上来说,文化旅游消费是调整经济结构、拉动经济增长的重要载体。消费数量的大小直接决定着社会再生产规模的大小,消费质量的高低

则直接决定着产业结构优化的程度,消费需要的结构变化是产业结构演变的根本动因。因此,消费作为社会再生产过程中的一个关键环节,在经济生活中发挥着越来越重要的作用。英国剑桥学派创始人马歇尔十分重视消费需求,他认为一切生产的最终调节者均是消费者的需要;随着技术的进步和提高,人们对闲暇的重视程度将会越来越高并将对消费格局产生重要影响。生活必需品的消费支出占消费者收入的比重越来越小,精神文化旅游消费支出的比重越来越大。关连珠认为,从经济视角看,文化旅游消费对优化产业结构,增加就业机会,带动交通、餐饮、基础设施等产业发展,进而推动经济增长具有强大作用。①

(二)有利于提升人们的精神境界

从文化意义上说,文化旅游消费是提高人们精神境界的重要抓手。马克思曾经说过:"当人们还不能使自己的吃喝住穿在质和量方面得到充分供应的时候,人们就根本不能获得解放。"在人的发展过程中,物质的消费和满足仅仅是发展的初级阶段,是保障进一步发展的基础,人的精神需求才是最高层次的。然而,物质生活水平的提高并不必然带来人们精神文化生活水平和思想道德素质的提高。要实现二者同步发展,就需要借助文化本身的力量,以文化人,让人们在文化的熏陶中不断提高思想觉悟和精神境界。倡导和增进娱乐、教育、旅游、休闲等文化旅游消费,是实现这一目标的重要抓手。文化旅游消费满足了人们的精神文化需求,与人们的兴趣爱好相契合,能够充分调动人们接受文化熏陶的自觉性和主动性,并以潜移默化的方式提高人们的文化素养的思想道德境界。

(三)有利于促进社会和谐

从意识形态方面来看,文化作为上层建筑的重要内容,其政治功能是显而易见的,因为"文化绝对不是中立的,它必然和国家政府的意志、意识形态发生一定的关联,受到政府意志的左右、影响和渗透。"②国家政府通过文化旅游消费自觉或不自觉地来传播国家政府的意识形态,从而形成社会大众的统一

---

① 关连珠:《关于发展文化旅游消费的几个问题》,《社会科学战线》2011 年第 6 期。
② 金民卿:《大众文化——当代大众文化分析》,中共中央党校出版社 2002 年版。

思想观念和整个社会的主导文化精神并对人们的行为进行规范和约束,最终实现国家政府对社会大众的有效管理和维护社会的稳定。另一方面,文化旅游消费在一定程度上可以满足马斯洛层次需求理论中的社交和尊重需求及自我实现需求。通过文化旅游消费,可以提高人们的文化素养,改善人与人之间的关系,倡导健康、文明、有益的消费,反对低级、庸俗、愚昧和颓废的消费,逐步形成全社会和谐向上的、文明进步的氛围。

二、建设国际文化旅游消费中心的关键环节

(一)促进文化旅游消费需要解决文化资源供需错配问题

当前文化供给与文化旅游消费普遍存在结构性错位问题,一方面,城乡居民文化旅游消费需求没有得到有效满足;另一方面,公共文化服务设施建设和产品供给等存在效益低下和资源闲置浪费等问题。因此,扩大文化旅游消费,最重要环节是解决资源错配、形成文化供需有效对接。实际上也就是要通过文化领域的供给侧结构性改革,减少文化产品和服务的无效供给和低端供给,扩大有效和中高端供给,增强文化供给结构对文化旅游消费需求变化的适应性,实现文化供需结构的平衡发展。

(二)促进文化旅游消费需要多元社会主体广泛参与

当前文化旅游消费属于典型的供给拉动型消费。政府作为公共文化供给的重要主体,单一力量已难以承担供给引导和拉动文化旅游消费的重任,社会资源整合和社会力量参与已成必然之势。而社会力量如何参与和整合,需要体制变革和机制创新。特别是在与城市基本文化旅游消费直接相关的公共服务供给上,探索建立相应的参与、竞争和激励机制,保障参与权利、扩大参与规模、拓宽参与渠道、创新参与方式,同时强化参与监督,实现多元主体高效参与。

(三)扩大文化旅游消费需要提高公共文化政策的有效性

文化管理体制和政策是影响文化旅游消费的关键因素,但现有的文化政策在有效性上还存在诸多问题,文化供给与文化旅游消费需求错位便是政策引导失误的一个表现。制定科学、有效的公共文化政策,有赖于对现状的准确认识和对发展规律的把握,一方面要通过文化产业政策体系的创新与完善,来

促进文化产业发展,优化文化供给;另一方面要通过制订和完善文化旅游消费政策体系,引导和充分释放广大城乡居民的文化旅游消费需求,促进文化旅游消费发展。

三、建设国际文化旅游消费中心的具体思考

近年来,党中央国务院以深化文化体制机制改革为动力,以打造保障居民群众基本文化权益、满足居民群众不断高涨的文化需求为基本出发点,以政府推动、文化需求导向、供给结构调整、社会活力激发等为重要着力点,创新引导和激励消费的重要举措,协调完善文化旅游消费政策,大力促进文化产业健康发展,着力加强文化旅游消费供给,提升文化供给的品质品位,努力培育文化旅游消费理念,优化文化旅游消费端,引导形成积极健康的文化旅游消费方向等,从而最终促进城市文化旅游消费的整体规模扩张和质量提升,实现城市文化旅游消费大发展。

(一)着眼于政策端引导

在当前的文化管理体制下,政府始终是推动文化旅游消费的重要力量。文化政策是政府对文化产业、文化市场、文化环境进行宏观调控的重要手段。作为一种有效的正式制度安排,政府的文化政策对于促进文化旅游消费有着无法替代的作用。文化政策的扶持方向,直接决定了文化服务主体的参与、文化供给的内容和结构,并间接地对居民文化旅游消费的模式和方向进行引导。因此,促进城市文化旅游消费,应当将政府政策的引导放在首位,通过文化产业政策体系的创新与完善,来促进文化产业发展,优化文化供给;通过制订和完善文化旅游消费政策体系,引导和充分释放广大城乡居民的文化旅游消费需求,促进文化旅游消费的发展。

1. 完善促进文化旅游消费政策体系,激活文化旅游消费需求

政府的导向性政府是促进文化旅游消费健康发展的关键。而目前城市文化政策制定大多是从政府管理和文化供给角度出发,忽略了对文化旅游消费需求的引导,使文化产业与公共文化事业的政策引导与社会需求之间存在着错位,弱化了公共文化政策促进文化旅游消费的实际效果。有鉴于此,为促进文化旅游消费,文化政策导向的重心应当增强文化旅游消费需求角度的关注

和回应。

一是加快制定城市促进文化旅游消费的实施意见。扩大城市文化旅游消费,首先要充分发挥政府推动作用,加快完善促进文化旅游消费发展的政策体系,促进文化产业、文化事业与文化旅游消费协调发展。借鉴北京、上海等地的先进经验,各地政府要加快制定促进文化旅游消费的意见,以"看得见的手"来引导和促进文化旅游消费。特别是在那些已经具备扩大文化旅游消费可行性条件的城市,相关党政部门更应以创新意识和责任意识,突破扩大文化旅游消费在体制和机制上的难点,出台促进文化旅游消费的统筹性政策或发展规划,形成促进文化旅游消费的具体方案和阶段性目标,确定促进文化旅游消费的重点任务和重大项目,创新促进文化旅游消费的模式,制定相应的扶持政策、资金支持和制度保障,以有效激发和释放文化旅游消费潜力,形成促进文化旅游消费的整体合力。

二是以"文化惠民卡"激活文化需求与供给改革。国外相关经验证明,如果直接补贴消费者,政策的乘数效应更加突出,可以激发更多文化旅游消费的热情、形成更大的成效。北京等地发放"文化惠民卡"的经验显示,如果消费100元政府补贴1元,可以产生19倍乘数效应。"文化惠民卡"更深的意义在于,把文化市场大蛋糕的分配权交给消费者,让老百姓得到实惠的同时,通过市场之手进行有效选择,促进文化供给市场有序竞争,扶优汰劣,也推进文化院团市场化改革,自下而上推动文化产业健康发展。基于"文化惠民卡"实施所取得的显著成效,在促进城市文化旅游消费过程中,应当将发放"文化惠民卡"作为城市文化旅游消费政策支撑平台的重要支点,建立健全加强文化产品供给与促进文化旅游消费并重的政府扶持机制,创新财政资金支持方式和途径,建立适度竞争、消费挂钩、择优扶持的新机制,由直接补贴文化经营单位向补贴居民文化旅游消费转变,把文化产品和服务的选择权交给消费者,培育和壮大文化市场,满足城乡群众多样化文化需求。

三是大力支持文化旅游消费项目建设,丰富文化旅游消费业态。创新社会资本参与的文化发展投融资体制,建立健全社会资本参与机制和鼓励支持政策,积极支持社会资本参与文化旅游消费项目建设,政府通过固定投资补贴、优先办理用地手续等方式,对于社会资本投资新建(或配建)文化旅游消费项目配套设施给予支持。如支持以划拨方式取得土地的单位利用存量房产、原有土地兴办文化创意和设计服务；对于社会资本投资新建剧场、实体书店的，根据项目规模和功能，给予固定资产投资补贴；在城市综合体中开设剧场、实体书店的，根据运营情况，给予运营补贴等。

2. 创新文化产业发展的政策体系，促进文化供给调整

文化产业是为广大居民群众提供文化产品与服务的重要力量。促进城市文化旅游消费的发展，必须要在文化生产与文化旅游消费之间形成良性互动的循环。因此，除了针对文化旅游消费进行引导之外，政府还应当采取切实有效的措施，创新文化产业发展的政策体系，推进文化产品与文化服务的供给内容与结构的优化。

一是加快完善文化产业的法律法规和政策体系。虽然近年来，我国文化类的立法进程不断加快，2016年，《电影产业促进法》和《公共文化服务保障法》的通过更是表明文化立法有了新的突破，但是总的来说，文化类立法数量还远远不能满足现实的需要，特别是文化产业促进法还在立法酝酿之中。这意味着文化产业领域缺乏一部推进发展的基本法。这就需要在国家层面上，立足文化产业发展实际，广泛听取各方意见，尽快出台《文化产业促进法》，对文化产业涉及的重大问题方面作出规范。除此之外，也需要在地方层面进一步完善推进文化产业发展的制度规范或实施办法，形成系统完整的创新、开放、多赢的文化产业发展政策体系。

二是实施有利于激发民间文化创造力的文化发展政策。以激发民间文化创造力为中心，优化文化产业的顶层设计和发展规划。出台优惠政策和奖励政策，保护各类企业、社会力量和民众的文化投资热情，鼓励非公有制文化企业的发展，支持相关文化产业发展主体对地方优秀文化元素的发掘和利用，着力营造有利于文化创新的体制机制和政策环境。加快推进文化产业发展与金融科技的融合，设立文化产业融资风险补偿资金池和利差补贴资金池，推动银行以基准利率和优惠价格，为城市文化小微企业提供贷款；搭建文化企业投融资服务平台，推动城市文化和金融的合作；激励文化企业加大研发力度，创新商业模式，推动文化类电子商务平台与互联网金融开发新型文化旅游消费金融支持服务模式；等等。

三是完善现代文化市场发展的宏观帮扶政策。进一步完善和优化促进文化产业发展的融资、税收、保险、土地使用等方面的政策规定，加大扶持力度，积极引导更多的社会资本投入文化产业发展。进一步贯彻落实中央文化体制改革的配套政策，逐步完善人才培养使用、技术创新应用，以及人员分流安置等鼓励政策。重视和加强知识产权保护，探索建立与互联网发展相适应的文化创意知识产权保护制度机制，鼓励和支持建立各种知识产权专业咨询机构和服务机构，促进知识产权的保护。同时，也要明确文化产品生产和服务供应的基本标准，严格规范产品和服务，并逐步建立健全文化产品的社会化评价体系，把专家评价、群众评价与市场检验统一起来，建立科学的评价标准，推进文化产品评价的社会化和市场化发展，为文化产业企业发展提供一个公开、公平、公正的市场环境。

（二）着眼于供给端改善

从供给侧看当前的文化旅游消费状况，可以发现供需错位的结构性矛盾十分突出，文化供给主体单一，供给缺少特色化和差异化、不能有效满足居民群众的多元化需求，也难以创造吸引力强的消费需求。在实践中，一方面导致大量的文化供给不足，另一方面又出现了部分文化产品和服务的闲置浪费。要促进文化旅游消费，必须针对文化供需脱节这一突出问题，加大文化供给改革，从根本上解决文化"供给巨大但精品缺乏"的现实问题，提高文化供给的质量和效率。

1.构建政府主导的多元主体参与文化供给格局

多样化的文化需求需要多元化的主体参与和投入。一方面，以政府为单一主体主导生产和供给的文化服务，很容易导致内容不合市场需求带来公共资源的浪费，另一方面受到体制内能力和财政支出的制约，政府也不可能包揽所有的公共文化产品供给与服务。因此，实现文化服务供给主体和供给方式的多元化，是加快城市文化发展，对接文化旅游消费需求、增进文化有效供给的必由之路。

一是加大对文化类社会组织和团队的培育和扶持力度。要在资金、场地、人员培训等方面给予文化类社会组织大力支持，努力提升他们在文化供给方面的专业性，并赋予资质良好的社会组织承接公共文化服务优先权。大力扶持基层群众性文化社团和非营利性文化团体的发展,推进基层文化团体的自我服务、自我管理和自我发展。

二是探索建立文化供给的多元主体高效参与机制。特别是在与广大城乡居民群众基本文化旅游消费直接相关的公共文化供给上面,建立相应参与、竞争和激励机制。要通过保障参与权利、扩大参与规模、拓宽参与渠道、创新参与方式等措施不断地推动除政府之外的社会组织、企业和公众等多元主体参与公共文化的供给,确立有效的竞争机制,并推进文化供给效率和质量的提升。搭建多类文化供给主体共建共享的线上信息平台和线下交流互动平台,促进文化多元供给主体之间的合作交流。同时,健全和完善协同联动的协作机制和公开透明的监督机制,理顺政府与各类主体的权责,建立各个主体各司其职、相互协同的协作机制,做到"不越位""不错位""不缺位"。探索建立公共文化服务的责任追究机制和权利救济机制,对履职不到位的主体按照相关制度规定追究责任,也保证各类文化供给主体可以通过依法质询、投诉、申诉、复议、诉讼等多种程序和方式维护自身权利。

2. 创新文化供给方法和优化文化供给结构

实现文化供给有效地对接文化需求,是解决当前文化供给中的结构性错位的核心要求,也是文化旅游消费供给端改革的根本出发点。目前,国内一些地方着眼于文化供给的改革创新,形成了很多可资借鉴的经验方法。在促进城市文化旅游消费过程中,要在这些已有经验的基础上,进一步加强文化资源的整合和协调,进一步创新文化供给方式方法,优化文化供给结构和内容。

一是建立健全公共文化需求收集和反馈机制。为了充分地对接居民群众的文化需求,要坚持重心下移向基层,依托各地村委会和社区居委会、乡镇(街道)综合文化站、区(市)县文化馆、市群众艺术馆,建立由下至上的城乡居民文化旅游消费需求收集和反馈体系,摸清群众文化旅游消费需求,据此制定市县各级政府公共文化产品和服务清单。居民文化旅游消费需求中由市场提供的,向社会公开发布,为企业、社会组织提供需求信息;将公共文化产品和服务需求纳入村委会、社区居委会议事日程,形成意见相对集中的公共文化需求表达,以便组织供给。

二是探索建立"以需定供、按需配送"的公共文化服务供给体系。改变由政府部门大一统、标准化购买和配送的方式,加快探索"以需定供",多元化、特色化、本土化的文化配送服务模式。明确公共文化服务供给体系的责任主体和购买主体,由责任主体整合政府部门、群团组织提供的公共服务,根据群众需求面向社会采购公共文化服务产品和项目,构建市县两级公共文化服务产品和项目库,村(社区)、乡镇(街道)群众从公共文化产品和项目库中按需"点菜";构建专业化的公共文化配送体系,如图书物流配送、师资人员配送、产品配送等。通过配送体系,将公共文化服务送到村(社区)、乡镇(街道),提高公共资源、资金、人力资源的使用效率,提升公共文化服务均等化水平;乡镇(街道)综合文化站、村(社区)的综合文化活动室的主要职能应从"办文化"向"收集、反馈本区域群众文化需求、承接公共文化产品和服务"转变。市群众艺术馆、区(市)县文化馆应承担整合公共文化服务需求、统筹产品和项目的职能,配合文化主管部门做好公共文化服务效能的评价和监督,以提升公共文化服务效能。

三是加强和促进特色文化供给对文化需求的创造。客观认识文化旅游消费中的供给与需求的辩证关系,既要认识到有"需求引领供给"的市场运作基本法则,也要看到特色文化供给对潜在文化需求的激发和创造。特别是在经济全球化发展的今天,吸引外来游客进行本地的文化旅游消费是促进城市文化旅游消费的重要方面。这就要求在促进文化旅游消费过程中,适当地采取创造市场需求的策略,增强文化供给中的本地化和特色化创意,充分展示本土特色。譬如,利用本地具有代表性的民俗节日和地方节庆品牌传播地方特色文化,开发具有本土地域特色的文化产品和服务,以此来打造鲜明、独特的城市名片,增强文化影响,创新文化旅游消费的新的增长点。

3. 加快文化基础设施的规划建设

文化基础设施的规划建设是文化供给的重要内容之一,也是保障和促进城市文化旅游消费必须具备的重要物质基础。当前,各地文化资源紧张、文化基础硬件设施不足的现状,已经很大程度地影响和制约城乡居民群众文化旅游消费的热情,有鉴于此,应当加大政府财政的投入力度,加强城市规划统筹,促进文化基础设施的健全和完善。

一是加大财政对公共文化服务的投入力度。加大文化建设的公共财政支出,根据自身经济发展状况,提高各地公共文化服务经费的财政支出比重,由文化部门统筹安排,保证用于政府购买公共文化服务或者投入文化基础服务设施。

二是加快公共文化设施升级。各地要加强基层综合性文化服务中心建设示范点建设,将基层综合性文化服务中心,以及地方音乐厅、剧院、图书馆、美术馆等重要公共文化设施建设纳入经济社会发展规划,根据区域人口数量确定各类公共文化设施建设的空间布局,积极推进省、市、县、乡(镇)展览、演艺类文化基础设施建设,重点解决县以下基层文化供给的结构性短缺问题,增强基层公共文化服务功能。

4. 用"互联网+"助推文化发展新业态

"互联网+文化"是利用信息通信技术和互联网平台,让互联网与文化行业进行深度融合,创造新的文化发展业态,具有高知识性、高增值性的特征。各地实践表明,"互联网+文化"有利于极大地激发大众的消费意愿,消除产业间的壁垒,推进文化与科技的融合,已成为培育国民经济的新的增长点。在促进城市文化旅游消费的过程中,也应当立足于信息化发展要求,坚持"互联网+"的网络新思维,努力推进科技创新,助推城市文化发展新业态、开启文化旅游消费新模式。

一是加强文化信息产品生产和服务供给的网络发展和科技创新。组织实施文化创意创新工程,加强政府对文化科技发展的支持和引导。加快文化资源的数字化建设,统筹部署文化产业信息服务和公共数字文化服务系统,大力推进跨地区、跨部门、跨层级的文化信息共享。加强数字文化内容的产品和服务研发支持,鼓励文化生产机构和部门积极利用数字、网络、3D、4D、多媒体、虚拟展示等高新技术,推进图书出版、广播影视、会展演艺、娱乐休闲等各个领域的文化产品及服务的创意创新;加快相关文化产品与服务创新的核心技术、软件和装备支持。在深入研究社会公众需求的基础上,加快推动文化旅游消费与信息消费的融合,推动文化信息产品和服务开发的产业化与集群化发展。

二是开启和推广"互联网+"的文化旅游消费新模式。加快推进政府公共文化服务供给与文化市场主体间的深度联动、互动,创新文化旅游消费方式,面向社会公共提供更加便捷、高效、实惠的服务。借鉴北京经验,以"文惠卡"消费为载体,加快与微信平台、网络支付平台的合作,探索统一的文化电子商务平台与互联网金融开发新型文化旅游消费支持服务模式,逐步建立健全覆盖主要城市的"文化惠民卡"网络消费系统,实现各地文化景观、影院剧场、书城书店、教育培训、旅游度假、体育健身等领域的异地消费和网络消费。

(三)着眼于消费端激励

消费是文化产业发展、公共文化产品和服务供给的终端。居民文化旅游消费总量提升、消费层次和结构优化,以及由此推进城市人文素质提升、文化软实力发展,是城市文化旅游消费发展的最终目的。促进城市文化旅游消费,不仅仅要求对接居民文化需求来改善供给,而且要求直接着眼于城乡居民的消费观念、消费行为和消费习惯,推动文化旅游消费结构的升级发展。

1. 加强健康向上的文化旅游消费观念宣传引导

重点通过各地主流报刊媒体、网络媒体宣传,本地电视台、广播电台安排固定时间,开展文化旅游消费公益宣传,引导大众文化旅游消费观念向健康、高雅升级,由消遣娱乐向开阔眼界、陶冶性情转变,形成积极向上的文化旅游消费观念。

2. 多途径促进文化旅游消费良好习惯的形成

一是推进有利于居民消费的文化场馆规划和活动设计。在城市规划设计中,注意文化旅游消费场所与居民生活区的联结,引导文化"小地标"的建设,倡导方便居民使用的中小综合型文化旅游消费场所建设。针对那些高端消费人群,建设部分高端文化会所,推出艺术收藏品品鉴、高雅音乐会等活动,促进高层次文化社交的开展。通过这些措施,引导居民逐步形成良好的文化旅游消费习惯,使其乐意于文化旅游消费、享受文化旅游消费,并得益于文化旅游消费。

二是逐步建立起多元支出的公共文化旅游消费模式。消费者适度支付费用有助于提高消费成本意识,珍惜消费机会,防止公共文化资源的浪费。因此,对于具有公益性质的一些免费电影、影剧院演出、公益培训等政府供给的文化旅游消费资源,应根据不同类别、不同群体,采用有偿、低偿、无偿、志愿参与等多种方式,逐步取消单一的免费供给模式,引导居民形成良好的文化旅游消费习惯。此外,积极探索多元多向惠补文化旅游消费举措。譬如,通过积分兑换方式,提升居民参加文化旅游消费的积极性;再如,可以将"文惠卡"消费与公共文化项目补贴结合起来,政府充值发卡,观众刷卡消费,票款直接补贴演出机构,以此激励居民积极地进行文化旅游消费。

三是积极打造便民亲民的文化旅游消费平台。以"文化惠民卡"为平台载体,拓展文化旅游消费领域,在城市文化景观、影院剧场、书城书店、教育培训、旅游度假、体育健身等领域实现刷卡消费;同时,以此为依托,开启和推广"互联网+"的文化旅游消费新模式,如加快文惠卡与微信平台、网络支付平台的合作,建立统一的文化电子商务平台与互联网金融开发新型文化旅游消费支持服务模式,让城市居民可以享受更加方便、快捷的消费方式,同时也可以为文化企业提供销售平台,获取较大的市场成效。

3. 多举措激发深层的文化旅游消费潜在动机

一是关注文化旅游消费心理并加大文化营销。抓住消费者喜欢和寻求体验的心理动机,创新文化营销手段,引导其进行个性化、风格化的文化旅游消费体验,在体验中激发其消费动机。关注不同层次的文化旅游消费心理和行为特征,做好文化旅游消费的人群定位,对不同的群体采取不同的方法,提供不同的服务。鼓励文化经营主体与相关行业通过合作的方式,合力激发居民的文化旅游消费欲。譬如,对于一些文化旅游景点、艺术展览馆等,推行文创产品消费满额免费制度,或消费达到一定数额加赠其他文化产品或服务项目等,或者推行购买指定文化旅游消费项目免费享受其他如观影、看剧等文化活动……诸如此类营销手段,来反复激励居民进行消费。

二是用常态化、多样化的文化活动激发公众消费需求。目前,一些城市用节事活动搭建文化大卖场的做法很值得推广和借鉴。如,办好美食文化节、大庙会、国际非物质文化遗产节、创意设计周等品牌大型节会的同时,深挖以"文化"为主题的节会活动,积极举办艺术节、戏剧节、音乐节、读书节、电影节、摄影节等彰显地方文化特色的节会活动;引进国外知名节会,让市民不出国门便可领略一次异域之旅;举办展现现代时尚成都的展会活动,如动漫游戏嘉年华、创意消费嘉年华,举办 COSPLAY 秀、动漫游戏角色体验 SHOW、DIY创意制作体验、动漫主题音乐鉴赏、真人游戏任务体验等活动;将各类节事打包形成文化旅游消费季,用常态化、多样化的节事活动,搭建文化大卖场,激活广大居民群众的消费需求。

三是重视和加强文化旅游消费的权益保护。加强文化市场的规范执法和监管,依法严厉惩处盗版侵权、售卖假冒伪劣产品以及其他扰乱文化市场秩序的行为,扫除不健康的文化产品和服务。建立文化旅游消费满意度测评体系,把消费者满意度作为文化旅游市场加强和改进服务水平的重要依据。强化文化旅游消费的维权服务,拓宽消费者监督举报渠道,鼓励消费者及时反映涉嫌制假贩假、价格欺诈以及不良文化经营等问题,并对其及时调查曝光,相关管理部门对文化旅游消费纠纷及时介入、妥善处理,保证消费者权益得到切实保护,让消费者放心消费。

(四)着眼于环境端保障

这里的环境,主要是指影响文化旅游消费的宏观经济社会环境,包括居民收入、社会保障、税收、文化产品价格等等因素。虽然不是文化旅游消费的直接反映,但是直接影响了居民的文化旅游消费观念和能力。因此,促进城市文化旅游消费,不仅要从文化政策、文化供给、文化需求等直观性层面加快改革和创新,更需要从经济发展、社会保障、税收、物价等方面着力,健全收入分配调节体制机制、完善社会保障、优化税收调整和物价调整,实现居民收入稳步增长和保持物价平稳,从而为广大群众进行文化旅游消费提供强有力的宏观环境保障。

1.努力增加居民可支配收入

一是加大经济结构调整和转型升级,促进经济发展。通过大力发展各级各类产业,开发就业岗位、加强职业培训,促进重点人群就业、推动创业带动就业,实施城乡居民"收入稳增计划",提高劳动者在初次分配中的分配比例。同时,强化各级政府的再分配职能,健全居民收入的再分配调节机制,稳步提高居民最低工资,建立最低工资正常增长机制,等等。实现城乡居民收入增长与经济增长同步,让城乡居民的可支配收入普遍增加,有能力去进行文化旅游消费。

二是适当调整税收,减轻中低收入阶层负担。中低收入阶层是促进文化旅游消费特别是大众文化旅游消费的中坚力量。在保证他们收入增长的同时,应根据他们的工资收入水平变化、基本生活开支,综合考虑经济发展总体情况和物价水平,合理调整税率结构,促使税收重点向高收入阶层或者富人群体偏移,低收入阶层不纳税,中等收入阶层税负明显减轻,中产阶级和中等收入人群比例扩大,从而使有能力进行文化旅游消费的人群比例扩大。

三是完善社会保障制度,免除居民扩大消费的后顾之忧。缺乏安全感,抗风险意识高,有钱但不敢大笔花销,是我国城乡居民刻意压抑消费欲望的重要原因。因此,让居民消费水平出现质的飞跃、文化旅游消费比例大幅提升,就必须进一步完善社会保障制度机制,切实免除居民的后顾之忧。政府要进一步加大力度实施民生工程,加强居民在养老、教育、医疗、就业、失业等方面的基本保障,减少城乡居民家庭在这些方面的支出成本,增加居民福利、缓解家庭负担,通过社会保障的"托底",使居民敢于消费、大胆消费。

2. 合理控制文化产品和服务的价格水平

文化产品服务的价格水平是影响文化旅游消费的重要因素。在实践中,即使居民具有多元化的文化需求,市场也提供了多样化的文化旅游消费项目,但是由于文化产品价格的偏高,会抑制大家的消费冲动。因此,要提高广大城乡居民群众的文化旅游消费积极性,政府必须适度地调控文化市场的价格。在加强监管,促进市场良性竞争的同时,政府可以运用财税杠杆削减企业运营成本,给予文化创意企业一定的补贴或税收优惠,鼓励文化企业降价惠民等,促使文化产品服务的价格保持在合理的区间内,从而使城乡居民的消费潜力或消费冲动可以得到有效释放。

第二节　建设世界文化旅游名城

文化高度决定城市高度,文化影响力决定城市影响力。纵观国际所有流芳百世、蜚声世界的强盛都市,都是世界级的文化旅游名城。无论是公元前 5 世纪的雅典、14 世纪的佛罗伦萨、19 世纪的巴黎,还是我国汉代的洛阳、唐代的长安、宋代的扬州等,无一不是照亮人类文明的窗口,成为世界向往的旅游胜地。当今世界,文化软实力已经成为世界城市体系中决定城市竞争力的核心要素之一。全球化与世界城市研究组织 GaWC 公布 2020 年世界城市排名,

2 个超强一线城市和 7 个一线强市有一个共同特质,不仅经济实力雄厚,还有历史有底蕴有文化多样性,如时尚之都巴黎、文化古都北京。成渝建设世界文化旅游名城,是基于对当今世界文化发展大势和城市发展规律的前瞻性把握,基于成渝深厚文化基础和比较优势提出的发展目标,既是文化强国建设在成渝地区双城经济圈建设的伟大实践,也是巴蜀文化在当代的创造性书写。①

一、建设世界文化旅游名城的总体考量

从多维视角来看,成渝从国家历史文化名城走向世界文化旅游名城,有史——厚重的历史文化、有实——厚实的经济基础、有势——厚积的时代机遇。

(一)"有史":本色积淀底蕴

源远流长历史积淀,孕育形成深厚文化本底,让成渝建设世界文化名城有史可据、有史可依。

一是文化传承接续未断。拥有 4500 多年文明史、2300 多年建城史的成都,历史上尽管历经磨难与浩劫,但文明的接续、文化的传承从未中止、从未间断。以金沙遗址为代表的古蜀文明吐故纳新、兼容并蓄,历经数千年的都江堰水利工程、武侯祠三绝碑等孕育滋养的历史文化,更是跨越历史、穿越时空,泽及后代、经久不衰。重庆孕育于重山重水之间,传承三千年巴渝文化之大成,历经秦代张仪、三国李严、南宋彭大雅、明代戴鼎古代四次筑城,1189 年重庆定名,近代四个时期四次扩城,以两江四岸为发展轴线蔓延,形成了"九开八闭"的古城格局和依山就势的城市形态。

二是人文积淀历久弥新。成都人文积淀丰厚,很多城市难以比肩。从李冰治水到文翁兴学、从雕版印刷到交子纸币、从雍容华美花间词到富丽典雅西蜀画,佛道宗教文化同行并盛,多元文化彰显天府文化包容开放气度。仅本土文学方面,杜鹃啼血的动人传说,陈子昂、李太白的传世诗篇,苏氏父子的万古雄文,直至近现代的李劫人、巴金等的文学名著,都是让人心仪仰止的高峰。

---

① 尹宏、邓智团、余梦秋:《世界文化名城理论经验与成都实践》,中国社会科学出版社 2020 年版。

在重庆3000多年的发展史上,出现过多层次、多领域、多形态的文化现象,在其中居于主体地位的是巴渝文化、革命文化、三峡文化、移民文化、抗战文化、统战文化六种形态。这是居于重庆历史文化体系顶层、最具代表性和符号意义的文化元素,由此构成了独具特色的"2+4结构"的重庆历史文化体系。

三是文化遗存独具魅力。作为首批历史文化名城和全国十大古都,成都拥有青城山、大熊猫栖息地等3处世界自然和文化遗产,还有众多蜚声中外的历史文化遗存。比如,鹤鸣山、青羊宫探访道教之妙,大慈寺、文殊院交流佛门之理,草堂寺、望江楼与圣贤神通千载,放水节、水龙节让人乐不思归,等等。截至2017年,重庆市域范围内不可移动文物共计25908处,其中全国重点文物保护单位55处,市级文物保护单位337处,区(县)级文物保护单位1999处,未定级不可移动文物23517处。其中,具有突出价值的有老鼓楼衙署遗址、丁房阙—无铭阙、湖广会馆、重庆古城墙、双桂堂、大足石刻、八路军重庆办事处旧址、嘉陵江三峡乡村建设旧址群、重庆市人民大礼堂、重庆黄山抗战旧址群、重庆谈判旧址群、抗战胜利纪功碑暨人民解放纪念碑等。

（二）"有实"：发展积蓄底气

成渝发展向上向好的良好形势,有力夯实了建设世界文化旅游名城的根基。

一是经济基础与实力支持有力。成渝均是西南地区的科技、商贸、金融中心和交通枢纽,也是国家重要的高新技术产业基地、商贸物流中心和综合交通枢纽,发展势头好后劲足。2020年,成都GDP高达1.77万亿元,新一线城市排名第一,仅次于北上广深4个一线城市。重庆2020年GDP总量突破2.5万亿,具体为25002.79亿元,同比增长3.9%,增速比全国平均水平高出1.6个百分点,经济总量位居全国前五名,预计有望超过广州,名义GDP增量为1397亿元,产业结构持续优化,市场需求稳步回暖,经济呈稳定向好的发展态势,综合经济实力再次增强。

二是文创产业竞争力不断提升。成都实施"天府文化+"文创行动,推进传统文创产业结构升级、推动文创产业融合创新发展和培育壮大市场主体多措并举,文化产业核心竞争力和创造潜力显著增强,到2025年有望培育 5 个以上年产值超 100 亿元的龙头文创业和文创园区。"十三五"时期以来,重庆市文创产业增加值每年保持两位数的增长,2017 年增加值 662.94 亿元,占全市 GDP 比重 3.5%左右,同比增长 10%左右。2017 年全市文化企业实现营业收入 1993.44 亿元,较上年同期增速快 2.16 个百分点,全市主营业务属文化产业的市场主体注册数达 100902 家,首次突破 10 万家,同比增长 13.82%,注册资本总金额 3703.02 亿元,文化产业发展整体阔步迈上新台阶。

三是文化新动能发展势头强劲。成都方面,天府文化中心、城市音乐厅、天府奥体城等高显示度文化工程规划实施,以及天府国际文创自由港、文化小镇等特色文化项目有序推进,基于文创产业实现城市增长新动能体量越来越大,对新旧动力转换、促进新经济发展的牵引带动作用越来越明显。重庆方面,文化和旅游部产业项目服务平台第二十二期精品项目交流对接会暨重庆市文化和旅游产业重点项目推介会推介文化和旅游产业项目 186 个,总投资超 4300 亿元,其中重大文旅产业平台项目 30 个,景区度假区项目 56 个,特色农业小镇项目 26 个,田园综合体项目 20 个,历史文化街区项目 21 个,将进一步释放重庆市文化和旅游产业发展潜力,培育经济发展新动能。

（三）"有势"：势能积聚机遇

一是国家战略催生势能。党中央、国务院对西部对成渝寄予厚望,在西部大开发、"一带一路"、长江经济带建设战略后,又作出建设国家中心城市、建设成渝城市群、建设内陆自由贸易试验区等一系列重大战略部署,催生成都经济、文化、社会等综合发展的强劲势能。二是成渝发展营造势能。四川发布《关于加快推进文化产业发展的意见》,提出把成都建设成全省文化产业核心发展区,并发挥辐射带动作用。省委明确成都加快建设国家中心城市、现代化国际化大都市和具有国际影响力区域创新创业中心,为加快发展文化产业、构建现代文创产业体系提供有力保障。三是成渝前行激发势能。新时代成都"三步走"战略目标提出建设世界文化名城奋斗目标,明晰时间表、路线图等具体内容。随着成都新一轮城市规划科学布局、绿色发展建设美丽中国典型城市等战略全面深入推进,文化大繁荣大发展迎来新窗口。

延伸阅读：世界文化旅游名城的城市特征①

世界文化旅游名城的文化特征在吸引力、创造力、参与性、多元性、影响力等层面得到体现。而作为文化主导的世界城市，世界文化旅游名城还因深厚的文化积淀，丰富的文化资源，鲜明的文化特色，发达的文化产业，良好的文化氛围，强大的文化辐射力而表现出鲜明的城市特征。

（一）享誉世界的人类文明策源地

英国历史学家汤因比认为，文明是人类历史晚近才出现的现象，最早的文明诞生在 6000 年之前，先后有 20 多种文明经历起源、成长、衰落、解体和转型，仅有几种古老文明得以在历史长河中传衍下来，这些文明的发源地在全球文化体系中具有特定的分量。例如，古希腊是西方历史的开源，西方文明的精神源泉，雅典则被称为"希腊的学校"。古代雅典手工业和商业发达，实行奴隶主民主共和政体，高度重视道德、美学和智力教育，公民文化素养较高。雅典人在古希腊的哲学思想、历史、建筑、文学、戏剧、雕塑等诸多领域都做出了杰出贡献。哲学家苏格拉底、柏拉图、亚里士多德，历史学家希罗多德，悲剧艺术家欧里庇德斯，喜剧艺术家阿里斯托芬等，都在雅典诞生或居住过。古代雅典由此产生了强大的文化吸引力，不仅广泛影响了其他希腊城邦，也是西方文明的重要发源地，在当时承担了世界文化中心的功能。再如我国西安，是举世闻名的世界四大文明古都之一，作为中国的政治、经济、文化中心长达 1200 多年，是中华文明的发祥地，中华文化的杰出代表。西安是中国历史上最早对外开放的城市，西汉时的"丝绸之路"以长安为起点，将中国的丝绸、茶叶、瓷器等输送到中亚和欧洲。汉唐时期，"长安文化"代表着中华文化的主干，吸引了大批外国使节与朝拜者，中外音乐、舞蹈等艺术交融汇聚，西安成为中国与世界各国文化交流的中心。世界文化旅游名城在某种意义上也是强势文明的产物，在历史上曾是世界文明的支配性空间单元，代表着最先进的文化，对世界文明发展产生了重要影响。

① 诸大建、王红兵：《构建创意城市——21 世纪上海城市发展的核心价值》，《城市规划学刊》2007 年第 3 期。

（二）充满活力的多元文化交汇地

世界文化旅游名城是来自各个国家的人们最容易相遇的地方，也是多重文化相汇合的地方。文化生活的多元化，以及文化的吸收、变化和发展能力，是衡量城市开放程度的重要指标，包括工作语言的多语种化、对非本土文化的一视同仁，以及不同背景的居民对市政的参与度。这种社会文化的多样性，不仅是吸引和留住人才的主要因素，也是世界城市提供高质量生活和工作环境的先决条件。世界文化旅游名城大多是具有吸引力的移民城市，由于兼收并蓄的文化基础，造就了多种族、多宗教、多元文化、多阶层的包容性社会，为文化发展提供了内在的丰富性和生长力。纽约的文化基础是美国多种族和多宗教移民，百老汇的歌舞剧、SOHO 的独立艺术家、画廊、大都会博物馆、《纽约时报》和演艺比赛等，树立了纽约多元文化的形象。伦敦是英国民族多样性最高的城市，居民来自世界各地，城市使用的语言超过 300 种，剧场超过 1000 个，艺术娱乐形式极为丰富。巴黎的外籍居民占城市总人口的 20%，有剧场 125 个，艺术厅 200 多个，娱乐基地 10 余个。通过对全球文化的非地域化和重新地域化，世界文化旅游名城市形成丰富多彩的文化环境，建立了特色文化形象和品牌。

（三）彰显个性的文化魅力展示地

许多闻名全球的文化城市，人口、规模、经济实力都比不上世界城市，但却以其影响世界的文化艺术创造力，形成了独特的文化风尚和文化精神，确立了在全球不可动摇的文化声誉和文化地位。奥地利多瑙河畔的维也纳在人口、规模和经济实力上并不突出，但却是享誉全球的文化名城、世界著名的"音乐之都"。莫扎特、舒伯特和施特劳斯等音乐巨擘都在此度过艺术生涯，博物馆还保留着他们的手迹和创作的乐谱。维也纳歌剧院的"金色大厅"，是世界歌剧音乐的象征。此外，精神分析学家弗洛伊德，哲学家维特根斯坦、卡尔·波普，经济学家哈耶克、熊彼特，文学家茨威格等世界思想先驱都曾经聚集在维也纳，为这座城市增添了灿烂的文化艺术光辉。德国的法兰克福是大文豪歌德的故乡，在 20 世纪前半叶，曾经是全球思想界的重镇，聚集了霍克海默、本雅明、阿多诺、马尔库塞、哈贝马斯等一批最具创建和批判精神的有识之士，其影响遍及欧洲乃至整个世界。此外，法兰克福也是世界图书业的中心，每年的国际图书博览会吸引全球100多个国家和数千家出版商,参观者超过30万人,是全球图书出版盛会。这些城市独特的文化风尚和文化精神,在某一个方面占据全球文化活动的制高点,当之无愧地成为世界文化旅游名城。

(四)形象鲜明的国际化城市文化标识地

国际化城市文化标识地是世界文化旅游名城的重大文化方略之一,也是衡量一个城市全球知名度和影响力的重要指标。城市文化标识是一种城市文化感知,是城市整体的公众印象在视觉、行为、观念上的集中体现。它具有明显的可感知性和文化象征意义,是城市文化特质和精神风貌直观生动的表达,代表着城市文化中最具代表性、最优秀的部分。其文化内涵主要来自两个方面,一个是城市历史文化积淀,包括物质文化遗产和非物质文化遗产;另一个是城市时代精神,包括在政治建设、经济建设、社会建设、文化建设、生态建设中形成的主流价值观念等。

城市文化标识反映了社会公众对一个城市总体的认知与评价,具有特定的分类系统。即按照文化的结构可划分为三类,一是物质文化标志,即视觉识别体系。主要指具有标志性的建筑物、重要的历史文化遗存、著名的自然人文景观等,如巴黎的凯旋门、伦敦的伦敦眼、东京的东京塔等;二是行为文化标志,即行为识别体系。主要包括文化事件、文化产品、文化名人等,如百老汇、巴黎时装节、柏林电影节等;三是观念文化标志,即观念识别体系。主要包括城市品牌、城市精神等。城市文化标识具有"易识别性"(legibility)和"可认知性"(imaginability),通过不同的观察者的心理过程,产生独特的城市个性、结构和意蕴。主要有以下几个方面的特征:(1)独特性。城市文化标识具有高辨识度和不可替代性,代表了一个城市的特质和精神,而不是共享的、普适的城市标识。(2)价值性。城市文化标识是一个特殊的无形资产,能将城市文化资源转化为文化资本,带来经济效益与社会效益。(3)多样性。城市文化标识并不是唯一的,一个城市往往存在着多元多级的文化标志。(4)差异性。不同性别、年龄、学历、职业、国籍、信仰的人对一个城市有不同的理解。(5)变化性。文化标志会随着城市经济社会发展、城市环境改善而塑造提升,反之,也会因为城市经济社会停滞倒退、城市环境破坏而下降消失。

二、建设世界文化旅游名城的关键环节

(一)塑造城市文化形象

文化品牌是对城市未来发展特征与方向的提炼与表达,也是城市主要性质与功能的外在表现。城市品牌是城市发展的重要影响因素,城市品牌战略也是城市发展战略的核心内容。文化品牌作为全球城市文化的 DNA,是经济成功必备的重要元素,是推动世界文化旅游名城城市发展的主要驱动力。

1. 文化品牌是世界文化旅游名城的"双塔"。世界文化旅游名城首先是全球城市,在全球文化中具有举足轻重的地位,同时在全球文化产业链中占据着关键的节点。国际上有不少公认的世界文化旅游名城,如伦敦、纽约、巴黎等,文化之都、设计之都、时尚之都的影响力是文化集聚力、文化辐射力和文化创造力的集中体现。对于一个城市来讲,双塔模式决定人们对一个城市的认知度,形成城市的影响力、传播力、亲和力和广谱效应。双塔模式是一个城市的品牌形象,根据这个城市目前达到的最高水平来决定其影响力、美誉度。所谓双塔,是指灯塔和水塔灯塔的高度和亮度,确定远距离航船的定位与可视性。而水塔的高度和容纳度,决定了水的循环所达到的高度。有了水塔,建筑的每一个部分、每一个房间就都得到供应。因此,人们对城市的评价,就依照它所达到的最高水平来进行的。如北京举办了最高水平的奥运会,上海主办了世界最高水平的世博会而享誉世界。

2. 文化品牌魅力是世界文化旅游名城广泛的影响力。党的十九大报告指出,文化自信是一个国家一个民族发展中最基本、最深沉、最持久的力量。将文化作为重要的创新要素、经济要素、精神要素以及品牌要素,以文化为重大动能,推进中国城市的世界性跃升。中国的城市不再是唯有高 GDP 的城市,不再是只有发展的高速度而没有发展高质量的城市,不再是无视环境保护和生态平衡的城市,而是具有文化品牌的城市,具有独特的文化魅力和形象特征的城市,具有较高声誉,被世人广泛称道,以形成自身品牌价值的城市。如美国的硅谷、北京的中关村和深圳的南山区,以高端的创意、高端的技术、高端的人才和高端的策划成为城市的标志。因此,世界文化旅游名城的文化品牌魅力在于城市文化广泛的影响力、普遍的美誉度、巨大的辐射力、强烈的吸引力、

高度的认同感和强大的竞争力。

3. 标志性建筑是世界文化旅游名城个性最直观的视觉印象。标志性建筑作为城市特有的标志，是在历史环境、自然条件与城市文脉的共同作用和相互渗透下创造出的经典建筑。世界文化旅游名城巴黎的埃菲尔铁塔、伦敦的天眼、纽约的自由女神像、悉尼的歌剧院、迪拜的七星级帆船酒店等，无一不传递出标志性建筑的意义，既是一个国家和城市的个性，也成为城市精神和文化品牌的象征。

（二）增强城市文化氛围

随着全球城市文化竞争日益激烈，纽约、伦敦、东京等不断制定文化战略与城市文化空间规划来实现世界级文化城市的目标，通过举办国际化文化活动，打造城市地标性建筑，逐步提升城市文化活力和全球性的"消费体验空间"，从而塑造文化旅游消费空间，形成满足现代城市居民对文化审美需求的城市文化氛围，承载着世界城市的文化旅游消费价值功能，凸显世界城市在经济、政治等要素以外的重要地位。

1. 文化活力是世界文化旅游名城文化空间生产的动力。城市文化活力是以城市文化空间为载体，呈现人的城市文化实践活动，最终凸显人的价值。城市文化空间具备物质性和社会性的双重内涵，体现城市生活方式、城市文化的动态性生成。世界文化旅游名城的城市文化空间秩序与活力并存，多样性与人文性尽显，人们能展现其丰富多彩的文化活动，并在城市空间中找寻到归属感与文化自信。① 如柏林克洛伊茨贝格街区，从不起眼的贫困族裔街区短时间内发展成为全球知名的跨国文化空间。巴黎城市本身构成了一个"文化生产场域"，若干咖啡馆形成典型的市民社会的公共文化空间。芝加哥哥伦比亚博览会建筑群，以古典式样统一规范了建筑师、雕刻家的创作取向，带动了至今影响深远的城市美化运动。

2. 文化旅游消费是世界文化旅游名城城市价值的体验。文化空间形成的前提条件是文化活动，聚会成为市民的重要需求的同时也间接促进了文化旅游消费，催生了众多公共空间的产生，例如城市广场、城市客厅、城市公园。高

---

① 常东亮：《当代中国城市文化活力问题多维透视》，《学习与实践》2019 年第 4 期。

度聚集的世界文化旅游名城表现出突出的文化旅游消费特征和规模,以极低的交易成本吸引资本、人才等要素会聚形成产业的规模化和垄断化。文化创意产业在全球蜂起和兴盛,出现了城市文化旅游消费空间、城市文化休闲空间、城市文化产业空间、城市文化艺术聚集区等。如世界全球性商业传媒企业的总部约有半数设在纽约,纽约的苏荷区艺术家们将废弃的厂房区塑造成了具有艺术感的文化街区,随着文化旅游消费的升级,形成了集私人会所、商业与公共空间为主的城市区域。

3. 城市文化空间是激发文化活力和消费的关键场所。城市文化空间生产关键在于彰显其开放性和包容性,凝练其个性,提升其创造性,城市不同类型人群都能够将他们的社会文化活动呈现其中,找寻到自身的文化空间归属。同时,文化旅游消费时代,城市文化空间具有场所精神形成城市文化氛围,文化空间内利用视觉、空间体验来表现体验性,还可以通过声景观、气味、温度的设计来营造文化空间的精神特征。[①] 如迪拜的音乐喷泉、上海的五番街等都市慢景观体现了对"禅"意的追求。

(三)建设世界级旅游目的地

作为世界级旅游目的地城市应该具备哪些特征要素? 以下我们就从世界级的资源吸引力、世界级的软实力、世界级的旅游环境,以及世界级的营销策略等方面,结合世界知名旅游目的地案例,对成都建设世界级旅游目的地的现实基础和起点优势进行分析研究。

1. 世界级的资源吸引力

一般说来,具有吸引力的旅游资源分为两大内容,一是自然历史资源,如给人以感官审美享受的优美独特自然景观,包括气候、地理、风光等;给人以知识满足的历史文化遗迹,包括名胜、古迹等;给人以难忘而愉悦体验的特殊节庆活动,如宗教、民俗。二是人造资源,包括优质的人造景观、旅游项目、文化艺术活动等,如高达 828 米的迪拜哈利法塔就以世界第一高楼吸引着成千上万的游客。

---

① 王琛芳、杨培锋:《文化消费时代下城市文化空间特征初探》,《包装世界》2016 年第 5 期。

城市的旅游资源吸引力是决定其是否具备世界级旅游目的地潜力的最首要、最核心的特征要素,这是促使旅游者到来的最根本动因。

2. 世界级的软实力

与外在的经济实力、基础设施等相对应的是城市内在的软实力,它包括城市的文化影响力、凝聚力和感召力,一座城市要拥有世界级的软实力,就要在某方面居于世界的核心地位,形成世界性的聚集等。如奥运会、世界杯足球赛等特殊重大事件,既有重量级体育明星聚集,又有吸引大批成千上万的观众到来,还有引起全球媒体密切关注的,是快速建立目的地城市世界级声望的有效途径。同时,一些反复举办的重大节庆活动,虽不及奥运会等特殊重大事件的影响力,但当城市作为这些节庆活动永久举办地时,城市在这方面的影响力和凝聚力将持续上升,其核心地位的确立,随着节庆活动的定期举办而吸引大批来自世界各地的游客,形成世界性的聚集。如每年举办顶尖级网球比赛的"网球大师杯"的温布尔顿,每年举办圣大奔牛节的西班牙潘普罗纳,节日期间,来自世界各地的游客大量涌入,小城的人口短期内迅速从 25 万人增加到150 万人。

此外,具有高度特色的民俗文化与生活方式,也是世界级软实力的重要组成要素。如藏族为全民信仰佛教的民族,其特异的宗教氛围,是西藏旅游核心吸引的关键因素之一。

3. 世界级优良的旅游环境

随着旅游需求层次的提升,人们对旅游环境的要求越来越高,优良的旅游环境已成为世界级旅游目的地赖以发展的基础。广义的旅游环境,既包括清新干净、优美宜人的生态环境;也包括涉及吃、住、行、游等各环节的,完善便捷的设施环境;也包括规范的酒店管理、诚信有序的购物体验、高效的应急救援体系、完善的公共文化服务、智能数控的现代化社会治理方式等关系旅游服务水平的市场环境;还包括文明程度、人民的友善气氛、法治氛围等人文环境;以及舒适安逸、快捷便利的生活环境等。优良的旅游环境还要求实现全域的旅游化、景区化,尤其是在景区与景区之间的社区、街道都是景观,如游客漫步在巴黎、伦敦的任何街区都可以坐下来喝杯咖啡、享受休闲时光。

优良的旅游环境虽不是吸引旅游者到访的第一要素,但却是会直接影响游客对旅游过程的满意程度,关系到旅游目的地城市在游客心目中的实感形象,是产生口碑效应的因素,因此,这也是世界级旅游目的地城市的重要特征要素。

4. 世界级的城市营销

树立城市品牌,在世界范围内大力进行市场营销,是推广城市形象、提升城市知名度、建设世界级旅游目的地的重要战略手段。一座城市的品牌营销战略是城市魅力和吸引力的外在表现方式,事关城市的国际形象,直接影响世界旅游者对该城市的最初印象,关系到外籍游客的旅游目的地选择。因此,我们可以说城市的营销战略是推动其建设世界级旅游目的地的直接驱动力。成功的城市营销大致应有以下三个阶段:

一是形象管理,实施品牌战略。首先要选择城市某方面与众不同的特征,作为吸引旅游者的城市主形象。并通过简洁的口号、标志性的视觉形象,或独特的节事活动,进行全球范围的大力推广。

二是细分市场,进行差异化市场营销。即关注旅游者多样化的需求,细分目标市场,并根据不同的市场需求,推出不同的旅游产品。

三是灵活运用,推进多元化营销。城市营销的方式,既有通过电视、网络、报纸、户外等的广告营销,又有借助文学、影视作品等艺术营销,也有运用公关活动的事件营销,还有通过举办展销会、博览会、交易会、节庆活动等的会展营销,以及在吸引高科技行业、新型工业、服务业等新兴产业进驻落户,刺激经济全方位发展的同时,促进与各国间的人员流动,挖掘扩大世界级旅游目的地潜力市场的产业营销。成功的城市营销往往需要根据自身及外部环境的特点,灵活选择多种方式,共同推进营销。

综上所述,资源吸引力、城市的软实力、旅游环境,以及营销策略都是世界旅游目的地城市应当具备的特征要素。但作为世界级旅游目的地城市并不要求全部具备以上要素,只要能突出具备1—2项要素,就是或有潜力成为世界级旅游目的地。四大要素在世界级旅游目的地建设中所占的权重也是各不相同的,一般说来,资源吸引力是其基础,是旅游者选择的根本动因;软实力是城市重要的名片形象,是促成旅游者最终能否成行的重要辅助要素;旅游环境则直接影响游客的满意度,是能否产生口碑效应获得持续客源的重要因素;旅游营销则是将前三者推广传播,挖掘更大潜力市场的必要手段。因此,我们说四大要素直接决定了城市是否能成为世界级旅游目的地。

延伸阅读：纽约建设世界文化旅游名城的经验启示①

纽约作为世界公认的文化旅游名城，最近几年的文化建设让世人瞩目，能取得如此的成就，与过去几年纽约文化领域的不断创新紧密相关。2017 年 7 月纽约制定了历史上第一个综合性文化规划《一个纽约：一个强大而又正义的城市》（以下简称《纽约文化规划 2017》），对纽约文化建设的创新举措进行归纳，具有重要的参考借鉴价值。

1. 促进公平和包容：综合就业和培训计划

2015 年纽约市发布了《一个纽约：一个强大的城市》规划，将公平作为其核心价值之一，明确提出"公平"意味着广泛的资产分配公平和公正的利益。而包容指的是具有不同观点和背景的个人能够充分参与组织、机构或系统的所有要素的程度。根据 2015 年纽约文化局（DCLA）发起的一项倡议，提出只有通过多元化和包容才能实现更大的公平。纽约在促进文化的公平与包容领域上，值得推广的做法是"综合性就业和培训法（CETA）"。②

2. 提升社会经济影响：THE POINT 社区发展公司③

纽约市的文化部门将文化与社区融合在一起，使社区更具韧性，促进公共

---

① 邓智团：《纽约文化建设的最新策略与典型案例对成都世界文化名城建设的启示》，《成都发展改革研究》2019 年第 2 期。

② CETA 计划旨在为艺术家创造就业机会，为文化艺术工作者提供稳定收入和受益的工作，提供美术制作培训，以及艺术管理和技术支持等。该计划由纽约市就业部资助，从 20 世纪 70 年代开始，已为低收入艺术家提供了数亿美元。CETA 计划将其联邦政府关于艺术的设计和管理责任转移到州和地方一级，是对此前中央统一政策的重大突破。当前 CETA 计划已从一个最初没有包括艺术的项目转变为雇用数千名艺术家的项目。纽约 CETA 计划支持 600 多名艺术家为整个城市提供文化服务的工作，以及 300 名员工在文化机构的维护、警卫和其他职位。——笔者注

③ THE POINT 致力于青年发展和南布朗克斯狩猎点区域的文化和经济复兴，该区域是美国国会认定的最贫穷的地区之一。THE POINT 项目为居民提供了发展他们批判意识、表达他们的价值观并成为积极分子来影响社区变革的机会。艺术是 THE POINT 工作的重要组成部分。该组织致力于促进和保护南布朗克斯的艺术遗产，并确保低收入社区获得艺术。THE POINT 提供可负担的空间来创作和展示艺术作品，将艺术融入社区复兴策略，为社区艺术家提供有偿就业机会，并帮助建立艺术、文化工作者和观众渠道。——笔者注

健康和安全,改善教育成果,同时也为公民参与创造平台,雇用数十万工人,吸引数千万游客,每年还产生数十亿美元的经济产出。根据创意纽约城市未来研究中心 2015 年的报告,纽约市拥有该国所有创意产业岗位的 8.6%。正如美国艺术报告"趋势或引爆点:艺术和社会变革资助"所指出的那样,艺术和文化吸引传统上被排除在公民决策过程之外的个人和社区,并为这些社区参与创造一个平台。此外,最近由艺术项目社会影响报告(SIAP)发布的一份报告指出,纽约的文化活动与社会和健康利益相关,如预防暴力、减少肥胖和提高识字率。从 2004 年到 2014 年,文化艺术的数量增长了大约 20%,文化工作者的数量增长了大约 25%,部分原因是独立艺术家、作家和表演者的数量增长,以及电影、视频制作和平面设计服务行业。

3. 增强负担能力:Spaceworks 组织①

《纽约文化规划(2017)》认为,如果艺术家、科学研究人员、文化工作者和组成文化领域的非营利组织无法承担起他们的工作,文化就不能继续让城市变得更加伟大。目前提供的生活、工作、展示和演出的经济实惠的地方远远不能满足需求。这种负担能力危机不仅严重影响了在文化领域工作的 25 万纽约人的福利,而且也威胁着该市作为全球文化中心的未来。必须优先支持受到威胁的现有文化空间,并为全市邻里中的各种文化部门成员创造新的空间。面对不断增加的房地产压力,通过所有权、租约和其他解决方案,赋予文化社区更大的代理权利,可以帮助文化组织长期居住在社区。扩大现有的文化设施、工作空间和经济适用住房的供应量,对于在解决文化社区可负担的空间需求方面取得重大进展,并加强艺术在文化保护中的作用至关重要。

4. 保障文化部门健康:城市建筑中的文化新联盟

在蓬勃发展的艺术生态中,该部门的所有参与者都可以获得他们在工作

---

① Spaceworks 由 DCLA 于 2011 年成立,旨在解决文化部门面临的日益增长的负担能力危机。Spaceworks 致力于为艺术家、居民和文化工作者,开发长期、实惠的空间,以收集和参与他们的创意和文化实践。该模式很简单:利用公共和私人资金为艺术家建立和管理长期、经济实惠的工作空间。Spaceworks 致力于开发空间,成为艺术家和社区的资源。——笔者注

中取得成功所需的资源。CreateNYC①为文化社区提供了一个集体倡导和共同参与的机会,以更好地理解文化计划如何帮助促进所有成员都有良好工作所需的环境。艺术家和文化工作者比其他人更了解他们的工作,这可能允许离散的项目和项目取得成功,但限制了个人获得体面工资的潜力。在纽约,这可能是一个稳定的、可持续的艺术实践的主要障碍。住房和高昂的生活费用,给个别文化工作者带来了巨大的经济负担,并且他们有能力继续在文化部门工作。文化工作者的负担能力,由于行业内无薪实习机会的激增而进一步加剧,这使得只有足够财务的人才能够支持自己。

5. 主要启示

一是强化文化发展的政府作用。政府和市场是经济发展的两大动力,带有公益性质文化的发展更是离不开政府的大力支持。政府对文化发展的支持是文化茁壮发展的关键因素。可以借鉴纽约的做法,在资金、土地、能源动力甚至运营维护上都全面给予极大支持。二是研究编制综合性文化规划。在面临文化发展新挑战的情况下,研究和制定综合性的文化规划成为全球城市推进文化建设的新趋势。在规划的编制方法上,应高度重视公众参与,以形成最为广泛的民意基础。在规划编制的内容上,应努力提升城市文化的包容和公平水平。文化获取的公平和文化的多元包容,能使城市变得更具吸引力,特别是吸引那些有创新创意人才。纽约在其历史上第一个综合性文化规划中,更是将包容和公平在文化发展中的地位提到了第一位的位置,认为文化大都市中文化发展最为重要的目标,"文化是所有人的文化"。纽约文化的包容,除了人口多元之外,更重要的是对弱势文化的包容,通过吸引各民族文化赋予纽约城市以新的活力。三是降低城市文化发展成本。文化是城市和社区的黏合剂,文化需要包容和平等。如果艺术家、文化工作者以及由他们组成文化领域

---

① 2016年,13家在纽约政府拥有建筑中运营的文化组织聚集在一起,成立了城市建筑的文化新联盟(The New Coalition of Culturals in City Buildings),以共同的价值观形成一个声音:他们在地理、领导力、纪律和服务的艺术家方面是多种多样的,但他们因共同的公平、多元化和包容性价值观而走到了一起。他们通过倡导能源补贴来支持其拥有的城市建筑的运作,以开始他们的工作。通过运营补贴,获得有意义的文化节目将会增加,更多的资源将用于公平和包容地实施节目。——笔者注

的非营利组织无法负担他们工作的成本,文化就不可能茁壮发展。不管是纽约还是伦敦、巴黎,城市政府都在努力给文化艺术工作者生活、工作、展示和演出提供经济实惠的空间。《纽约文化规划》甚至认为,纽约文化发展的高成本,在给文化从业者带来负面影响的同时,已经给纽约市继续作为全球文化中心的定位带来危机隐患。因此,应竭力控制和降低文化发展成本,为各种文化组织和文化工作者营造经济实惠和有吸引力的生活工作空间。

三、建设世界文化旅游名城的具体思考

(一)聚合丰富优质的文化资产

世界文化旅游名城以文化为导向,文化资产是构筑整个城市文化体系,决定城市发展高度的基础性要素。与普通城市相比,世界文化旅游名城在拥有、利用文化资产方面具有显著优势,可以凭借文化资产的庞大数量、优良品质为城市腾飞筑基。文化资产,特别是文化资源和文化设施的数量,是展现城市文化实力的最直观要素。世界文化旅游名城应该拥有众多的世界自然遗产和世界文化遗产,世界级非物质文化遗产,享誉全球的文化遗迹,举世知名的文化景观,受到世界广泛关注的顶级赛事,被国际游客普遍接受、向往的美食,名扬世界的音乐、绘画、影视、工艺、科技、创意作品等,这些都是体现城市文化积淀的重要资源;同时,世界文化旅游名城还应该拥有众多的国家博物馆,大型综合图书馆,顶级会议、展览场馆,大型体育赛事场馆,著名音乐演奏厅、剧院、电影院、文化餐厅、文化公共体等,这是支撑城市文化发展的主要设施。这两类资产的数量,将影响城市文化的成长可能性,进而影响整个城市的未来发展。与文化资产数量同样重要的,是它们的质量,这将直接决定世界文化旅游名城所能达到的高度。文化资源是否在世界上被普遍认可,是否得到国际权威组织机构的积极肯定,是否在一个广阔的空间范围内产生重大影响,是衡量城市文化实力的重要参考因素;文化设施是否先进、发达,在规模上、功能上、技术上是否达到国际一流水平、世界顶级水平,将决定该城市能否承担推动全人类文化进步、促进多元文化交汇融合、彰显城市文化魅力的重任。

就当今世界文化旅游名城来看,东京的文化复兴之路就是以文化资产的丰富和优化为基础的。东京的城市文化发展规划强调充分利用江户时代酝酿

而成的东京传统印象"江户风情",最大限度地聚集文化资源,开展众多的历史遗产活动;同时力求扩大城市中的艺术文化展示空间,加强文化体验艺术网络建设,聚集日本国内一流的文化设施,通过对公园等设施的再度整修、添加餐馆或咖啡厅等聚集休憩场所、复兴社区公园、修建活动广场等方式,展示东京近代城市新文化,使城市成为能够感知文化和历史的魅力空间。正是这些文化资产的丰富与优化,构筑起了"城市全面发展进入更加成熟阶段"的东京。

(二)提出积极前瞻的文化战略

文化战略代表了领导者、管理者对城市未来发展的构想与规划,决定了一座城市是否具有全面、持续前进的动能。与普通世界城市相比,世界文化旅游名城在发展战略的构建方面明显更具有引领性、前瞻性。它们更加关注文化在引导城市进步中的积极作用,更综合地考虑文化对城市全面发展、长期发展的影响,由此树立科学合理、充分体现文化价值的未来目标,并通过积极的文化愿景、高效的文化政策、卓越的文化项目、强力的文化投资,激发文化活力,为城市带来强劲澎湃的动力。伦敦的文化大都市发展战略就非常注重政策目标的制定,努力将领先的文化举措融入城市发展之中。当地政府发布了绿色创意产业手册,提供有关伦敦商业如何应对环境挑战的实用建议;伦敦市长努力促成一定数量的文化投资,通过规划政策,宣传和直接投资促进知识转让孵化;制定有利于文化行业发展的监管政策,并与各种机构密切合作,建立有效的监管机制;通过促进伦敦市政局和公共机构的合作,引导城市文化部门逐步市场化。纽约制定了《纽约文化规划(2017)》实施策略,通过政策引导,促进公平和包容,提升文化经济影响,增强文化经济领域非营利组织的负担能力,增强城市社区邻里特色,增加艺术文化教育投入,提升公共空间的艺术与文化创新能力,推进市域协同,保障城市与文化协同健康成长。在芝加哥,城市管理者致力于建设有活力的国际文化中心,出台了《芝加哥文化规划(1995)》,由芝加哥文化事务部进行统筹规划与实施,注重和广泛接纳底层民众的建议,通过分析城市文化的需求与发展机会,以不同参与角色为对象提出战略行动和措施。该规划提出文化政策应该渗透于芝加哥市区规划的各个方面,推动城市多元文化共同繁荣。在此规划中,芝加哥还正式提出了成为"有活力的国际文化中心"的未来发展愿景。由此可见,文化战略在各个世界文化旅游名城的发展中都起到了举足轻重的作用,没有这种强大的引领力量,是不可能产生伟大创造的。

(三)高度聚集的文化要素

世界文化旅游名城是高度发达、功能强大的世界城市,对各种文化要素具有普通城市无可比拟的吸收、整合能力,是文化要素荟萃聚集之地。世界文化旅游名城拥有大量的文化专业研究、创作、推广人才,拥有众多的人才培养、培训学校,有深厚的知识储备和技术储备,有发达的信息交流网络,有充裕的研发资金保障和成熟的成果转化机制,能够持续产出高质量的文化产品、文艺作品,保证知识产权、文化技术专利等重大成果向此地汇聚,并通过高效的传播平台实现宣传推广。就文化要素的聚集程度考量,世界文化旅游名城应该拥有大量的文化、艺术、体育学校及培训机构,能培养众多的相关专业学生,形成庞大的文化专业从业人员,不断创生的文化发明专利和文化知识产权,并通过遍及城市的知名媒体对本领域的成就进行广泛宣传。

芝加哥就十分重视文化要素的培养和生成。在这座城市中,艺术成为学校教育不可或缺的内容,在相关学科中被列在首位,是可以提升其他学科的重要力量。芝加哥试图通过学校艺术教育,培养出更多的未来艺术家和观众。同时,艺术教育并不止步于中小学校园,通过恢复成人和继续教育中的艺术项目,越来越多的芝加哥人可以充分发挥他们的创新创意潜力,形成推动城市文化进步的合力。此外,这座城市还拥有众多优秀的科研机构(如国立费米实验室、国立阿冈实验室等),有著名的球队(比如获得 2005 年世界棒球冠军的白袜队、夺取五届 NBA 篮球赛冠军的芝加哥公牛队等),有世界上最大的公共图书馆(藏书 200 多万册),有高度发达的传媒产业,拥有 110 多家报纸,许多大报社,诸如《芝加哥论坛报》《芝加哥太阳时报》《芝加哥每日新闻》等的总部均设在芝加哥,还有 100 家电台和 100 多家有线电视台,有目前世界上最著名的交响乐团——创建于 1891 年的芝加哥交响乐团……在整合这些文化要素的基础上,芝加哥成为重要的国际教育科研城市、文化体育城市和休闲城市,即所谓"头脑型"产业城市。在这里,各种文化成果纷纷涌现,使该城市最终进化为当之无愧的美国制造之都、经贸之都、会展之都、文化教育和工业中心。

(四)广泛活跃的文化参与

世界文化旅游名城位列世界城市前线,引领潮流、开风气之先,其文化活动(包括非盈利性质的公益文化活动和基于市场的文化旅游消费活动)丰富而活跃,充分彰显出时尚魅力和城市特色。在世界文化旅游名城,市民会以更大的热情,积极地参与到公益性、消费性的教育、艺术、文学活动中,营造出独属于这座城市的文化氛围,产生强大的文化魅力、文化吸引力,进而提升城市综合实力。这种参与性可以由若干更具体的要素构成:如众多的国际性文化展会、国际文化品牌节庆活动,市民积极参与大型音乐会、画展、比赛等大型文化活动,被高效利用的图书馆、艺术馆、电影院、博物馆,大量的城市志愿者,随处可见的充满特色的餐厅、夜店、咖啡馆、茶馆、广场、公园、绿地等公共文化活动空间。同时,世界文化旅游名城居民文化旅游消费支出金额应该在其家庭总支出占据相当大的比重。这些要素共同构成了世界文化旅游名城的文化活力。世界文化旅游名城温哥华拥有广泛的文化爱好者、参与者和消费者,这些要素为城市文化发展提供了基础和必要的条件。温哥华的城市居民对文化有深刻的意识和理解,他们充分认识到文化对其生活和家庭的重要性,都希望能参与、分享城市的文化盛宴,享受文化艺术对他们生活、家庭、工作和城市的价值,希望创造者、参与者和欣赏者都能共享不同形式的文化。在很大程度上,温哥华的文化正得益于政府官员、社区居民、社会组织成员、企业职员、文艺工作者等所有市民在艺术、学习、节庆、演出等各方面的通力合作。同样,新加坡政府也认为文化艺术最重要的利益相关方是学生与社区,这些人群在今后将成为文化现实和潜在的受众、顾客、参与者以及创造者。所以当地政府致力于提高人文艺术的普及教育,使艺术、历史等教育的重点超越传统正式教育的范畴,扩展到非正式教育领域,推动社区民众成为文化的参与者与创造者,推进艺术文化团体及设施进入社区空间。温哥华与新加坡对市民文化参与的重视,代表了世界文化旅游名城的成熟、包容和精致。

(五)具有竞争力的文创经济

今天,几乎所有的城市领导者、管理者都已经意识到文创经济在城市发展中正扮演着越来越重要的角色。对于世界文化旅游名城而言,以文化创意产业为主导,带动教育、文化、旅游、餐饮、休闲等产业协调发展而形成的文创经济,更是应对"城市病"挑战、破解城市二元结构、提升城市品质的重要驱动力。除此以外,世界文化旅游名城想要在国际城市竞争中脱颖而出,更需要构建现代化、全体系的文化产业链,推动文创经济高速健康发展,以增强城市竞争力。当然,文创经济是一个非常庞大的体系,涉及艺术设计、工艺产品、文化展演、音乐绘画、影视动漫、广播出版、广告创意、休闲娱乐等诸多领域。在这个庞大的体系中,世界文化旅游名城文创经济的综合竞争力主要体现在两个方面:一是强大的文化创意产品设计、创作、生产能力,二是突出的相关产品推广、传播、销售能力。这两项能力可以在城市知识产权高效创生、高效转化,文创产品开发项目大量实施,文化咨询服务大量提供,文化产业迅猛增值及其占城市产值比重不断提升,文化领域从业人员占就业人数的比重提升,文化产品国内、国际贸易量增大等不同层次得到生动的体现。

以今天的世界文化旅游名城为例,温哥华鉴于文化创意对于旅游产业乃至城市经济的影响日益显著,一直在尝试通过旅游战略把文化旅游对经济的效益最大化,并通过独特的文化体验和城市形象吸引游客。市政部门广泛开展与社会组织、市民之间的合作。通过携手推动规划、教育、产业等各方面的进展,吸引投资,提升文创产品品质,增强经济效益。纽约将艺术和文化视为推动经济发展的强大工具。一项由纽约和新泽西港口管理部门发起的研究表明,艺术和文化在纽约大都市区每年能够产生 56 亿美元的产出。纽约市的文化部门还将文化与社区融合在一起,通过创建公民普遍参与的文创平台,每年雇用数十万工人,吸引数千万游客,创造了数十亿美元的经济产出。从 2004年到 2014 年,纽约文化艺术品的数量增长了大约 20%,文化工作者的数量增长了大约 25%。目前,纽约市所拥有的创意产业岗位已经占到了全美国的8.6%。除文创产业本身的贡献外,其他相关产业和非营利性部门也能够依靠文创产业为城市带来的声誉而获得业务。在芝加哥,一个高效的、充满活力的文化市场极大提升了文创经济对城市经济的贡献。作为世界性的艺术中心,芝加哥吸引了大量的国际旅游者,餐馆、旅馆、交通产业、停车库和零售商业等都因一个高度市场化的"文化芝加哥"而获利。

(六)富有感染力的文化形象

以文化资产、文化要素为基础,文化战略为引领、文化参与、文化经济为动力,世界文化旅游名城最终将打造一个整体性、综合性的,极具感染力的文化形象。这种形象一部分是实体的:包括全球知名的城市文化地标、在国际上受到广泛关注的城市文化景观、被高度肯定的城市建筑风貌等。另一部分则是无形的:比如拥有获得高美誉度的世界级文化品牌,获得国际权威机构认证的重大文化项目,获得享誉世界的文化城市名誉,拥有众多全球知名的文化、艺术、体育团体和具有国际影响力的文化、艺术、体育名人,与全世界其他城市保持高频、密切的文化交流,等等。伦敦是"世界文化首都"、"全球卓越文化中心",伊丽莎白塔、伦敦眼、伦敦塔、白金汉宫、大英博物馆名扬全球。2007 年,泰特现代艺术馆(Tate Modern)的参观者突破 500 万,超过了世界任何一家现代艺术馆;同年,大英博物馆的参观者超过了 800 万人。2008 年,诺丁山嘉年华(Notting Hill Carnival)吸引了超过 100 万的游客……以之为代表的知名文化品牌树立起了伦敦的城市文化形象。巴黎是时尚浪漫之都,埃菲尔铁塔、巴黎圣母院、协和广场、亚历山大三世桥、卢浮宫、凯旋门、塞纳河构筑起了充满浪漫色彩的城市物理空间;时装周、购物天堂、艺术圣地则为巴黎浪漫时尚城市文化形象的树立注入了无形的魅力。努力建设"亚洲首位城市"的东京,以传统与现代的交汇,自然与历史的融合,独特的文化时尚,美味健康的饮食,便捷安全的城市环境共同构筑了最令人向往的旅游目的地城市形象。显然,这些正面的城市文化形象已经成为世界文化旅游名城优质的标签、光环,必将为这些城市赢得更多的提升空间和发展机遇。

延伸阅读:探寻"文化筑城立城兴城立体联动,
名城昨天今天明天一体互动"的建设路径①

一个城市有一个城市的历史,每个城市文化底蕴不同;一座城市有一座城市的特质,每个城市发展形态各异。成都建设世界文化名城,既要把握好历史文化"昨天、今天、明天"的关联,拨动三者一体互动,又要统筹好"文化筑城、文化立城、文化兴城"的尺度,推动三者立体联动。

---

① 黄建华、申良法:《世界文化名城怎么建——以成都路径为例》,《成都发展改革研究》2019 年第 2 期。

1."厚植昨天，文化筑城"：让历史文化资源"活"起来

将昨天历史文化写入嵌入映入今天城市发展建设历程，发掘保护用好成都现有历史文化名城资源。一是留旧设旧。在城市空间规划布局中坚持古香古韵散落成星，突出古址遗迹集中成片。提炼精选一批凸显天府文化特色的经典性元素和标志性符号，拟新建的地标性建筑，有条件的可通过还原、嵌入等形式体现老成都历史、建筑风貌的元素与韵味。采取"老城老办法、新城新办法"，老城改造把保留现有遗址遗迹遗存作为一条"底线红线"，新城建设有意识有计划还原再现那些体现"老成都"的标志性复古建筑。尤其是要避免建设性破坏。比如，对天府新区新发现的 200 多座崖墓等可采取就地建馆方式予以保留展示。二是修旧如旧。对现有遗存修缮或还原已消失的历史建筑，要用"老眼光""土办法"，慎用少用甚至不用现代科技手段，尽可能原汁原味还原本来面貌。对当前和今后发掘的历史遗迹要"先研究历史、后开发建设"，还原"真实面目"。优化升级浣花溪风景区、武侯祠三国城文化旅游区等重大项目，再现蜀国风情园、花重锦官等历史文化风貌。三是研旧承旧。规划新建"三国成都""明清成都""音乐成都""美食成都"等体现历史韵味的博物馆、展览馆、研究院等场所，与在蓉高校组建三国文化、蜀汉文化等研究中心，做好非物质文化遗产申报、保护和开发工作，举办都江堰放水节、成都大庙会等民俗活动，延续民风民俗，搞好标志性文化建设，推进历史名人文化传承创新工程。

2."立足今天，文化立城"：让层级文化产业"强"起来

坚持优化增量与盘活存量，做大做强做优成都建设世界文化名城产业。一是发展文化产业，做强文化经济。以重大文化产业项目带动，高起点定位文化产业，建立成都文化产业重点项目库，编制成都文化产业发展投资指导目录。文化开发利用与城市产业结构调整、城市空间布局、一二三产业发展紧密结合，整合文化资源，大力发展文化旅游业、高端娱乐业以及产业升级换代相关的创意设计、新媒体产业等，提高产业经济文化含量，提升文化产品附加值，扩大文化经济规模。丰厚文化资源与现代高新技术有机融合，开发具有鲜明地域特色文化产品，形成产业集群，创新完善产业生态圈生态链，培育独角兽企业。发展"文化+"新业态，持续发展非遗、会展等传统优势产业，扶植游戏

动漫、创意设计等新兴文化产业。二是擦亮文化名片，打造文化品牌。加快推进"非遗之都""音乐之都""会展之都"等建设，提升"金沙文化""大熊猫文化""青城山—都江堰"三张国际文化品牌含金量，厚植"三国文化""博物馆文化""芙蓉文化"等特色品牌，打造"杜甫诗歌奖""金芙蓉原创音乐奖"等具有国际影响力实力品牌。擦亮"老字号"金字品牌，鼓励蜀锦蜀绣、成都漆器、川派盆景等传统工艺强化创新设计。加强博物馆体系建设，发挥博物馆研究功能，建设古蜀文化、三国文化、五代十国文化等天府文化学术高地。积极申办具有国际影响力文化赛事，培育打造具有国际影响力自主品牌赛事。三是推动文企改革，创新文化载体。培育有成都特色的文化企业，增强文化产业自主创新能力。推动国有文化企业建立现代企业制度，实行股份制改造。加快传统文化产业与网络文化产业的融合，重点做大做强成都传媒集团等重点文化企业，培育扶持一批实力雄厚的网络文化企业。加强政府对开放型、涉外型文化企业的引导和管理职能，使之与国内外文化市场的发展相衔接。

3. "放眼明天，文化兴城"：让内生文化基因"动"起来

立足永续发展，深化细化量化成都建设世界文化名城设计。一是规划规范，科学布局未来。把文化建设放在现代化建设的大局中去定位，既要以市民需求为导向，更要彰显成都历史文化名城、"非遗之都""音乐之都""会展之都"等精神风貌。统筹城市建设方方面面，塑造市徽、市旗、市花以及标志性建筑群等城市文化符号，加快建设博物馆、展览馆、熊猫绿道、天府绿道等公共文化设施体系，避免大拆大建。重视培育文化遗产精神，对于不同遗产采用不同的保护方式。构建完善的文化发展法律法规体系，健全管理制度，保证城市文化及文化产业健康有序发展，使无形的文化力量成为构建文化城市的利器。二是创造创新，实现并跑领跑。依托文化产业促进文化名城建设，将文化的艺术价值、社会功能与经济发展彰显放大。抢占先机打造三国文化、熊猫等"唯一性"的 IP 品牌，推出一批兼具"热点"与"文化特色"的 IP 产品。推行不同层级的文化创意产业园区及特色基地认定认证，建立完善补贴奖励机制。充分运用开发移动互联、虚拟现实、流媒体等新兴技术，提高文化产品制作、包装与传播环节的科技含量。改变文化遗产保护宣传方式，利用公园、广场、公交车等大众化宣传平台，让文化遗产更加"亲民"。推动政府与企业合作，新办

"名城知识季"等赛事,强化文化保护,宣传企业形象,实现双赢。三是开放开发,深化交流合作。系统制定文化输出计划,拓展国际文化市场,把成都厚重历史文化和独特民俗文化传播到世界各地。积极与具有世界影响力的国际品牌、园区和企业加强合作交流,尤其是加强与世界一线城市和成都友好城市的交往交流,促进成都现代时尚文化的设计创意、商贸经济等多种价值实现。深化与联合国教科文组织等国际文化组织的协作合作,拓展成都文化传播渠道。加强与"一带一路"沿线国家沟通交流,为成都文化"走出去"创造机遇,创设平台。

第三节　打造长江上游文化旅游通道

成渝地区是长江上游文化旅游通道的重要组成部分,对整个长江上游文化旅游通道的打造和发展具有举足轻重的作用。

一、打造长江上游文化旅游通道的总体考量

(一)推动区域经济社会高质量发展

近年来,各地文化旅游产业发展态势良好,推进文化旅游融合发展,不仅是推动产业转型升级发展,提质发展现代服务业,加快构建现代产业体系的重要措施,也是满足当前社会结构不断优化背景下所催生的庞大中产阶层群体追求更高生活质量的需要。打造国际文化旅游走廊,是以文化为内核、旅游为载体的经济社会协同发展的一个着力点,并以此推动区域内资本、土地、人才、信息等生产要素的优化组合配置,逐渐形成区域产业发展链条,助力区域经济社会高质量发展。

(二)推动文化繁荣兴盛

国际性文化旅游走廊聚集了一批优质文化旅游资源,既是推动整合沿线城市旅游资源,实现资源、文化互通互补,促成中华文化以及具有特点的地域文化、民族文化展现与文化体验的完整性,推动中华文化繁荣兴盛的需要;也是推进中华文化影响力、吸引力、供给力和文化旅游产业竞争力不断提升的途径之一,有利于彰显文化特色,创造区域旅游增长极,以文促旅、以旅彰文,推

动中华文化繁荣兴盛。

（三）推动文化旅游产业高质量发展

利用区域共同市场逐步消除旅游生产要素流动障碍，建立一个没有行政壁垒的无障碍旅游区，形成统一的旅游大市场是文化旅游高质量发展的内在要求。打造国际性文化旅游走廊，有利于促成区域内政府部门统一协同，激发企业主体作用，实现无障碍旅游区的打造，促进两地文化元素的多样化；加速区域制度平台、产业平台、市场平台、智慧平台的搭建，有利于整合文化旅游资源，提升旅游文化服务水平，形成特色文化旅游产品与多样化文创产品，推进文化旅游产业互动发展。

二、打造长江上游文化旅游通道的关键环节

（一）树立文化旅游全球化意识

发展国际旅游涉及旅游产品开发、旅游配套服务设施建设、旅游服务人员培训和旅游市场营销等方面内容。特别是旅游服务人员的素质待提升。当然，这和两地旅游的发展历史有关系，毕竟当前对于旅游的重视还很不够。作为正在向现代化、国际化快速迈进的西部特大中心城市，成都的特色化城市文态建设，既要尊重和珍视自己的历史文化，彰显城市深厚的文化底蕴、再现城市文脉；又要与时俱进面向未来、面向世界，塑造具有地域文化特色的现代城市文态，进而明确城市文态的未来走向。

（二）以特色文化城市建设为抓手

城市文态建设研究要服从和服务于建设"文化立城"战略，自觉与城市形态、业态、生态建设协调，着力突出城市文化的特点、亮点，深入探索建设特色化城市文态的具体路径，以提升城市文化软实力，形成城市文化新优势。站在全域成都的高度，遵循成都文态的总体特色定位，将文态要素和城市功能相结合，在空间上进行优化整合，凸显成都城市文化的地方特色、传统特色和现代特色，形成层次清晰、特色鲜明、传播有效的城市特色文态格局，提升城市文化形象和品位。通过特色化城市文态建设强化城市文化个性，提升城市文化品味，扭转成都城市风貌与国内其他城市日益趋同、城市特色淡化、文化魅力削弱的状况，使成都从"千城一貌"的困境中摆脱出来，让成都特色文化在城市

中重放异彩,重振成都城市文化魅力。

(三)以文化旅游融合为目标

文化、旅游等两种或两种以上的要素相互结合后,通过交叉渗透和整合重组,突破原有的产业领域,使产业边界收缩、模糊或消失(文化和旅游之间虽无清晰的产业边界,但各自业务领域和特点不同,事实上存在模糊的产业边界),共生共赢而形成新的文化旅游产品业态和产业体系。文化和旅游融合发展不是简单的要素叠加,而是有机融合渗透和资源重组,从而实现文化旅游性与旅游文化性的有机统一。文化和旅游优势互补,在融合过程中通过功能重组和价值创新,形成涵盖文化旅游产业核心价值的新价值链,将释放更强能量,取得"1+1>2"的产业叠加效应,形成以文化丰富旅游内涵、提升旅游层次、增强旅游魅力,以旅游传承交流文化、带动文化产业、促进文化繁荣的良好格局,并有利于构建新型文化旅游产业体系,推动文化旅游产业转型升级和高质量发展,更好地满足人民群众日益增长的文化和旅游生活需要。在文化旅游融合过程中存在价值观念、体制机制、业务领域、运作方式等方面的矛盾和冲突,将经历"文化旅游磨合"—"文化旅游融合"—"文化旅游和合"的发展过程,需要通过调整各自角色,加强沟通交流,增进相互理解,培育文化自信,强化合作互动,动态优化调整,实现平等互惠和协调发展。

三、打造长江上游文化旅游通道的具体思考

随着我国旅游业的快速发展,旅游业在国民经济中的地位不断提高,旅游业逐步成为推动产业结构调整、实现经济转型的重要动力。与此同时,伴随经济全球化的持续推进和新兴旅游目的地的不断涌现,全球旅游市场竞争也日趋激烈。在这样的大背景下,国内众多地区相继提出把建设国际旅游目的地作为战略发展目标。据不完全统计,目前国内已有90多个地区提出要建设成为国际旅游目的地或世界级旅游目的地,并以此作为提升目的地发展质量和参与全球旅游业竞争的重要举措。

国内外优秀世界级旅游目的地的发展经验表明,建设世界级旅游目的地首要的任务,就是立足城市的区域特征,放眼世界,进行整体的战略规划。

（一）建设世界级旅游枢纽中心

重庆、成都作为超特大中心城市，不仅要统筹中心城市和周边区域的旅游资源，成为区域文化旅游的入境地和聚集地，更要发挥区位优势，努力成为连接我国其他区域入境旅游的集散地和世界级旅游枢纽中心。

（二）建设世界级休闲度假胜地

例如，成渝历来在国内外享有"休闲之都"的美誉，在旅游提档升级、转型发展的当下，我们仍然应当牢牢抓住并深入挖掘这一城市气质。以世界级休闲度假胜地的战略发展思路，总领都江堰—青城山、西岭雪山、龙门山、龙泉山、长江三峡、大足石刻、武隆喀斯特等山水自然资源，道教文化、移民文化等人文资源，拓展古镇游、乡村游等特色形式，融合传统的茶馆、川菜，以及现代的滑雪、温泉、养生、自行车、滑翔、自驾游等多种休闲度假项目，学习欧洲度假小镇经验，打造具有特色的世界级休闲度假胜地。

（三）建设藏羌彝民族文化之窗

成渝都是多民族散居的城市，境内除汉族外，还有大量的暂住和流动少数民族同胞。四川是全国唯一的羌族聚居区、最大的彝族聚居区和全国第二大涉藏地区，在2014年3月由原文化部、财政部联合印发的《藏羌彝文化产业走廊总体规划》中，将成都定位为藏羌彝文化产业走廊依托的首个城市枢纽。因此，两地未来的旅游发展，也要充分利用藏羌彝民族文化资源，建设成为甘孜、阿坝、九寨、黄龙、西藏、云南等藏羌彝旅游的枢纽城市和集散中心，打造成为以文化旅游、演艺娱乐等多种形式向世界展示藏羌彝民族文化的窗口。

成渝建设世界级旅游目的地的目标，应与建设国际旅游集散地相结合，集散地和目的地两者是相辅相成，互相促进、互相交叉的，应紧密结合、同步推进。"国际"的范围是指多个国家的，而"世界"的则在范围上是涵盖全人类、全球的更大更全面的概念，因此，二者又有着逐渐递进的逻辑关系。

参 考 文 献

1. 著作

［美］罗伯特·麦金托什、夏希肯特· 格波特:《旅游学——要素、实践、基本原理》,上海文艺出版社 1985 年版。

Stabler M.J., Papatheodorou A., Sinclair M. T., *The Economics of Tourism*, Routledge, 2010.

2. 学术文章和学位论文

戴斌、黄璜:《区域旅游一体化的理论建构与战略设计——以京津冀为例》,《人文地理》2016 年第 3 期。

但红燕、徐武明:《旅游产业与文化产业融合动因及其效应分析——以四川为例》,《生态经济》2015 年第 7 期。

杜裕民:《长江经济带旅游一体化中心城市联动机制研究》,《华东经济管理》2017 年第 5 期。

黄莉苹、侯学钢:《京津冀旅游交通一体化的协同发展刍议》,《城市发展研究》2015 年第 1 期。

黄平、曾绍伦:《城市群同城化与智慧旅游一体化研究综述》,《生态经济》2015 年第 11 期。

黄崴:《旅游产业与多元文化融合发展问题分析》,《商业时代》2013 年第 32 期。

黄晓星:《日本文化旅游机制创新的经验与启示》,《社会科学家》2019 年第 8 期。

《京津冀旅游协同发展初步实现"四个一体化"》,《前线》2017 年第 10 期。

蒋丽芹、张丹、张丹丹:《高速铁路建设与长三角地区旅游一体化发展》,《商业研究》2012 年第 12 期。

蒋丽芹、张丹:《苏浙皖沪旅游经济的区域差异化与一体化发展研究》,《生态经济》2012 年第 9 期。

李淑玲:《中西方文化与旅游及旅游文化发展的主要对策——以西安咸阳"旅游一体化"为例》,《生产力研究》2009 年第 16 期。

李晓标、解程姬:《文化资本对旅游经济增长的结构性影响》,《管理世界》2018 年第 11 期。

李志飞、夏磊:《中三角区域旅游一体化发展战略研究》,《湖北大学学报(哲学社会科学版)》2013 年第 3 期。

李志勇、徐红宇:《基于欧盟经验的中国—东盟旅游一体化建设研究》,《广西社会科学》2016 年第 7 期。

刘冰清:《鄂西生态文化旅游圈一体化发展策略探讨》,《农业考古》2009 年第 3 期。

刘红梅:《长株潭"两型社会"区域红色旅游一体化研究》,《湖南科技大学学报(社会科学版)》2013 年第 1 期。

刘晋含、袁晓琳、沈和江、贾菲璠:《京津冀区域旅游一体化开发的运行模式》,《湖北农业科学》2013 年第 21 期。

刘思敏:《京津冀一体化旅游发展的问题与对策》,《旅游学刊》2014 年第 10 期。

刘英:《遗产廊道背景下丝绸之路经济带旅游一体化创新》,《甘肃社会科学》2016 年第 5 期。

龙志、曾绍伦:《川南城市群智慧旅游同城化一体化的体制与机制研究》,《四川理工学院学报(社会科学版)》2017 年第 6 期。

孟茂倩:《文化产业与旅游产业融合发展探析》,《中州学刊》2017 年第 11 期。

孟宁:《文化旅游产业离不开法治护航》,《人民论坛》2018 年第 34 期。

潘利:《许昌市"三国曹魏文化"旅游一体化发展研究》,《江苏商论》2011 年第 6 期。

彭征:《山地乡村体验互助式旅游的一体化发展构想》,《农业经济》2016 年第 10 期。

石丹、衣保中:《基于动力系统的长吉图旅游一体化研究》,《商业研究》2012 年第 12 期。

宋瑞:《中国旅游发展笔谈——文化和旅游的关系》,《旅游学刊》2019 年第 4 期。

宋子千:《从国家政策看文化和旅游的关系》,《旅游学刊》2019 年第 4 期。

田光辉、田敏:《充分挖掘区域特色,促进民族文化旅游产业发展》,《贵州民族研究》2015 年第 12 期。

田里、彭芸:《旅游消费的文化畸变与矫治》,《中国人口·资源与环境》2018 年 S1 期。

王爱忠、牟华清:《城乡旅游一体化发展模式及其实现机制——基于核心—边缘视角》,《技术经济与管理研究》2016 年第 5 期。

王斌、陈慧英:《鄂西生态文化旅游圈旅游全要素协同发展体系研究》,《经济地理》2011 年第 12 期。

王建喜:《长三角旅游一体化阻滞与突破》,《资源开发与市场》2013 年第 10 期。

王辉、石莹、武雅娇、苑莹、王亮:《海岛旅游地"陆岛旅游一体化"的测度与案例实证》,《经济地理》2013 年第 8 期。

魏小安:《京津冀旅游一体化的动力与推力》,《旅游学刊》2014 年第 10 期。

吴必虎:《弱行政化、强市场化与环北京旅游一体化》,《旅游学刊》2014 年第 11 期。

吴大明:《欧盟旅游一体化对皖江示范区旅游业发展的启示》,《江淮论坛》2013 年第 5 期。

杨春宇:《文化旅游产业创新系统理论研究——多理论视角下的研究进程、评述及展望》,《技术经济与管理研究》2018 年第 2 期。

殷平、高欣娜:《高铁引导下的京津冀旅游一体化》,《人民论坛》2016 年第 15 期。

银元、李晓琴:《城乡旅游一体化发展动力机制与路径研究》,《农村经济》2013 年第 11 期。

尹奎:《以社会学理论探索农村文化和旅游耦合的产品模式》,《农业经济》2018 年第 8 期。

张补宏、韩俊刚:《珠三角区域旅游一体化机制创新探析》,《地理与地理信息科学》2011 年第 6 期。

邹光勇、刘明宇:《区域旅游一体化能实现吗？——基于 Salop 模型的 SPNE 研究》,《旅游学刊》2013 年第 12 期。

Amieson W., "The Challenge of Cultural Tourism", *Canadian Tourism Bulletin*, 1994(3).

Dagnachew Nega, "An Investigating the SWOT Analysis of Cultural Tourism Heritage for Sustainable Tourism Development: The Case of LALIBELA Rock Hewn Churches, World Heritage Site, Ethiopia", *Journal of Tourism & Hospitality*, 2018(6).

Kent Schroeder, "Cultural Values and Sustainable Tourism Governance in Bhutan", *Sustainability*, 2015(12).

Papatheodorou A., "Exploring the evolution of tourism resorts", *Annals of Tourism Research*, 2004(1).

Philip Omondi Abiero, Maria Onyango, Vitalis Mogwambo, "Influence of Core Resources on Performance of Cultural Heritage Tourism in Kenya", *Journal of Economics and Sustainable Development*, 2017(10).

Reisinger Y., "Tourist-Host Contactas Part of Cultural Tourism", *World Leisureand Recreation*, 1994(3).

Sung-Ta Liu, "Comparing the perspectives of municipal tourism departments and cultural departments on urban cultural - tourism development", *Journal of Destination Marketing & Management*, 2020(16).

TomMordue, "New urban tourism and new urban citizenship:researching the creation and management of postmodern urban public space", *International Journal of Tourism Cities*, 2017(4).

1990 年以来文化旅游法规目录

类别	时间	法规名称
规范性文件;令	2019 年 12 月 9 日	中华人民共和国文化和旅游部令
规范性文件;通知	2019 年 11 月 22 日	关于印发《网络音视频信息服务管理规定》的通知
法律法规规章;其他	2019 年 11 月 12 日	文化和旅游部关于印发《游戏游艺设备管理办法》的通知
规范性文件;通知	2019 年 11 月 1 日	文化和旅游部办公厅 国家文物局办公室关于印发《公共文化服务领域基层政务公开标准指引》的通知
规范性文件;通知	2019 年 10 月 17 日	文化和旅游部办公厅关于印发《文化和旅游部信访工作管理办法》的通知
规范性文件;通知	2019 年 10 月 8 日	文化和旅游部关于《在线旅游经营服务管理暂行规定(征求意见稿)》公开征求意见的通知
规范性文件;公告	2019 年 8 月 19 日	文化和旅游部关于行政规范性文件清理结果的公告
法律法规规章;其他	2019 年 8 月 19 日	文化和旅游部现行有效规章目录
发展规划;通知	2019 年 7 月 16 日	文化和旅游部关于印发《曲艺传承发展计划》的通知
法律法规规章;令	2019 年 7 月 10 日	文化和旅游部关于废止《网络游戏管理暂行办法》和《旅游发展规划管理办法》的决定
规范性文件;通知	2019 年 5 月 7 日	文化和旅游部关于印发《文化和旅游规划管理办法》的通知

续表

类别	时间	法规名称
规范性文件;通知;意见	2019年3月14日	文化和旅游部关于印发《关于促进旅游演艺发展的指导意见》的通知
规范性文件;通知	2019年3月7日	文化和旅游部办公厅关于进一步规范涉外营业性演出审批工作的通知
规范性文件;通知	2019年3月1日	文化和旅游部办公厅关于印发《国家全域旅游示范区验收、认定和管理实施办法(试行)》和《国家全域旅游示范区验收标准(试行)》的通知
规范性文件;通知	2019年1月22日	中央宣传部、文化和旅游部、财政部、人力资源社会保障部关于印发《国有文艺院团社会效益评价考核试行办法》的通知
规范性文件;意见	2019年1月16日	文化和旅游部关于实施旅游服务质量提升计划的指导意见
法律法规规章;令	2018年12月10日	国家级文化生态保护区管理办法
规范性文件;意见	2018年11月25日	文化和旅游部关于提升假日及高峰期旅游供给品质的指导意见
规范性文件;通知	2018年11月15日	文化和旅游部等17部门关于印发《关于促进乡村旅游可持续发展的指导意见》的通知
规范性文件;意见	2018年11月13日	文化和旅游部 财政部关于在文化领域推广政府和社会资本合作模式的指导意见
规范性文件;通知	2018年6月1日	文化和旅游部办公厅关于做好社会艺术水平考级管理工作的通知
规范性文件;通知	2018年5月29日	文化和旅游部办公厅关于印发《国家旅游人才培训基地管理办法》(试行)的通知
法律法规规章;令	2018年3月15日	旅游行政许可办法
法律法规规章;令	2018年2月5日	关于废止《香港和澳门服务提供者在广东省设立旅行社申请审批办法》的决定
法律法规规章;通知	2018年1月4日	文化部办公厅关于印发《"中国民间文化艺术之乡"命名和管理办法》的通知
法律法规规章;其他	2017年12月15日	社会艺术水平考级管理办法
法律法规规章;其他	2017年12月15日	网络游戏管理暂行办法
法律法规规章;其他	2017年12月15日	娱乐场所管理办法
法律法规规章;其他	2017年12月15日	营业性演出管理条例实施细则
法律法规规章;令	2017年12月15日	文化部关于废止和修改部分部门规章的决定

续表

类别	时间	法规名称
法律法规规章;其他	2017 年 12 月 15 日	互联网文化管理暂行规定
规范性文件;通知	2017 年 12 月 14 日	文化部关于废止部分规范性文件的通知
规范性文件;通知	2017 年 11 月 14 日	国家旅游局办公室关于加强旅游诚信建设实施失信联合惩戒的通知
规范性文件;公告	2017 年 11 月 6 日	国家旅游局关于规范性文件清理结果的公告
法律法规规章;令	2017 年 11 月 4 日	中华人民共和国公共图书馆法
法律法规规章;令	2017 年 11 月 1 日	导游管理办法
规范性文件;通知	2017 年 9 月 30 日	文化部办公厅关于印发《中国文化艺术政府奖动漫奖评奖办法》的通知
规范性文件;通知	2017 年 9 月 29 日	文化部办公厅关于进一步做好戏曲进校园工作的通知
规范性文件;通知	2017 年 9 月 13 日	国家旅游局办公室关于印发《旅游业国家标准和行业标准制修订工作管理办法》的通知
规范性文件;通知	2017 年 9 月 5 日	国家旅游局关于规范旅行社经营行为维护游客合法权益的通知
规范性文件;意见	2017 年 8 月 19 日	国家旅游局关于深化导游体制改革加强导游队伍建设的意见
规范性文件;通知	2017 年 8 月 14 日	国家旅游局办公室关于领队管理工作有关事宜的通知
发展规划;通知	2017 年 8 月 7 日	文化部关于印发《"十三五"时期全国古籍保护工作规划》的通知
规范性文件;通知	2017 年 7 月 27 日	国家旅游局办公室关于加强出境旅游管理规范出境旅游经营的紧急通知
规范性文件;通知	2017 年 7 月 24 日	文化部关于发布行业标准《演出安全 第 6 部分:舞美装置安全》的通知
规范性文件;通知	2017 年 7 月 18 日	文化部关于引导迷你歌咏亭市场健康发展的通知
发展规划;通知	2017 年 7 月 7 日	文化部关于印发《文化部"十三五"时期公共数字文化建设规划》的通知
发展规划;通知	2017 年 7 月 7 日	文化部关于印发《"十三五"时期全国公共图书馆事业发展规划》的通知
规范性文件;通知	2017 年 7 月 6 日	文化部关于规范营业性演出票务市场经营秩序的通知

续表

类别	时间	法规名称
规范性文件;通知	2017 年 5 月 27 日	国家旅游局办公室关于换发电子导游证相关事宜的补充通知
规范性文件;意见	2017 年 5 月 27 日	中宣部文化部 教育部 财政部关于新形势下加强戏曲教育工作的意见
规范性文件;通知	2017 年 5 月 26 日	国家旅游局办公室关于进一步加强出境游市场监管的通知
规范性文件;通知	2017 年 5 月 22 日	文化部关于发布行业标准《演出安全第 9 部分:舞台幕布安全》的通知
发展规划;通知	2017 年 5 月 4 日	文化部关于印发《"十三五"时期繁荣群众文艺发展规划》的通知
发展规划;通知	2017 年 4 月 26 日	文化部关于印发《文化部"十三五"时期文化科技创新规划》的通知
法律法规规章;令	2017 年 4 月 25 日	大陆居民赴台湾地区旅游管理办法
发展规划;通知	2017 年 4 月 20 日	文化部关于印发《文化部"十三五"时期文化产业发展规划》的通知
规范性文件;意见	2017 年 4 月 11 日	文化部关于推动数字文化产业创新发展的指导意见
规范性文件;通知	2017 年 3 月 15 日	国家旅游局办公室关于换发电子导游证等相关事宜的通知
规范性文件;通知	2017 年 2 月 10 日	文化部关于废止《歌舞厅照明及光污染限定标准》等 9 项推荐性行业标准的通知
规范性文件;通知	2016 年 12 月 29 日	文化部 新闻出版广电总局 体育总局 发展改革委 财政部关于印发《关于推进县级文化馆图书馆总分馆制建设的指导意见》的通知
发展规划;其他	2016 年 12 月 28 日	文化部"一带一路"文化发展行动计划
规范性文件;通知	2016 年 12 月 27 日	文化部关于发布行业标准《舞台管理导则》的通知
法律法规规章;其他	2016 年 12 月 25 日	中华人民共和国公共文化服务保障法
法律法规规章;令	2016 年 12 月 12 日	关于修改《旅行社条例实施细则》和废止《出境旅游领队人员管理办法》的决定
规范性文件;通知	2016 年 12 月 2 日	文化部办公厅关于印发《文化部办公厅关于因公出入境专办员的管理办法》的通知
法律法规规章;令	2016 年 9 月 27 日	关于废止《导游人员管理实施办法》的决定
法律法规规章;令	2016 年 9 月 27 日	旅游安全管理办法

类别	时间	法规名称
规范性文件;意见	2016 年 9 月 13 日	文化部关于推动文化娱乐行业转型升级的意见
规范性文件;通知	2016 年 8 月 26 日	文化部办公厅关于转发《财政部 海关总署 国家税务总局关于动漫企业进口动漫开发生产用品税收政策的通知》的通知
规范性文件;通知	2016 年 8 月 25 日	文化部关于废止部分规范性文件的通知
法律法规规章;令	2016 年 7 月 19 日	关于废止《旅游景区质量等级评定管理办法》的决定
规范性文件;通知	2016 年 7 月 19 日	文化部关于发布行业标准《流动图书车车载装置通用技术条件》的通知
规范性文件;通知	2016 年 7 月 18 日	文化部关于印发《文化志愿服务管理办法》的通知
规范性文件;通知	2016 年 7 月 1 日	文化部关于加强网络表演管理工作的通知
规范性文件;通知	2016 年 6 月 13 日	文化部关于发布行业标准《演出场所扩声用扬声器系统通用规范》的通知
规范性文件;通知	2016 年 5 月 30 日	国家旅游局办公室关于印发《国家旅游局关于旅游不文明行为记录管理暂行办法》的通知
规范性文件;通知	2016 年 5 月 17 日	文化部办公厅关于印发《文华奖章程》的通知
规范性文件;通知	2016 年 5 月 11 日	国务院办公厅转发文化部等部门关于推动文化文物单位文化创意产品开发若干意见的通知
规范性文件;通知	2016 年 5 月 4 日	文化部关于贯彻《国务院关于修改部分行政法规的规定》的通知
规范性文件;通知	2016 年 4 月 25 日	文化部关于发布行业标准《图书馆行业条码》的通知
规范性文件;通知	2016 年 4 月 12 日	国家旅游局 交通运输部关于进一步规范导游专座等有关事宜的通知
规范性文件;通知	2016 年 4 月 8 日	文化部办公厅关于加强旅游市场文化经营活动监管的通知
规范性文件;通知	2016 年 3 月 24 日	文化部关于贯彻实施《艺术品经营管理办法》的通知
规范性文件;通知	2016 年 3 月 11 日	文化部关于发布行业标准《社区图书馆服务规范》的通知

续表

类别	时间	法规名称
规范性文件;通知	2016 年 3 月 11 日	文化部办公厅关于印发《群星奖评奖办法》的通知
法律法规规章;其他	2016 年 3 月 2 日	旅行社条例
规范性文件;公告	2016 年 3 月 2 日	国家旅游局关于规范性文件清理结果的公告
规范性文件;通知	2016 年 2 月 19 日	国家旅游局关于规范出境游保证金有关事宜的通知
规范性文件;通知	2016 年 2 月 3 日	文化部办公厅关于印发《文化市场黑名单管理办法(试行)》的通知
法律法规规章;令	2016 年 1 月 18 日	艺术品经营管理办法
规范性文件;通知	2015 年 12 月 7 日	国家旅游局办公室关于印发《境外旅游宣传推广工作办法》的通知
规范性文件;通知	2015 年 12 月 2 日	国家旅游局办公室关于积极推进通过法定途径分类处理旅游领域信访投诉请求工作的通知
规范性文件;意见	2015 年 10 月 2 日	国务院办公厅关于推进基层综合性文化服务中心建设的指导意见
规范性文件;意见	2015 年 9 月 30 日	国家旅游局关于打击组织"不合理低价游"的意见
规范性文件;意见	2015 年 9 月 30 日	国家旅游局关于打击旅游活动中欺骗、强制购物行为的意见
规范性文件;通知	2015 年 9 月 28 日	国家旅游局关于放宽旅行社设立服务网点政策有关事项的通知
规范性文件;其他	2015 年 8 月 5 日	国家旅游局办公室关于开展港澳游和赴台游团队
规范性文件;通知	2015 年 7 月 30 日	国家旅游局办公室关于完善"导游人员从业资格证书核发"行政审批事项有关工作的通知
规范性文件;意见	2015 年 7 月 30 日	国家旅游局 人力资源社会保障部 中华全国总工会关于进一步加强导游劳动权益保障的指导意见
规范性文件;通知	2015 年 7 月 29 日	关于印发《旅游经营服务不良信息管理办法(试行)》的通知
规范性文件;通知	2015 年 7 月 17 日	国务院办公厅印发关于支持戏曲传承发展若干政策的通知

续表

类别	时间	法规名称
规范性文件;通知	2015 年 6 月 11 日	国家旅游局 公安部 工商总局 关于治理规范旅游市场秩序的通知
规范性文件;其他	2015 年 6 月 10 日	关于开展上网服务营业场所服务环境分级评定工作的通知
规范性文件;通知	2015 年 5 月 28 日	国家旅游局关于落实简政放权和行政审批工商登记制度改革有关规定的通知
规范性文件;其他	2015 年 5 月 14 日	关于修改《游客不文明行为记录管理暂行办法》的通知(失效)
规范性文件;意见	2015 年 5 月 11 日	国务院办公厅转发文化部等部门关于做好政府向社会力量购买公共文化服务工作意见的通知
法律法规规章;其他	2015 年 3 月 20 日	博物馆条例
规范性文件;通知	2015 年 2 月 16 日	关于发布《〈内地与香港(澳门)关于建立更紧密经贸关系的安排〉关于内地在广东省与香港(澳门)基本实现服务贸易自由化的协议》涉旅游措施的公告
规范性文件;公告	2015 年 2 月 16 日	国家旅游局关于内地旅行团乘邮轮从香港赴台湾后前往日本和韩国旅游事项的公告
规范性文件;通知	2014 年 12 月 31 日	关于印发《国家旅游局信访工作实施细则》的通知
规范性文件;通知	2014 年 12 月 15 日	国家旅游局关于对赴台旅游业务有关违规行为的通知
规范性文件;通知	2014 年 9 月 23 日	关于印发 2014 年版《团队境内旅游合同(示范文本)》《团队出境旅游合同(示范文本)》和《大陆居民赴台湾地区旅游合同(示范文本)》简化版本的通知
规范性文件;通知	2014 年 5 月 9 日	关于印发 2014 年版《团队境内旅游合同(示范文本)》《团队出境旅游合同(示范文本)》《大陆居民赴台湾地区旅游合同(示范文本)》和《境内旅游组团社与地接社合同(示范文本)》的通知
规范性文件;其他	2014 年 4 月 30 日	国家艺术基金章程(试行)
规范性文件;通知	2014 年 4 月 30 日	关于推动 2014 年度文化金融合作有关事项的通知
规范性文件;意见	2014 年 3 月 17 日	文化部关于贯彻落实《国务院关于推进文化创意和设计服务与相关产业融合发展的若干意见》的实施意见

类别	时间	法规名称
规范性文件;意见	2014 年 3 月 17 日	文化部 中国人民银行 财政部关于深入推进文化金融合作的意见
规范性文件;通知	2014 年 2 月 13 日	关于公开文化部目前保留的行政审批事项的通知
规范性文件;其他	2014 年 1 月 16 日	国家旅游局办公室关于印发《旅游行业技术能手评选表彰管理办法》的通知
规范性文件;其他	2013 年 12 月 20 日	国家旅游局办公室关于印发
规范性文件;通知	2013 年 12 月 17 日	国家旅游局关于严格执行旅游法第三十五条有关规定的通知
规范性文件;通知	2013 年 12 月 3 日	国家旅游局办公室关于将《旅行社质量保证金存取管理办法》修改为《旅游服务质量保证金存取管理办法》的通知
规范性文件;其他	2013 年 12 月 2 日	国家旅游局办公室关于印发《旅游系统先进集体、劳动模范和先进工作者评选表彰管理办法(试行)》的通知
规范性文件;通知	2013 年 10 月 31 日	关于印发《旅行社责任保险投保信息报送和检查暂行办法》的通知
规范性文件;通知	2013 年 9 月 22 日	国家旅游局关于执行《旅游法》有关规定的通知
发展规划;通知	2013 年 9 月 11 日	文化部关于印发《文化部信息化发展纲要》的通知
规范性文件;通知	2013 年 8 月 28 日	文化部关于发布文化市场行政审批办事指南和业务手册的通知
规范性文件;通知	2013 年 8 月 15 日	国家旅游局办公室关于乘邮轮从港台赴日本或韩国旅游组团事项的通知
规范性文件;通知	2013 年 8 月 13 日	文化部关于实施《网络文化经营单位内容自审管理办法》的通知
规范性文件;通知	2013 年 7 月 16 日	文化部关于印发《对港澳文化交流重点项目扶持办法(试行)》的通知
规范性文件;通知	2013 年 6 月 27 日	关于统一规范旅游质监执法标志的通知
法律法规规章;其他	2013 年 6 月 6 日	中华人民共和国旅游法
规范性文件;通知	2013 年 5 月 14 日	关于申请办理大陆居民赴台旅游领队证有关事项的通知
法律法规规章;令	2013 年 5 月 12 日	旅游行政处罚办法

类别	时间	法规名称
规范性文件;通知	2013 年 3 月 15 日	文化部关于贯彻《娱乐场所管理办法》的通知
规范性文件;通知	2013 年 2 月 26 日	国家旅游局国家工商行政管理总局关于印发《国内旅游"一日游"合同(示范文本)》的通知
发展规划;通知	2013 年 1 月 31 日	文化部关于印发《全国公共图书馆事业发展"十二五"规划》的通知
发展规划;通知	2013 年 1 月 30 日	文化部关于印发《全国文化信息资源共享工程"十二五"规划纲要》的通知
规范性文件;通知	2013 年 1 月 22 日	国家旅游局办公室关于落实内地与香港、澳门《关于建立更紧密经贸关系安排补充协议九》有关旅游措施的通知
发展规划;通知	2013 年 1 月 14 日	文化部关于印发《文化部"十二五"时期公共文化服务体系建设实施纲要》的通知
规范性文件;通知	2012 年 12 月 6 日	文化部关于印发《演出经纪人员管理办法》的通知
规范性文件;通知	2012 年 9 月 28 日	文化部关于实施《〈内地与香港关于建立更紧密经贸关系的安排〉补充协议九》和《〈内地与澳门关于建立更紧密经贸关系的安排〉补充协议九》有关事项的通知
发展规划;通知	2012 年 9 月 13 日	文化部办公厅关于印发《文化部"十二五"文化科技发展规划》的通知
规范性文件;其他	2012 年 9 月 12 日	文化部关于对天津市红桥区回族大刀队等105 个国家级非物质文化遗产代表性项目保护单位进行调整、撤销的决定
规范性文件;通知	2012 年 8 月 20 日	文化部关于印发《文化市场行政处罚案件档案管理办法(试行)》的通知
规范性文件;通知	2012 年 8 月 20 日	文化部关于印发《文化市场突发事件应急管理办法(试行)》及《文化市场突发事件应急预案(试行)》的通知
规范性文件;通知	2012 年 8 月 20 日	文化部关于印发《文化市场交叉检查与暗访抽查规范》的通知
规范性文件;通知	2012 年 7 月 31 日	文化部关于编发文化市场年度报告加强信息服务工作的通知
规范性文件;通知	2012 年 7 月 30 日	文化部关于印发《文化市场重大案件管理办法》的通知
法律法规规章;令	2012 年 7 月 23 日	文化统计管理办法

续表

类别	时间	法规名称
规范性文件;意见	2012 年 6 月 28 日	文化部关于鼓励和引导民间资本进入文化领域的实施意见
发展规划;其他	2012 年 6 月 26 日	"十二五"时期国家动漫产业发展规划
规范性文件;通知	2012 年 5 月 29 日	文化部办公厅关于印发《文化市场综合行政执法人员行为规范》的通知
规范性文件;通知	2012 年 5 月 21 日	关于降低旅行社质量保证金交存数额有关事项的通知
规范性文件;通知	2012 年 5 月 9 日	关于印发《旅游景区质量等级管理办法》的通知
发展规划;通知	2012 年 5 月 3 日	文化部办公厅关于印发《中国杂技艺术振兴规划(2011—2015)》的通知
规范性文件;其他	2012 年 3 月 28 日	文化部创新奖奖励办法(第三次修订)
规范性文件;通知	2012 年 3 月 16 日	文化部关于印发《文化市场举报办理规范》的通知
规范性文件;通知	2012 年 3 月 14 日	文化部办公厅关于进一步加强 12318 文化市场举报监督体系建设的通知
发展规划;通知	2012 年 2 月 23 日	文化部关于印发《文化部"十二五"时期文化产业倍增计划》的通知
规范性文件;意见	2012 年 2 月 2 日	文化部关于加强非物质文化遗产生产性保护的指导意见
法律法规规章;令	2011 年 12 月 19 日	文化市场综合行政执法管理办法
规范性文件;通知	2011 年 12 月 12 日	文化部关于废止《歌舞厅扩声系统的声学特性指标与测量方法》等 7 项推荐性行业标准的通知
规范性文件;其他	2011 年 12 月 8 日	关于修订《导游 IC 卡发放管理办法(试行)》等事项的通知(失效)
规范性文件;通知	2011 年 12 月 7 日	文化部关于加强演出市场有关问题管理的通知
规范性文件;意见	2011 年 11 月 15 日	文化部 财政部关于进一步加强公共数字文化建设的指导意见
规范性文件;通知	2011 年 11 月 10 日	关于赴台旅游跨区域组团事项的通知
规范性文件;通知	2011 年 9 月 5 日	文化部办公厅关于印发《文化市场综合执法培训师资管理暂行办法》的通知

类别	时间	法规名称
规范性文件;通知	2011 年 9 月 5 日	文化部办公厅关于印发《营业性演出审批规范》及《营业性演出申报审批相关文书格式(样本)》的通知
规范性文件;公告	2011 年 8 月 12 日	关于撤销文化部文化市场发展中心艺术品评估委员会的公告
规范性文件;公告	2011 年 8 月 10 日	文化部关于公布现行有效规范性文件目录的公告
规范性文件;通知	2011 年 8 月 1 日	文化部办公厅关于进一步加强大型群众性文化活动安全管理工作的通知
规范性文件;其他	2011 年 7 月 14 日	关于全国文化市场综合执法标识的公示
规范性文件;通知	2011 年 6 月 24 日	关于开展大陆居民赴台湾地区个人旅游的通知
法律法规规章;令	2011 年 4 月 6 日	国家旅游局规章和规范性文件制定程序规定
规范性文件;通知	2011 年 3 月 18 日	文化部关于实施新修订《互联网文化管理暂行规定》的通知
法律法规规章;令	2011 年 1 月 24 日	文化部关于废止部分规章和规范性文件的决定
法律法规规章;其他	2011 年 1 月 24 日	文化部关于废止部分规章和规范性文件的决定
规范性文件;其他	2011 年 1 月 20 日	关于试行新版导游证的通知(失效)
规范性文件;通知	2011 年 1 月 5 日	关于印发《旅行社统计调查办法》的通知
规范性文件;通知	2010 年 12 月 29 日	关于旅行社分社经营出境游业务有关事项的通知
法律法规规章;令	2010 年 12 月 25 日	旅行社责任保险管理办法
规范性文件;其他	2010 年 12 月 24 日	关于实行导游人员计分管理有关问题的通知(失效)
规范性文件;其他	2010 年 12 月 24 日	关于下发《关于禁止出境旅游团队参与境外赌博活动的规定》的通知
规范性文件;其他	2010 年 12 月 24 日	关于取消导游 IC 卡工本费收费的通知(失效)
规范性文件;其他	2010 年 12 月 24 日	关于"一程多站"旅游产品有关问题的通知
规范性文件;其他	2010 年 12 月 24 日	关于印发《全国旅游标准化工作管理办法》的通知

续表

类别	时间	法规名称
规范性文件;其他	2010 年 12 月 24 日	关于出境旅游领队证管理有关事项的通知(失效)
规范性文件;其他	2010 年 12 月 24 日	关于旅行社设立分社有关事宜的通知
规范性文件;其他	2010 年 12 月 24 日	关于启用出境旅游组团社签证专办员互联网审批管理系统及更换签证专办员卡的通知
规范性文件;其他	2010 年 12 月 22 日	关于印发《旅游行业技术能手评选、表彰办法》的通知(失效)
规范性文件;通知	2010 年 12 月 21 日	关于印发《旅行社公告暂行规定》的通知
规范性文件;意见	2010 年 12 月 20 日	文化部关于进一步加强文化市场管理工作的若干意见
法律法规规章;其他	2010 年 12 月 15 日	边境旅游暂行管理办法
法律法规规章;其他	2010 年 12 月 15 日	中国公民出国旅游管理办法
规范性文件;其他	2010 年 12 月 15 日	关于印发《关于进一步加强全国导游队伍建设的若干意见》的通知(失效)
法律法规规章;其他	2010 年 12 月 15 日	导游人员管理条例
规范性文件;意见	2010 年 12 月 9 日	文化部关于进一步加强少年儿童图书馆建设工作的意见
规范性文件;公告	2010 年 11 月 30 日	国家旅游局关于规章及规范性文件清理结果的公告
法律法规规章;令	2010 年 11 月 30 日	国家旅游局关于废止《旅游企业法定代表人离任经济责任审计规定》的决定
法律法规规章;令	2010 年 8 月 29 日	中外合资经营旅行社试点经营出境旅游业务监管暂行办法
规范性文件;通知	2010 年 7 月 29 日	文化部关于贯彻实施《网络游戏管理暂行办法》的通知
规范性文件;通知	2010 年 7 月 19 日	文化部办公厅关于印发《国家级文化产业示范园区管理办法(试行)》的通知
规范性文件;通知	2010 年 7 月 9 日	文化部办公厅 国家文物局办公室关于把握正确导向做好文化遗产保护开发工作的通知
规范性文件;通知	2010 年 7 月 2 日	关于印发《国家旅游局贯彻落实〈政府信息公开条例〉的实施办法》的通知

类别	时间	法规名称
规范性文件;通知	2010 年 6 月 9 日	文化部关于加强文化产业园区基地管理、促进文化产业健康发展的通知
规范性文件;通知	2010 年 6 月 1 日	文化部办公厅关于推进文化产业投融资服务巩固部行合作机制的通知
规范性文件;通知	2010 年 5 月 20 日	文化部关于建立预防和查处假唱假演奏长效机制维护演出市场健康发展的通知
法律法规规章;令	2010 年 5 月 5 日	旅游投诉处理办法
规范性文件;通知	2010 年 3 月 19 日	文化部关于加大对网吧接纳未成年人违法行为处罚力度的通知
规范性文件;其他	2010 年 1 月 27 日	外国政府旅游部门在中国设立常驻代表机构管理暂行办法
规范性文件;令	2009 年 11 月 20 日	文化部关于发布《演出场馆设备技术术语舞台机械》等五项行业标准的通知
规范性文件;通知	2009 年 11 月 13 日	文化部关于改进和加强网络游戏内容管理工作的通知
规范性文件;通知	2009 年 11 月 6 日	文化部办公厅关于贯彻《营业性演出管理条例实施细则》的通知
规范性文件;其他	2009 年 11 月 4 日	关于旅行社设立服务网点区域范围的复函（失效）
规范性文件;通知	2009 年 10 月 19 日	文化部关于进一步深化文化系统文化体制改革的意见
规范性文件;通知	2009 年 10 月 19 日	文化部关于转发《财政部国家税务总局民政部关于公益性捐赠税前扣除有关问题的通知》的通知
法律法规规章;令	2009 年 10 月 19 日	关于废止《设立外商控股、外商独资旅行社暂行规定》等规章的决定
规范性文件;通知	2009 年 10 月 16 日	文化部办公厅关于贯彻实施《乡镇综合文化站管理办法》有关事项的通知
法律法规规章;令	2009 年 9 月 15 日	乡镇综合文化站管理办法
规范性文件;通知	2009 年 9 月 7 日	文化部关于印发《网吧连锁企业认定管理办法》的通知
规范性文件;通知	2009 年 9 月 4 日	文化部办公厅关于印发《网络文化市场计算机监管平台数据字段定义标准》的通知
规范性文件;其他	2009 年 9 月 1 日	关于旅行社设立分社增存质量保证金数额的批复

类别	时间	法规名称
规范性文件;通知	2009年8月28日	文化部关于进一步完善参加国际艺术比赛管理模式改革的通知
规范性文件;通知	2009年8月18日	文化部关于加强和改进网络音乐内容审查工作的通知
法律法规规章;令	2009年8月10日	文物认定管理暂行办法
规范性文件;其他	2009年7月20日	"网络游戏虚拟货币发行企业""网络游戏虚拟货币交易企业"申报指南
规范性文件;通知	2009年7月14日	关于实施《旅行社条例》和《旅行社条例实施细则》有关问题的通知
规范性文件;通知	2009年7月1日	关于旅行社及其分社、服务网点名称和备案管理等事项的通知
规范性文件;公告	2009年6月22日	文化部、海关总署关于美术品进出口管理的公告
规范性文件;其他	2009年6月4日	文化部鼓励参加国际艺术比赛项目
规范性文件;通知	2009年6月4日	文化部 财政部 国家税务总局关于实施《动漫企业认定管理办法(试行)》有关问题的通知
规范性文件;通知	2009年6月4日	文化部、商务部关于加强网络游戏虚拟货币管理工作的通知
规范性文件;意见	2009年6月2日	文化部关于促进民营文艺表演团体发展的若干意见
规范性文件;其他	2009年5月15日	文华奖奖励办法
规范性文件;通知	2009年5月13日	关于贯彻实施《旅行社条例》和《旅行社条例实施细则》有关事项的通知
规范性文件;其他	2009年5月13日	中俄边境旅游暂行管理实施细则
规范性文件;公告	2009年4月24日	文化部办公厅关于规范进口网络游戏产品内容审查申报工作的公告
规范性文件;通知	2009年3月30日	文化部 工商总局 公安部 工业和信息化部 中国关心下一代工作委员会关于进一步净化网吧市场有关工作的通知
规范性文件;通知	2009年2月20日	文化部关于发布行业标准《网络DVD播放机设备技术规范》的通知
规范性文件;通知	2009年1月8日	文化部关于印发《文化部科技创新项目管理办法(暂行)》的通知
规范性文件;通知	2009年1月8日	文化部关于奖励优秀出口文化企业、优秀出口文化产品和服务项目的通知

续表

类别	时间	法规名称
规范性文件;其他	2009 年 1 月 7 日	全国重点美术馆评估办法
规范性文件;通知	2009 年 1 月 7 日	文化部关于印发《文化部创新奖奖励办法》(第二次修订)的通知
规范性文件;通知	2009 年 1 月 1 日	动漫企业认定管理办法(试行)
法律法规规章;令	2008 年 12 月 25 日	香港和澳门服务提供者在广东省设立旅行社申请审批办法
规范性文件;通知	2008 年 12 月 18 日	文化部 财政部 国家税务总局关于印发《动漫企业认定管理办法(试行)》的通知
规范性文件;通知	2008 年 12 月 16 日	关于香港、澳门永久性居民中的中国公民报考全国导游人员资格考试有关事项的通知
规范性文件;通知	2008 年 11 月 14 日	文化部关于印发《全国重点美术馆评估办法》的通知
规范性文件;意见	2008 年 9 月 18 日	文化部关于进一步加强文化艺术档案工作的意见
规范性文件;通知	2008 年 8 月 29 日	关于加强旅游行业节能工作的通知
规范性文件;通知	2008 年 8 月 22 日	文化部关于印发《文化市场重大案件管理办法》的通知
规范性文件;通知	2008 年 7 月 15 日	文化部关于发布行业标准《流动舞台车车载装置通用技术条件》的通知
规范性文件;通知	2008 年 7 月 7 日	文化部、国家工商行政管理总局、公安部关于网吧管理工作有关问题的通知
法律法规规章;令	2008 年 6 月 6 日	国家旅游局关于废止部分规章的决定
法律法规规章;令	2008 年 5 月 14 日	国家级非物质文化遗产项目代表性传承人认定与管理暂行办法
规范性文件;通知	2008 年 4 月 3 日	卡拉 OK 内容管理服务系统技术标准
规范性文件;通知	2008 年 4 月 1 日	文化部关于发布《舞台灯光设计常用术语》等 2 项行业标准的通知
规范性文件;通知	2008 年 2 月 29 日	关于全国博物馆、纪念馆免费开放的通知
规范性文件;通知	2008 年 2 月 29 日	文化部、公安部、国家工商行政管理总局关于制止在公众聚集场所进行裸体的人体彩绘表演活动的通知
规范性文件;通知	2008 年 2 月 26 日	中组部 人口计生委、文化部等 11 部委关于加强人口和计划生育工作若干政策措施的通知

续表

类别	时间	法规名称
规范性文件;通知	2008 年 1 月 26 日	文化部关于公布第二批国家级非物质文化遗产项目代表性传承人的通知
法律法规规章;令	2008 年 1 月 9 日	文化部行政复议工作程序规定
规范性文件;其他	2007 年 12 月 28 日	国家社会科学基金项目经费管理办法
规范性文件;其他	2007 年 12 月 28 日	全国艺术科学规划课题管理办法
规范性文件;通知	2007 年 12 月 3 日	文化部办公厅关于进一步加强和改进音像分销行业协会(商会)建设的通知
规范性文件;通知	2007 年 11 月 16 日	文化部办公厅关于解决娱乐场所审批中有关问题的通知
规范性文件;通知	2007 年 11 月 16 日	关于进一步加强网吧及网络游戏管理工作的通知
规范性文件;通知	2007 年 11 月 16 日	文化部关于加强行政执法评议考核工作的通知
规范性文件;通知	2007 年 10 月 19 日	文化部关于贯彻落实《国务院实施〈中华人民共和国民族区域自治法〉若干规定》的通知
规范性文件;通知	2007 年 9 月 7 日	关于印发《旅游资源保护暂行办法》的通知
发展规划;其他	2007 年 8 月 6 日	文化标准化中长期发展规划(2007—2020)
发展规划;通知	2007 年 8 月 3 日	文化部关于印发《文化部关于在全国文化系统中开展法制宣传教育的第五个五年规划》的通知
发展规划;通知	2007 年 8 月 3 日	文化部关于贯彻落实《国家"十一五"时期文化发展规划纲要》的通知
规范性文件;通知	2007 年 7 月 23 日	文化部办公厅关于印发中国非物质文化遗产标识管理办法的通知
发展规划;通知	2007 年 7 月 13 日	文化部关于印发《文化标准化中长期发展规划(2007—2020)》的通知
法律法规规章;令	2007 年 7 月 13 日	文物进出境审核管理办法
规范性文件;通知	2007 年 6 月 13 日	文化部办公厅关于印发《国产音像制品出口奖励暂行办法》的通知
发展规划;通知	2007 年 6 月 6 日	文化部关于印发《国家重点京剧院团保护和扶持规划》的通知
规范性文件;意见	2007 年 4 月 18 日	文化部、财政部关于进一步推进全国文化信息资源共享工程的实施意见

类别	时间	法规名称
发展规划;通知	2007年1月24日	文化部关于印发《2006—2008年全国文化市场行政执法人员岗位培训规划要点》的通知
规范性文件;通知	2007年1月24日	文化部办公厅关于进一步加强歌舞娱乐场所内容管理、有效维护内容安全的通知
规范性文件;通知	2007年1月24日	文化部办公厅关于印发《国家文化产业示范基地评选命名管理办法》的通知
规范性文件;通知	2007年1月22日	文化部办公厅关于利用文化政策图书馆网站做好普法工作的通知
规范性文件;通知	2006年12月7日	中共文化部党组关于印发《文化部人事部门干部监督工作暂行办法》的通知
规范性文件;意见	2006年11月20日	文化部关于网络音乐发展和管理的若干意见
规范性文件;通知	2006年11月14日	文化部开始启用M号段音像制品防伪标识
法律法规规章;令	2006年11月14日	世界文化遗产保护管理办法
法律法规规章;其他	2006年11月7日	国家旅游局行政许可实施暂行办法
法律法规规章;其他	2006年11月3日	音像制品批发、零售、出租管理办法
法律法规规章;令	2006年11月2日	国家级非物质文化遗产保护与管理暂行办法
发展规划;通知	2006年10月16日	文化建设"十一五"规划
规范性文件;通知	2006年9月2日	文化部关于改进音像市场管理建设长效管理机制的通知
规范性文件;通知	2006年8月31日	文化部、国家文物局关于公共文化设施向未成年人等社会群体免费开放的通知
法律法规规章;令	2006年8月7日	古人类化石和古脊椎动物化石保护管理办法
规范性文件;通知	2006年7月14日	文化部关于严厉打击违法进口音像制品的通知
法律法规规章;其他	2006年7月11日	国家旅游局第一批部门规章和规范性文件清理结果目录
法律法规规章;其他	2006年7月10日	旅游统计管理办法
法律法规规章;其他	2006年7月10日	旅游发展规划管理办法
规范性文件;通知	2006年6月22日	文化部关于完善审批管理促进演出市场健康发展的通知

续表

类别	时间	法规名称
规范性文件;通知	2006 年 6 月 21 日	文化部关于对出国参加国际艺术比赛的管理模式进行改革的通知
规范性文件;通知	2006 年 5 月 30 日	文化部办公厅关于进一步做好治理商业贿赂工作的通知
规范性文件;通知	2006 年 3 月 31 日	文化部关于执行《互联网上网服务营业场所管理条例》第三十条、第三十一条有关问题的复函
规范性文件;通知	2006 年 3 月 31 日	文化部关于印发《文化部社会团体管理暂行办法》的通知
规范性文件;通知	2006 年 3 月 31 日	文化部 民政部关于印发《文化类民办非企业单位登记审查管理暂行办法》的通知
规范性文件;通知	2006 年 3 月 30 日	文化部、国家工商行政管理总局、公安部、信息产业部、教育部关于进一步深化网吧管理工作的通知
规范性文件;通知	2006 年 3 月 30 日	文化部办公厅关于进一步加强歌舞娱乐场所内容管理、有效维护内容安全的通知
规范性文件;通知	2006 年 3 月 30 日	文化部办公厅关于落实演出市场监管职责规范演出市场行政行为的通知
规范性文件;通知	2006 年 3 月 30 日	文化部办公厅关于印发《国产音像制品出口专项资金管理办法(试行)》的通知
规范性文件;通知	2006 年 3 月 30 日	文化部 商务部 海关总署 关于促进国产音像制品出口的通知
规范性文件;通知	2006 年 3 月 30 日	文化部关于贯彻《娱乐场所管理条例》的通知
规范性文件;通知	2006 年 3 月 30 日	文化部、中央文明办、信息产业部、公安部、国家工商行政管理总局关于净化网络游戏工作的通知
规范性文件;通知	2006 年 3 月 30 日	中宣部、中央文明办、教育部、民政部、文化部关于运用传统节日弘扬民族文化的优秀传统的意见
规范性文件;通知	2006 年 3 月 30 日	商务部、文化部等七部委关于港澳居民在内地申办个体工商户登记前置许可有关问题的通知
规范性文件;通知	2006 年 3 月 30 日	文化部 信息产业部关于网络游戏发展和管理的若干意见
法律法规规章;令	2006 年 3 月 29 日	公共文化体育设施条例

类别	时间	法规名称
规范性文件;通知	2006 年 3 月 21 日	文化部关于发布《文化部创新奖奖励办法》的通知
法律法规规章;其他	2006 年 3 月 16 日	文化市场行政执法管理办法
法律法规规章;令	2006 年 3 月 6 日	文化部立法工作规定
规范性文件;通知	2006 年 1 月 16 日	文化部办公厅关于举办文化产业展会有关事项的通知
规范性文件;通知	2005 年 12 月 22 日	国务院关于加强文化遗产保护的通知
法律法规规章;令	2005 年 12 月 22 日	博物馆管理办法
规范性文件;通知	2005 年 12 月 9 日	文化部办公厅关于印发《文化部信访工作暂行办法》的通知
规范性文件;通知	2005 年 12 月 5 日	文化部、财政部关于印发《国家重大历史题材美术创作工程实施办法》的通知
规范性文件;意见	2005 年 11 月 7 日	中共中央办公厅、国务院办公厅关于进一步加强农村文化建设的意见
规范性文件;通知	2005 年 11 月 4 日	文化部、财政部、人事部、国家税务总局关于鼓励发展民营文艺表演团体的意见
法律法规规章;其他	2005 年 9 月 8 日	营业性演出管理条例(全文)
法律法规规章;令	2005 年 8 月 30 日	营业性歌舞娱乐场所管理办法
规范性文件;通知	2005 年 7 月 27 日	文化部关于贯彻《营业性演出管理条例》的通知
规范性文件;通知	2005 年 7 月 12 日	文化部、信息产业部关于网络游戏发展和管理的若干意见
法律法规规章;令	2005 年 7 月 10 日	旅游规划设计单位资质等级认定管理办法
规范性文件;通知	2005 年 7 月 7 日	文化部关于印发《全国重点京剧院团评估办法》和《全国重点京剧院团评估指标体系》的通知
法律法规规章;令	2005 年 6 月 21 日	互联网上网服务营业场所管理条例
法律法规规章;令	2005 年 6 月 21 日	中华人民共和国水下文物保护管理条例
规范性文件;通知	2005 年 6 月 17 日	文化部、教育部关于做好基层文化教育资源共享工作的通知
规范性文件;通知	2005 年 6 月 17 日	文化部关于加强文化市场稽查机构和队伍建设的通知
规范性文件;通知	2005 年 6 月 17 日	文化部、国家民委关于印发《关于进一步加强少数民族文化工作的意见》的通知

续表

类别	时间	法规名称
规范性文件;通知	2005 年 6 月 17 日	中组部、文化部、教育部、民政部、全国老龄工作委员会办公室关于做好老年教育工作的通知
规范性文件;通知	2005 年 6 月 17 日	文化部关于贯彻落实"三个代表"重要思想进一步加强农村文化工作的通知
规范性文件;通知	2005 年 6 月 17 日	文化部关于实施西部大开发战略加强西部文化建设的意见
规范性文件;通知	2005 年 6 月 17 日	文化部印发关于进一步加强农村文化建设的意见的通知
法律法规规章;其他	2005 年 6 月 3 日	导游人员等级考核评定管理办法(试行)
规范性文件;意见	2005 年 3 月 26 日	国务院办公厅关于加强我国非物质文化遗产保护工作的意见
规范性文件;通知	2005 年 1 月 24 日	文物行政处罚暂行规定
规范性文件;通知	2004 年 12 月 24 日	文化部关于高度重视农民工文化生活,切实保障农民工文化权益的通知
规范性文件;通知	2004 年 11 月 23 日	文化部国家文物局关于印发《文化市场举报办理规定》的通知
规范性文件;通知	2004 年 11 月 2 日	文化部、教育部、中国社会科学院、国家文物局、国家档案局关于做好清代文献档案整理利用工作的通知
规范性文件;意见	2004 年 10 月 18 日	文化部关于鼓励、支持和引导非公有制经济发展文化产业的意见
规范性文件;通知	2004 年 9 月 3 日	文化部关于贯彻落实国务院《全面推进依法行政实施纲要》的通知
规范性文件;其他	2004 年 8 月 26 日	文化部、发展改革委、教育部、科技部、民政部、财政部、国家文物局、解放军总政治部、中华全国总工会、共青团中央、全国妇联、中国科协关于公益性文化设施向未成年人免费开放的实施意见
规范性文件;通知	2004 年 8 月 17 日	文化部关于贯彻实施《行政许可法》转变政府职能改进和加强文化市场监管工作的通知
法律法规规章;令	2004 年 7 月 1 日	文化部涉外文化艺术表演及展览管理规定
法律法规规章;令	2004 年 7 月 1 日	美术品经营管理办法
法律法规规章;令	2004 年 7 月 1 日	社会艺术水平考级管理办法

续表

类别	时间	法规名称
规范性文件;通知	2004年6月29日	文化部关于取消和下放第三批行政审批项目的通知
规范性文件;通知	2004年6月8日	文化部关于行政许可听证及备案工作的通知
规范性文件;通知	2004年5月17日	文化部关于印发《全国文化先进县、全国文化工作先进集体复查暂行办法》的通知
规范性文件;通知	2004年4月2日	文化部 国家文物局关于贯彻落实《中共中央国务院关于进一步加强和改进未成年人思想道德建设的若干意见》的通知
规范性文件;通知	2004年4月2日	文化部印发《关于实施人才兴文战略进一步加强文化人才队伍建设的意见》的通知
规范性文件;通知	2004年2月15日	国务院办公厅转发文化部、建设部、文物局等部门关于加强我国世界文化遗产保护管理工作意见的通知
规范性文件;通知	2004年1月9日	文化部关于印发《文化部行政许可管理办法》的通知
规范性文件;通知	2004年1月1日	全国文化先进县、全国文化工作先进集体复查暂行办法
规范性文件;意见	2003年12月23日	文化部关于贯彻实施行政许可法加强文化法制工作的意见
法律法规规章;令	2003年12月8日	中外合作音像制品分销企业管理办法
规范性文件;通知	2003年11月26日	文化部关于贯彻实施《中华人民共和国行政许可法》的通知
规范性文件;通知	2003年11月7日	文化部关于进一步加强和改进歌舞娱乐场所管理的通知
规范性文件;通知	2003年10月29日	文化部关于建立营业性演出项目审批信息互联网发布制度的通知
规范性文件;通知	2003年9月4日	文化部关于启用"中华人民共和国文化部网络文化经营许可专用章"的通知
规范性文件;意见	2003年9月4日	文化部关于支持和促进文化产业发展的若干意见
规范性文件;通知	2003年7月23日	文化部关于印发《公众聚集文化经营场所审核公示暂行办法》的通知
规范性文件;通知	2003年7月16日	文化部关于贯彻实施《公共文化体育设施条例》的通知

类别	时间	法规名称
规范性文件;其他	2003 年 6 月 16 日	国务院法制办公室对《文化部关于提请解释〈互联网上网服务营业场所管理条例〉有关条文的函》的复函
法律法规规章;令	2003 年 4 月 1 日	文物保护工程管理办法
规范性文件;其他	2003 年 3 月 21 日	文化部关于"取消第二批行政审批项目"的通知
规范性文件;其他	2002 年 12 月 19 日	全国艺术科学规划课题管理办法
规范性文件;意见	2002 年 11 月 14 日	文化部关于加强全国艺术研究院所建设的意见
规范性文件;通知	2002 年 11 月 1 日	文化部关于取消第一批行政审批项目的通知
法律法规规章;令	2002 年 10 月 28 日	中华人民共和国文物保护法
规范性文件;通知	2002 年 10 月 11 日	文化部关于贯彻《互联网上网服务营业场所管理条例》的通知
规范性文件;通知	2002 年 8 月 21 日	文化部关于贯彻《关于加强领导干部学法用法工作的若干意见》的通知
规范性文件;通知	2002 年 4 月 17 日	文化部关于进一步活跃基层群众文化生活的通知
规范性文件;通知	2002 年 1 月 30 日	国务院办公厅转发文化部、国家计委、财政部关于进一步加强基层文化建设指导意见的通知
法律法规规章;令	2001 年 12 月 31 日	艺术档案管理办法
规范性文件;通知	2001 年 12 月 29 日	关于内地居民赴香港澳门旅游有关问题的通知
法律法规规章;令	2001 年 4 月 9 日	文物藏品定级标准
法律法规规章;令	1999 年 4 月 22 日	全国文化先进县、全国文化工作先进集体和全国文化系统先进工作者、劳动模范荣誉称号授予办法
法律法规规章;令	1999 年 3 月 24 日	在华外国人参加演出活动管理办法
法律法规规章;令	1997 年 12 月 31 日	文化部关于修订《营业性歌舞娱乐场所管理办法》《文化市场稽查暂行办法》《美术品经营管理办法》等行政规章的决定
法律法规规章;令	1997 年 5 月 20 日	传统工艺美术保护条例
法律法规规章;令	1995 年 10 月 13 日	文化科技项目管理办法
法律法规规章;令	1993 年 8 月 25 日	文化部科学技术进步奖励办法

续表

类别	时间	法规名称
法律法规规章;令	1991 年 6 月 17 日	文化部关于干部、工人退(离)休工作的规定
法律法规规章;令	1990 年 8 月 25 日	文化系统内部审计工作规定
法律法规规章;令	1990 年 7 月 3 日	文化科学技术成果鉴定办法
法律法规规章;令	1990 年 3 月 28 日	文化科技工作管理办法

成都平原经济区文化
旅游发展状况调查报告

第一部分　项目概况

一、项目概况

（一）项目背景

围绕全省建设旅游经济强省和世界重要旅游目的地这一战略,基于《成都经济区区域合作框架协议》,成都平原经济区 8 市在旅游发展上坚持合作协同的发展思路,依托现有文化旅游资源,充分利用空间整合优势,不断探索创新、不断开拓求变,逐步架构出一条文化旅游一体化的发展之路,近年来持续性地推动四川旅游业的整体发展水平,提升四川旅游品牌质量,使市民文化旅游生活得以不断丰富,使"成都旅游"渐进式地成为一张国际化旅游的概念性品牌。

为进一步理清成都平原经济区内文化旅游一体化发展现状,找出当前发展中面临的问题,指引后续发展方向。项目课题组基于前期研究工作准备情况,制定较为周详的调查研究方案,开展了为期一月有余的社会调查,在成都平原 8 市范围内的中心城区大量走访市民和旅游从业者,共计派出 200 多人次,进行了"成都平原经济区文化旅游一体化"发展现状调查,调查的主要内容包括受访对象基本信息、市民或旅游从业者对成都文化旅游的认知态度、市民在成都旅游经济圈内的旅游消费状况、旅游从业者对当前成都平原文化旅游发展状况的认知和看法、政府文化旅游政策的实施情况等方面,以此明确当前文化旅游一体化发展的实际情况。

(二)调查对象

调查设计方案假定居住或从业满足 1 年时间周期的受访对象能够对其所在地的文化旅游发展情况有比较合适地了解,所以本次调查对象为年满 18 周岁且在调查地居住满 1 年的市民或从业者,其中旅游从业者还需满足从事旅游业工作满 1 年时间。依据受调查者身份和调查范围的要求,大致可分为四种类型的受访对象:成都市市民、成都市以外市区市民、成都市旅游从业者、成都市以外市区旅游从业者。调查选样的范围涉及成都平原 8 市区的中心城区。

(三)样本量确定和抽样方法

样本量根据常住人口和置信水平,确定本次调查样本量为 2010 个。具体如下:

在抽样方法上,采用多阶段、多层次的概率抽样。具体抽样实施过程:第一,确定本次调查的区域;第二,从 30 个区(市)县中抽选街道/乡镇;第三,从街道/乡镇中抽选社区;第四,从社区中抽选出被调查对象。

抽样示意图

在本次调查中,对成都平原经济区 8 个城市的城市中心区域进行全覆盖,作为第一级调查点位;从 8 个城市中心区域中共计抽取 30 个市区(县),作为第二级调查点位;从各个城市的市区(县)中抽取 84 个街道/乡镇社区,作为第三级调查点位;最后从 84 个社区观察点中预计抽取 1174 个有效样本。具体分布如下:

表 1-1　调查点位一览表

经济区城市	市区(县)抽取数量 (个)	城市街道/社区 抽取数量(个)	样本量 (个)
成都市	13	15	566

续表

经济区城市	市区(县)抽取数量（个）	城市街道/社区抽取数量(个)	样本量（个）
遂宁市	2	11	77
雅安市	2	5	80
资阳市	2	7	84
绵阳市	4	17	122
乐山市	2	6	66
眉山市	2	10	75
德阳市	3	13	104
合计	30	84	1174

本次抽样的基本原则:第一,以社会经济发展作为抽样的基本依据;第二,将社区作为调查抽样的基本抽样单位;第三,保证每个社区的被调查对象在性别、年龄、文化程度、职业、收入等方面的多样性分布;第四,保证每个经济区城市的调查样本均在50个以上,具备统计推论的意义。

(四)质量控制

1.调查过程中的质量控制

在调查过程中的质量控制以督导督查为主,片区巡视人员检查为辅。主要包括四个方面:访问员自审、执行督导一审、督导二审和质量控制组复核。

(1)访问员问卷自审。访问员完成访问后,对自己完成的样本问卷进行100%自审,确认问卷没有缺漏、错误后,交给督导。

(2)执行督导一审。由执行督导在现场对问卷进行100%抽检,及时处理调查过程中的突发问题,进行信息补充和重点审核。

(3)督导二审。由督导审核调查员交回来的调查问卷质量和数量,确保调查配额准确,及时纠正调查问卷存在的问题,特别是对同一调查员的问卷答案类同超过1/3比例等情况多做详细询问。一旦发现问题问卷或造假问卷,则将其全部调查问卷作废,重新安排调查。

(4)质量控制组复核。质量控制组对所有调查员的问卷进行电访复核,复核比例为3—5%,务求采集的调查信息真实、客观、可信。

质量控制组复核人员退回问卷时,在审核后签名并标明退卷原因。对复核发现的问题填写《复核情况登记表》，《复核情况登记表》需反馈研究员、复核主管，对复核发现问题的问卷进行补充访问或是废卷处理。

2. 后期质量控制

调查问卷经调查人员自审、督导审核无误后，数据处理中心还需组织专业人员对问卷进行全面的复核，并对复核中出现的问题进行记录，填写《问卷复核问题登记表》，追究相关人员责任。

数据录入采用 Epidata 软件，采取 100% 复录方式进行数据处理，减少录入差错率。汇总资料出来以后，由数据处理中心进行全面审核，确认汇总无误后，由业务部组织有关人员对总体趋势进行评估，如发现问题，则再行复查，弄清情况，确保资料客观、公正、准确、无误。

（五）数据处理方法

本次调查分析过程主要使用 Excel、SPSS 等统计软件，运用频数统计、交叉分析、方差分析、相关分析等多元统计方法进行研究分析。

描述统计主要运用于生活性服务业各行业现状、特点、问题、满意度等方面的研究；交叉分析主要运用于不同职业、不同年龄段、不同收入段等各群体对于生活性服务业的不同看法、体现的不同特征等方面的研究；方差分析主要运用于各总体间差异的显著性分析；相关分析主要用于分析各影响因素对于总体满意度的影响程度。

二、数据有效性分析

（一）信度检验

信度（Reliability）即可靠性，它是指采用同样的方法对同一对象重复测量时所得结果的一致性程度。本次检验采用 Cronbach α 系数进行信度检验。

Cronbach α 信度系数是目前最常用的信度系数，其公式为：

$$\alpha = \frac{k}{k-1} \times (1 - \frac{\sum S_i^2}{S_t^2})$$

其中，K 为量表中题项的总数，S_i^2 为第 i 题得分的题内方差，S_t^2 为全部题项总得分的方差。从公式中可以看出，α 系数评价的是量表中各题项得分间的一致性，属于内在一致性系数。这种方法适用于态度、意见式问卷（量表）

的信度分析。

总量表的信度系数在 0.8 以上,说明可信度很高;0.7—0.8 之间,表示可以接受;分量表的信度系数最好在 0.7 以上,0.6—0.7 还可以接受。Cronbach's alpha 系数如果在 0.6 以下就要考虑重新编制问卷。

本项目问卷信度 Cronbach α 系数检验显示,信度系数为 0.798,说明问卷总体可靠性较高。

表 1-2　信度检验

Cronbach's Alpha	项数
0.798	43

(二)效度检验

效度(Validity)即有效性,是指问卷或其他测量工具手段能够准确测出所需测量的事物的程度。效度是指所测量到的结果反映所想要考察内容的真实程度,测量结果与要考察的内容越吻合,则效度越高。

本次检验对有效样本数据进行 KMO 抽样适当性检验和 Bartlett 球形检验,检验结果显示 KMO 值为 0.83,Sig 值为 0.00 小于 0.05,达到显著水平(置信水平 95%),说明数据有效。

KMO 值大于 0.9 说明数据非常有效,0.8—0.9 之间说明很有效,0.7—0.8 表示有效,0.6—0.7 表示可以接受。用于应用性分析 KMO 值最好在 0.8以上,用于研究性分析的不低于 0.6。

表 1-3　效度检验

取样足够度的 Kaiser-Meyer-Olkin 度量	Bartlett 的球形度检验		
	近似卡方	df	Sig.
0.681	2855.688	55	0.000

三、样本情况

共发放问卷 1174 份,回收有效问卷 1064 份,计划样本量为 1067,样本完成率为 90.63%。通过计算,问卷标准化信度检验系数为 0.798,效度检验

KMO 为 0.681,说明本次调查数据具有较好的可靠性和有效性。具体样本分布情况如下表所示:

表1-4　调查样本分布

序号	调查城市	有效样本量	占比
1	成都市	561	52.73%
2	遂宁市	54	5.08%
3	雅安市	60	5.73%
4	资阳市	61	5.73%
5	绵阳市	99	9.3%
6	乐山市	66	6.2%
7	眉山市	75	7.05%
8	德阳市	88	8.27%
	合计	1064	100.00%

调查对象基于社会身份和调查范围的要求,大致可被分为四种类型的受访对象:成都市市民、成都市以外市区市民、成都市旅游从业者、成都市以外市区旅游从业者。

第二部分　报告正文

一、总体情况

本次调查的主要目的是了解成都市与成都市以外其他成都平原经济区城市的市民和旅游从业者在旅游消费认知、选择和满意程度上的关联性,对于当前成都平原经济区旅游发展状况做总体性的描述和分析。

从旅游目的的选择偏好上,可以大致了解成都平原经济区各城市在旅游资源共享方面的趋势和现状,也能够掌握市民作为消费者对文化旅游产品的选择取向。从不同身份特征者对8城市的选择偏好统计数据可知,旅游从业者更倾向于选择成都市(成都市旅游从业者63.6%,成都市外者72.9%)、乐山市(成都市旅游从业者67.3%,成都市外者62.5%)、雅安市(成都市旅游从业者52.7%,成都市外者31.3%)三城作为旅游目的地推荐。作为消费者的市民则不大一样,成都市民倾向于短途旅游目的地比较多,乐山市(81.8%)、雅安市(70%)、眉山市(68.2%)、德阳市(64.6%)、绵阳市(61.1%),选择其他城市旅游的百分比不到20%;成都市以外的城市居民选择旅游目的的偏好顺序依次是:成都市(74.1%)、乐山市(59.6%)、绵阳市(43.3%)、眉山市(37.8%)、雅安市(37.6%)、德阳市(30.3%),选择其他两个城市作为旅游目的地的百分比不到30%。成都市民与成都市以外市民对旅游目的地选择的差异性不明显,基本是趋同的。对其选择结果进行差异性比较可知,其差异性在95%的置信水平上是不显著的,见表2-1:

表 2-1　成都市内、市外居民短途旅行目的地选择差异比较

	本市	成都平原 其他城市	成都平原 地区以外	P
成都市居民	46.8%	48.1%	5.0%	0.007*
成都市外居民	43.5%	45.5%	11.0%	

注:*表示在0.05水平上显著相关。

二、文化旅游发展现状分析

(一)对成都平原经济区文化旅游发展的认知和态度

1.对成都平原经济区文化旅游发展的认知

(1)市民对于发展成都平原经济区文化旅游一体化的基本认知情况

市民群体是发展文化旅游产业的市场基础和社会基础,是不断推动文化旅游品牌化、一体化的市场主体之一。市民对于成都平原经济区作为整体性的文化旅游品牌打造,在认知水平和熟悉程度上会直接影响到文化旅游资源整合的效果。大多数成都市市民对成都平原经济区有着比较好的了解,并且关注成都平原经济区的发展,更多人认同成都平原各城市之间在文化资源上的共同性和协调性,这是文化旅游一体化实现的社会基础,表2-2就充分反映了这一点。对于"成都平原经济区"这一新型经济圈的认识,根据调查样本

量来看,至少一半以上的成都市民是知晓的;并且90.9%受访者认为"成都平原是天然一体的发展共同体"。80%的受访者认为文化旅游一体化并不会抢占周边城市游客资源。

表2-2 成都平原文化旅游基本认知情况

		占全体样本个数 (个)	占全体样本比例 (%)
1. 知道"成都平原"这个说法	知道	416	82.2
	不知道	90	17.8
2. 居住地属于"成都平原"范围	属于	493	97.4
	不属于	13	2.6
3. 是否了解"成都平原经济区"	了解	263	52.0
	不了解	243	48.0
4. 是否看过有关"成都平原经济区"的新闻或宣传	看过	323	63.8
	没看过	183	36.2
5. 所在城市是否属于成都平原经济区	属于	505	99.8
	不属于	1	0.2
6. 赞成"成都平原是天然一体的发展共同体"	赞同	460	90.9
	不赞同	46	9.1
7. 各城市之间在旅游文化上差异大于共同性	是	169	33.4
	否	337	66.6
8. 成都市在文化旅游发展上会抢占周边城市的游客资源	认可	101	20.0
	不认可	405	80.0
9. 是否关注文化旅游部门的旅游产品宣传	关注	139	27.5
	不关注	367	72.5

但是,由表2-3可知,成都市民大多数并不关注由文化旅游部门主导的旅游品牌宣传和参与政府组织的旅游产品推介活动,有53.8%的被访者没有参加过政府举办的旅游推介会博览会等,尽管有66.2%的受访者认同这一方式是最好的文化旅游宣传形式。

表2-3 旅游推介会参与情况及其认知

		个案数（个）	个案百分比（%）
1.是否参加过旅游推介会博览会	参加过	234	46.2
	没有参加过	272	53.8
2.是否还会参加旅游推介会博览会	会去	225	96.2
	不会去	9	3.8
3.会展推介是否是宣传地方文化旅游最好的形式	是	335	66.2
	不是	171	33.8

表2-4 认为属于"成都平原经济区"内的城市选择

	个案数（个）	个案百分比（%）
城　　市		
成都市	505	99.8
绵阳市	245	48.4
乐山市	206	40.7
德阳市	275	54.3
眉山市	139	27.5
资阳市	76	15.0
雅安市	118	23.3
遂宁市	73	14.4

在具体文化旅游资源的认知上，调查从四川文化形象代表性、文化品牌的了解途径与熟悉程度上分析受访者的认知状况。依据图2-1可知，将近一半以上的受访者将"熊猫文化""特色川菜""川剧变脸"作为最能代表四川文化形象的标志，这说明当前文化旅游产业的发展与整合可以在这三个方面着力，在四川文化旅游品牌打造提升方面应更多地融入这三个方面的文化元素。对于各城市近几年不断打造的文化旅游产品，尽管品牌种类比较多，但市民对此并不十分熟悉。从表2-4可以看到，受访者仅在"天府礼物"旅游商品这一项上的熟悉程度达到一半以上人数，其他所列举的文化旅游品牌的熟悉人数均为达到一半。此外，从图2-2的统计结果来看，成都市民现在更多地通过微

信、电视、微博和专业旅游 APP 来了解文化旅游产品,因此在文化旅游品牌的宣传推介方式上,可以采取传统电视媒体与网络新媒体相结合的方式,能够有效地起到市场宣传的结果。因此,要使市民了解更多文化旅游品牌,就应该加强宣传途径的改变。

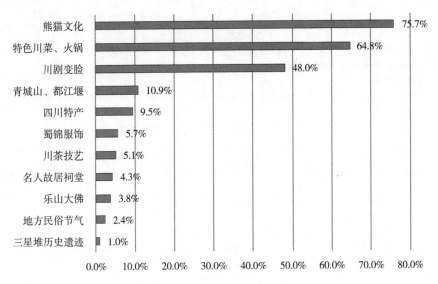

图 2-1　四川文化形象标志选择

表 2-5　文化旅游品牌熟悉程度

	非常熟悉（%）	熟悉（%）	一般（%）	不熟悉（%）	根本不知道（%）
"天府礼物"品牌旅游商品	5.5	52.0	30.6	8.5	3.4
"夜游三江"品牌旅游	1.0	41.7	38.3	15.4	3.6
李白文化节	1.6	30.8	48.0	16.8	2.8
国际旅游交易博览会	2.6	35.0	42.3	16.4	3.8
凉山火把节	5.3	29.8	45.3	14.6	4.9
广汉保保节	3.6	28.3	44.5	14.8	8.9
成都国际青年音乐周	2.8	27.9	51.0	14.2	4.2
乡村民俗旅游	2.0	27.7	45.7	20.6	4.2
国际恐龙灯光节	2.8	33.2	41.3	15.6	7.1

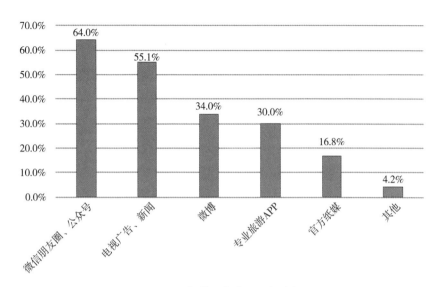

图 2-2　旅游文化产品了解途径

从表 2-5 反映的情况来,成都市以外的其他 7 个城市受访者对于成都平原文化旅游的认知,与成都市市民基本一致。大多数市民对成都平原经济区有着比较好的了解,并且关注成都平原经济区的发展,85.3%受访者赞成"成都平原是天然一体的发展共同体"这一说法。

(2)旅游从业者对于发展成都平原经济区文化旅游一体化的基本认知情况

问卷调查的旅游从业者主要是导游和旅游公司的业务负责人,这两类职业身份的受访者是直接参与旅游消费市场的服务者,其对当前成都平原文化旅游一体化状况的认知和评价,能够比较客观的反映成都平原经济区文化旅游产业发展情况,也在市场服务的角度进一步印证消费者对于文化旅游发展的认知状况。

成都市的旅游从业者基本认知情况。作为文化旅游产业的市场直接参与者,成都市的旅游从业者对于成都平原经济区的了解程度更深,在关于成都平原经济区的认知测量结果上与成都市民基本是高度一致的,唯一的区别是,其关注文化旅游部门的文化旅游产品宣传显然更多,表 2-6 在"是否关注文化旅游部门的旅游产品宣传"一项上,58.2%的受访者表示关注,这可能与其职业身份相关。但令人遗憾的是,同市民一样,这一受访者群体也很少参与旅游产品推介会博览会,受访者表示没有参加过的比例达到89.1%。

表2-6 成都平原文化旅游基本认知情况

		占全体样本个数(个)	占全体样本比例(%)
1.知道"成都平原"这个说法	知道	55	100
2.居住地属于"成都平原"范围	属于	55	100
1.是否了解"成都平原经济区"	了解	50	90.9
	不了解	5	9.1
4.是否看过有关"成都平原经济区"的新闻或宣传	看过	46	83.6
	没看过	9	16.4
5.所在城市是否属于成都平原经济区	属于	55	100
6.赞成"成都平原是天然一体的发展共同体"	赞同	55	100
7.各城市之间在旅游文化上差异大于共同性	是	41	74.5
	否	14	25.5
8.成都市在文化旅游发展上会抢占周边城市的游客资源	认可	8	14.5
	不认可	47	85.5
9.是否关注文化旅游部门的旅游产品宣传	关注	32	58.2
	不关注	23	41.8

表2-7 旅游推介会参与情况及其认知

		个案数(个)	个案百分比(%)
K19.是否参加过旅游推介会博览会	参加过	6	10.9
	没有参加过	49	89.1
K20.是否还会参加旅游推介会博览会	会去	6	100.0
	缺失	49	
K21.会展推介是否是宣传地方文化旅游最好的形式	是	46	83.6
	不是	9	16.4

表 2-8　认为属于"成都平原经济区"内的城市选择

	个案数(个)	个案百分比(%)
城　　市		
成都市	55	100.0
绵阳市	44	80.0
乐山市	36	65.5
德阳市	33	60.0
眉山市	14	25.5
资阳市	15	27.3
雅安市	9	16.4
遂宁市	8	14.5
总计	214	389.1

　　这一群体也认为最能够代表四川文化旅游形象的文化标志依次是"熊猫文化""特色川菜""川剧变脸",见图。作为市场行为的直接参与者,旅游从业者在了解相关文化旅游产品的途径上,从统计结果来看,与作为消费者的市民不大一致,"旅游专业 APP""电视广告""官方纸媒"三种文化旅游产品宣传途径更被旅游从业者所熟悉。

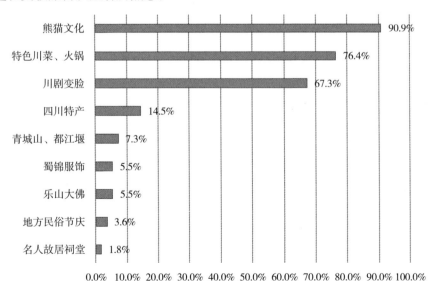

图 2-3　四川文化形象标志选择

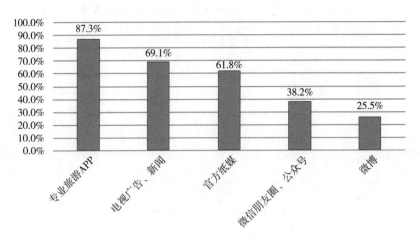

图 2-4　旅游文化产品了解途径

　　此外,作为文化旅游产品供给者的旅游从业人员,对于成都平原经济区各城市近年来不断推出的文化旅游产品,相较于作为消费者的市民更为熟悉,熟悉测量表格所列各项文化旅游品牌的人数百分比都在 85% 以上。

表 2-9　文化旅游品牌熟悉程度

	非常熟悉（%）	熟悉（%）	一般（%）	不熟悉（%）	根本不知道（%）
"天府礼物"品牌旅游商品	3.6	92.8	3.6	0.0	0.0
"夜游三江"品牌旅游	5.5	90.9	3.6	0.0	0.0
李白文化节	3.6	85.5	10.9	0.0	0.0
国际旅游交易博览会	1.8	90.9	7.3	0.0	0.0
凉山火把节	9.1	85.5	3.6	1.8	0.0
广汉保保节	3.6	87.3	9.1	0.0	0.0
成都国际青年音乐周	1.8	92.7	5.5	0.0	0.0
乡村民俗旅游	3.6	91.0	3.6	0.0	1.8
国际恐龙灯光节	5.5	89.1	3.6	1.8	0.0

　　成都市以外城市的旅游从业者同成都市的旅游从业者在关于成都平原文化旅游基本认知方面是基本一致的,在每一项测量指标上都趋于相似。与成

都市以外城市市民的认知相比,存在两个指标认知上的差别:一是68.8%的受访者不认同"成都市在文化旅游发展上会抢占周边城市的游客资源"这一观点;二是他们也高度关注文化旅游部门的文化旅游产品宣传,这一比例高达89.6%,但同样很少参加文化旅游产品类的推荐会博览会。

2. 对成都平原经济区文化旅游发展的态度

(1)市民对于发展成都平原经济区文化旅游一体化的态度

政府实施成都平原经济区协同发展战略以来,不断采取具体可行的政策举措大力推进成都平原经济区不同类型资源的整合。在文化旅游资源的整合与建设方面,也相应出台了一系列政策,取得了不错的社会效益,通过表2-10和2-11的数据可以看到,作为消费者的市民群体对于加强旅游管理部门之间的合作、增加旅游开发的投入、实现旅游品牌和旅游资源的优化整合与提升,是持积极地肯定态度。

表2-10　对以下观念的赞同度

	赞同(%)	不赞同(%)
旅游管理部门加强合作,打造成都平原文化旅游统一品牌	97.8	2.2
旅游管理部门要加大对成都市以外其他城市旅游开发的投入和力度	87.5	12.5
实现八大城市之间统一品牌特色的川菜、川剧等旅游产业	79.8	20.2
优化成都平原旅游线路,充分分流外来游客到其他城市旅游	84.4	15.6
提升成都以外城市的文化旅游	88.5	11.5

表2-11　对以下观念的赞同度

	赞同(%)	不赞同(%)
旅游管理部门加强合作,打造成都平原文化旅游统一品牌	92.7	7.3
旅游管理部门要加大对成都市以外其他城市旅游开发的投入和力度	83.3	16.7
实现八大城市之间统一品牌特色的川菜、川剧等旅游产业	81.1	18.9
优化成都平原旅游线路,充分分流外来游客到其他城市旅游	80.9	19.1
提升成都以外城市的文化旅游	84.6	15.4

从市民的消费态度来看,表2-12和表2-13说明大多数受访者对于当地

的主要旅游景点是熟悉的,并且也会积极推荐给亲朋好友。这从侧面反映了当前成都平原地区市民的消费结构在悄然发生着变化,旅游消费逐渐成为人们主要的消费品类。另外,从图 2-5 和 2-6 可以看出,成都市民和其他城市市民在关于成都市旅游景点推荐上是比较一致的,推荐度较高的旅游景点基本是一些文化品牌已经发展成熟的长期被旅游消费市场认可的景点。而对于成都市以外地区旅游景点的推荐,从图 2-6 可以知道,峨眉山和乐山大佛两个景区遥遥领先于其他旅游景点,这也反映了旅游景点的文化品牌发展度会影响旅游消费的选择态度。

表 2-12 成都市民对本地文化景点熟悉度

		占全体样本个数（个）	占全体样本比例（%）
K11. 是否熟悉本地文化旅游景点	熟悉	467	92.3
	不熟悉	39	7.7
K12. 如果您熟悉,您是否会给您的亲朋好友推荐	会	453	97.0
	不会	14	3.0
	缺失	39	
K13. 是否了解成都平原其他城市的旅游景点	了解	419	82.8
	不了解	87	17.2

表 2-13 其他城市市民对本地文化景点熟悉度

		占全体样本个数（个）	占全体样本比例（%）
K11. 是否熟悉本地文化旅游景点	熟悉	346	76.0
	不熟悉	109	24.0
K12. 如果您熟悉,您是否会给您的亲朋好友推荐	会	315	91.0
	不会	31	9.0
	缺失	109	
K13. 是否了解成都平原其他城市的旅游景点	了解	294	64.6
	不了解	161	35.4

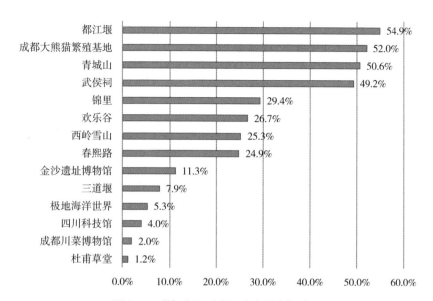

图 2-5　成都市民对成都市内景点推荐度

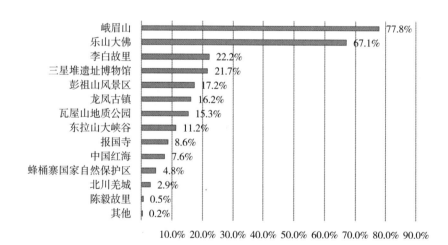

图 2-6　成都市民对成都市外景点推荐度

（2）旅游从业者对于发展成都平原经济区文化旅游一体化的态度。

对于加强各城市旅游管理部门之间合作，打造统一文化旅游品牌，加大旅游开发投入，发展川菜川剧同一品牌，优化区域内旅游路线，提升文化旅游品质，旅游从业者均表现出了高度赞同。

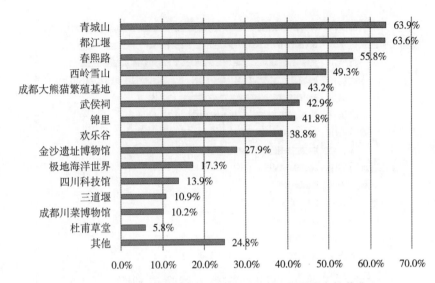

图 2-7　其他城市市民对成都平原经济区旅游景点推荐度

表 2-14　下列观点的赞同度

	赞同(成都市)(%)	赞同(成都市外)(%)
旅游管理部门加强合作,打造成都平原文化旅游统一品牌	100.0	100.0
旅游管理部门要加大对成都市以外其他城市旅游开发的投入和力度	100.0	93.8
实现八大城市之间统一品牌特色的川菜、川剧等旅游产业	92.7	93.8
优化成都平原旅游线路,充分分流外来游客到其他城市旅游	98.2	89.6
提升成都以外城市的文化旅游	98.2	93.8

　　根据表 2-15 和表 2-16 可知,成都市和其他城市的旅游从业者在最优旅游路线景点的排序上,都高度一致地选择了"成都市"和"乐山市"两个路点,这种排序是旅游市场的真实反映。从一些知名专业旅游网站的旅游路线数据挖掘来看,也反映了同样的结果,如马蜂窝、携程等网站的成都平原旅游路线游客数据,几乎全部集中在成都—乐山这一旅游线路的选择上。

表 2-15　最优路点选择排序（成都市旅游从业者）

	个案数（个）	个案百分比（%）
乐山市	37	67.3
成都市	35	63.6
雅安市	29	52.7
遂宁市	11	20.0
眉山市	8	14.5
绵阳市	7	12.7
德阳市	6	10.9
资阳市	4	7.3

表 2-16　最优路点选择排序（成都市外旅游从业者）

	个案数（个）	个案百分比（%）
成都市	35	72.9
乐山市	30	62.5
绵阳市	17	35.4
雅安市	15	31.3
遂宁市	12	25.0
眉山市	11	22.9
德阳市	11	22.9
资阳市	3	6.3

　　而对于成都市和其他城市旅游景点的推荐情况统计，也基本映照了最优旅游路点选择的排序，从图 2-8、2-9 可以看出，旅游从业者推荐的旅游去处除成都市景点以外，更多的成都市外旅游景点的推荐基本是乐山市境内的旅游景点"乐山大佛""峨眉山"等。

（二）文化旅游消费状况

　　调查内容主要包括旅游消费偏好、旅游出行方式、旅游线路选择等方面。

　　从旅游消费偏好来，成都市民在日常空闲时间更多选择成都平原地域范围内的短途旅行，下下表中可以看到，90%以上的受访者在日常空闲时间会选

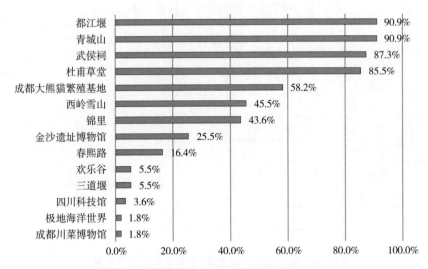

图2-8 成都市内景点推荐（成都市旅游从业者）

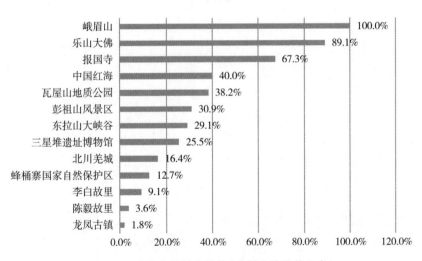

图2-9 成都市外景点推荐（成都市旅游从业者）

择短途旅行,大多数人都去过成都以外的其他城市。从饼状图的分布情况来看,旅行目的地基本都选择在成都平原内,不是本市就是其他成都平原城市,并且98.1%的受访者表示还会利用短途旅行的机会到成都平原其他城市旅游。

表 2-17　文化旅游消费情况

		个案数(个)	个案百分比(%)
Z1. 在日常空闲时间,您是否会选择短途旅行	会	457	90.3
	不会	49	9.7
Z9. 是否去过成都平原其他城市旅游	去过	467	92.3
	没去过	39	7.7
Z10. 是否还想去	想	458	98.1
	不想	9	1.9
	缺失值	39	
Z12. 是否认为"成绵乐"快线的开通方便了成都平原不同地区之间的联系	是	505	99.8
	否	1	0.2

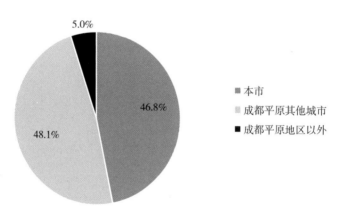

图 2-10　短途旅行目的地选择情况分布

　　这种短途旅游,在线路获得上一般主要是通过亲朋好友的介绍和电视广告宣传,而在出行的方式上,将近一半的受访者表示采取自驾的形式(见图 2-12 所示),这得益于成都平原日益发达的交通干线建设和"一小时经济圈"的逐步形成。

　　此外,通过图 2-13 的最佳短途旅行时间分布来看,大多数受访者能够接受 4 小时以上一天以内的时间跨度,因而在交通网络日益密集发达的将来,会

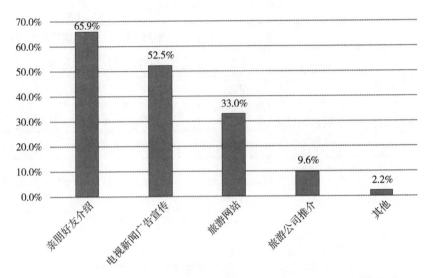

图 2-11　旅游路线获取方式比例分布

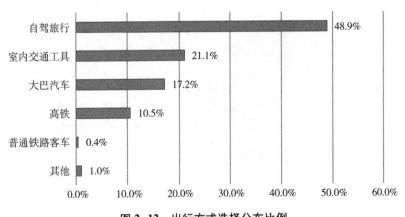

图 2-12　出行方式选择分布比例

有更多人次体验延伸到周边城市的旅游,这对于发展成都平原空间范围内的文化旅游市场更为有利。

从成都市民旅游消费偏好来看,对旅游景点的选择更偏好于自然景观(图 2-14 所示),更看重旅游景点的门票价格和服务质量(图 2-15),对这一区域范围内的旅游景点总体是比较满意的。

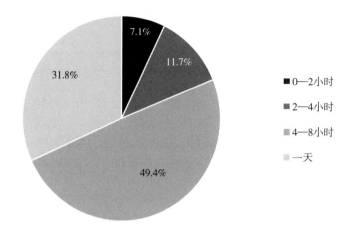

图 2-13　最佳短途旅行时间分布情况

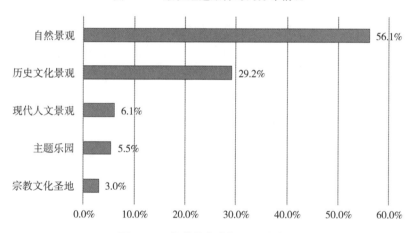

图 2-14　旅游景点选择倾向分布图

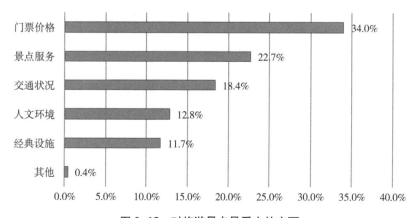

图 2-15　对旅游景点最看中的方面

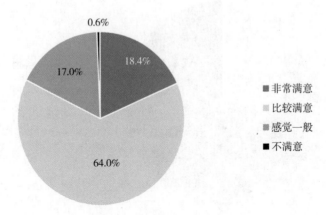

图 2-16　旅游景点满意度评价

如下表统计显示,"成绵乐"快线的开通使得沿线城市逐渐成为成都市民短途旅行的目的地,"最想去的城市"中排在前五位的城市中有四个城市属于这一快线沿线,并且个案占比达到 60% 以上。

表 2-18　最想去的城市排序

	个案数(个)	个案百分比(%)
最想去的城市		
乐山市	414	81.8
雅安市	354	70.0
眉山市	345	68.2
德阳市	327	64.6
绵阳市	309	61.1
遂宁市	103	20.4
资阳市	96	19.0
成都市	0	0.0

其他城市市民在文化旅游消费方面,与成都市市民的消费选择表现出了较大的一致性。在旅游消费偏好、旅游出行方式、旅游线路选择等方面,同样是利用日常空闲时间选择成都平原范围内的短途旅行,并且这种旅行方式也是一种常态化。

（三）文化旅游环境的满意度

1.市民对于当前文化旅游发展状况的满意度情况

对旅游景点满意度的调查,主要是了解消费者对成都平原地区旅游景点在基础公共设施、景点文化品位、景点配套设施等方面的满意程度。下列两个表格分别对成都市民和其他城市市民消费者对旅游景点的整体性体验满意状况,做了各项测量项目的统计百分比。从两个表的对比来看,成都市民对于旅游景点的公共设施方便性、景点文化品牌内容的认可度以及景点配套设施的舒适多样性,相比较于其他城市市民而言,总体上是更为满意一些。

表 2-19 成都市民对旅游景点各项设施满意程度

	非常赞同（%）	赞同（%）	一般（%）	不赞同（%）	很不赞同（%）	说不清（%）
景点内的旅游导视图很清楚,很方面游客在景点内查找线路	9.1	65.4	23.5	1.2	0.4	0.4
景点内公厕找寻方便,卫生状况良好	7.3	53.2	34.4	4.9	0.0	0.2
景点内商品价格合适,没有宰客现象	2.8	39.7	47.6	7.9	1.4	0.6
景点内商品种类多,质量好	7.3	44.1	39.3	5.7	2.6	1.0
景点文化品牌突出,特点鲜明	4.7	43.9	38.7	5.9	4.7	2.0
景点内的文化内涵丰富,很吸引人	5.9	45.3	38.5	5.5	2.2	2.6
景点内的文化内容多样,表现形式丰富多彩	6.1	43.3	40.7	6.7	2.0	1.2
导游服务态度好、很专业,旅行社考虑周到	3.2	44.1	40.1	9.1	2.2	1.4
旅游景点宣传很到位,提升景点档次	4.3	49.8	37.4	4.5	3.2	0.8
景点配套酒店住宿条件好,环境舒适	4.9	49.0	34.8	7.1	3.4	0.8
景点内或周边的餐饮美食文化丰富多样	5.9	54.5	29.2	4.5	4.3	1.4

表 2-20 成都市以外城市居民对旅游景点各项设施满意程度

	非常赞同（%）	赞同（%）	一般（%）	不赞同（%）	很不赞同（%）	说不清（%）
景点内的旅游导视图很清楚,很方面游客在景点内查找线路	36.3	38.0	21.8	1.8	0.2	2.0
景点内公厕找寻方便,卫生状况良好	25.3	37.6	28.6	7.3	0.0	1.3
景点内商品价格合适,没有宰客现象	9.5	35.6	35.2	14.1	3.1	2.6
景点内商品种类多,质量好	13.8	31.9	43.3	8.8	0.7	1.5
景点文化品牌突出,特点鲜明	14.9	41.5	30.1	11.0	0.2	2.2
景点内的文化内涵丰富,很吸引人	15.2	33.2	39.6	8.6	1.1	2.4
景点内的文化内容多样,表现形式丰富多彩	19.3	37.4	33.0	7.0	0.9	2.4
导游服务态度好、很专业,旅行社考虑周到	14.5	33.4	39.6	9.5	0.9	2.2
旅游景点宣传很到位,提升景点档次	14.1	38.5	35.6	8.4	1.5	2.0
景点配套酒店住宿条件好,环境舒适	14.3	34.7	38.2	10.3	1.3	1.1
景点内或周边的餐饮美食文化丰富多样	18.5	37.8	31.6	9.2	0.9	2.0

2. 旅游从业者对于当前文化旅游发展状况的满意度情况

对旅游从业者满意度的调查内容,主要包括从业者对旅游景点设施满意度、旅游业发展状况和旅游政策满意度三方面。

一是成都市和其他城市旅游从业者对成都平原经济区内文化旅游景点各项设施的满意状况。由下列两个满意度测量表可知,旅游从业者对各旅游景点内的基本设施、旅游消费环境、景点文化资源多样性等方面持较高的满意度。这说明成都平原地区的文化旅游发展在整体上是趋势向好的,从旅游景点的物质环境和人文环境两方面来看,是比较满意的。

表 2-21　旅游景点各项设施满意程度(成都市从业者)

	非常满意 (%)	满意 (%)	一般 (%)
景点内的旅游导视图很清楚,很方面游客在景点内查找线路	9.1	87.3	3.6
景点内公厕找寻方便,卫生状况良好	16.4	80.0	3.6
景点内商品价格合适,没有宰客现象	10.9	83.6	5.5
景点内商品种类多,质量好	12.7	81.8	5.5
景点文化品牌突出,特点鲜明	9.1	87.3	3.6
景点内的文化内涵丰富,很吸引人	7.3	89.1	3.6
景点内的文化内容多样,表现形式丰富多彩	7.3	89.1	3.6

表 2-22　旅游景点各项设施满意程度(成都市外从业者)

	非常满意 (%)	满意 (%)	一般 (%)	不满意 (%)
景点内的旅游导视图很清楚,很方面游客在景点内查找线路	33.3	47.9	18.8	0.0
景点内公厕找寻方便,卫生状况良好	20.8	66.7	12.5	0.0
景点内商品价格合适,没有宰客现象	14.6	41.7	39.6	4.2
景点内商品种类多,质量好	27.1	39.6	29.2	4.2
景点文化品牌突出,特点鲜明	27.1	54.2	16.7	2.1
景点内的文化内涵丰富,很吸引人	18.8	68.8	12.5	0.0
景点内的文化内容多样,表现形式丰富多彩	16.7	58.3	20.8	4.2

　　二是成都市和其他城市旅游从业者从自身在旅游业发展的观察和体验出发,提出对当前成都平原经济区旅游业发展情况的基本判断。认为来自成都平原地区的游客量有明显增加,成都市旅游从业者的感受更明显;增加了更多的地区内旅游线路,游客旅游目的地的选择更多;对政府推行的文化旅游政策和发展措施都比较了解。

表 2-23 旅游业发展情况(成都市从业者)

		个案数(个)	个案百分比(%)
接纳的来自成都平原地区的游客量有明显的增长	有	48	87.3
	没有	7	12.7
游客是否会选择两个以上的成都平原地区旅游	会	54	98.2
	不会	1	1.8
增加了更多成都平原经济区内的旅游线路	是	49	89.1
	否	6	10.9
是否了解相关文化旅游政策	是	53	96.4
	否	2	3.6
了解成都市政府关于促进旅游业改革发展的若干政策措施程度	比较了解	53	96.4
	不了解	1	1.8
	一点也不知道	1	1.8

表 2-24 旅游业发展情况(成都市外从业者)

		个案数(个)	个案百分比(%)
接纳的来自成都平原地区的游客量有明显的增长	有	30	62.5
	没有	18	37.5
游客是否会选择两个以上的成都平原地区旅游	会	37	77.1
	不会	11	22.9
增加了更多成都平原经济区内的旅游线路	是	41	85.4
	否	7	14.6
是否了解相关文化旅游政策	是	42	87.5
	否	6	12.5
了解成都市政府关于促进旅游业改革发展的若干政策措施程度	非常了解	3	6.3
	比较了解	34	70.8
	不了解	11	22.9

三是旅游从业者对目前政府推行的文化旅游政策在实际效果上的满意

度。作为旅游业一线工作者和旅游市场产品的直接供给者,旅游从业人员对于政府旅游政策的感知更直接更靠近客观实际情况,对政府政策的接触比作为消费者的市民更清楚准确。从表中可知,旅游从业者对于政府在吸引社会投资、打造提升旅游品牌资源、实施智慧旅游建设、推荐文化旅游产业转型升级、开展区域旅游资源整合、规范旅游消费市场等方面的工作和政策实施,在总体上是比较满意的。但也有不尽人意之处,比如在支持乡村旅游发展和小微旅游企业发展方面,成都市以外的其他旅游从业者对此的满意度比较低。

表 2-25　对政府旅游政策满意程度分析(成都市从业者)

	非常满意 (%)	比较满意 (%)	说不清 (%)	不满意 (%)	非常不满意 (%)
设立旅游基金,吸引社会资金投资旅游业	32.7	67.3	0.0	0.0	0.0
打造世界级、国家级旅游资源品牌	34.5	65.5	0.0	0.0	0.0
优化一切涉旅资源,对全市历史建筑、名人故居、街道社区等实施旅游化提升改造	38.2	61.8	0.0	0.0	0.0
鼓励旅游企业做精做强,并给予资金奖励	40.0	60.0	0.0	0.0	0.0
推进智慧旅游建设,并予以奖励	36.4	61.8	1.8	0.0	0.0
支持旅游业改革创新,应用新技术推动旅游产品转型升级	38.2	61.8	0.0	0.0	0.0
支持旅游产业融合发展,培育文旅农商体医工+互联网相结合	40.0	60.0	0.0	0.0	0.0
支持乡村旅游转型升级,打造精品特色乡村旅游产品和品牌	40.0	60.0	0.0	0.0	0.0
旅游基础设施、公共服务设施建设	43.6	56.4	0.0	0.0	0.0
加大对小型微型旅游企业和乡村旅游的信贷支持	36.4	63.6	0.0	0.0	0.0
开展区域旅游合作,鼓励扩展境内外旅游客源市场,促进优势互补	36.4	63.6	0.0	0.0	0.0
支持旅游用品制造业发展	38.2	61.8	0.0	0.0	0.0
支持旅游产业用地	40.0	60.0	0.0	0.0	0.0
促进旅游消费,丰富旅游产品市场,完善旅游消费制度设计	36.4	63.6	0.0	0.0	0.0

续表

	非常满意（%）	比较满意（%）	说不清（%）	不满意（%）	非常不满意（%）
弘扬文明旅游风尚，展示美好成都旅游形象	38.2	61.8	0.0	0.0	0.0
加强旅游市场诚信体系建设，发挥旅游行业协会作用	36.4	63.6	0.0	0.0	0.0

表 2-26　对政府旅游政策满意程度分析（成都市外从业者）

	非常满意（%）	比较满意（%）	说不清（%）	不满意（%）	非常不满意（%）
设立旅游基金，吸引社会资金投资旅游业	33.3	56.3	8.3	2.1	0.0
打造世界级、国家级旅游资源品牌	35.4	50.0	12.5	2.1	0.0
优化一切涉旅资源，对全市历史建筑、名人故居、街道社区等实施旅游化提升改造	33.3	56.3	10.4	0.0	0.0
鼓励旅游企业做精做强，并给予资金奖励	25.0	52.1	18.8	4.2	0.0
推进智慧旅游建设，并予以奖励	22.9	62.5	10.4	4.2	0.0
支持旅游业改革创新，应用新技术推动旅游产品转型升级	31.3	56.3	10.4	2.1	0.0
支持旅游产业融合发展，培育文旅农商体医工+互联网相结合	29.2	58.3	8.3	4.2	0.0
支持乡村旅游转型升级，打造精品特色乡村旅游产品和品牌	31.3	45.8	20.8	2.1	0.0
旅游基础设施、公共服务设施建设	27.1	64.6	4.2	4.2	0.0
加大对小型微型旅游企业和乡村旅游的信贷支持	31.3	33.3	31.3	4.2	0.0
开展区域旅游合作，鼓励扩展境内外旅游客源市场，促进优势互补	33.3	56.3	8.3	2.1	0.0
支持旅游用品制造业发展	25.0	45.8	25.0	4.2	0.0
支持旅游产业用地	27.1	33.3	37.5	2.1	0.0
促进旅游消费，丰富旅游产品市场，完善旅游消费制度设计	18.8	68.8	10.4	2.1	0.0
弘扬文明旅游风尚，展示美好成都旅游形象	33.3	60.4	4.2	2.1	0.0
加强旅游市场诚信体系建设，发挥旅游行业协会作用	22.9	66.7	8.3	2.1	0.0

第三部分　总　结

一、对成都平原经济区文化旅游发展的认知和态度

（一）对成都平原经济区文化旅游发展的认知

依据文化旅游产业发展的参与主体划分,调查报告将参与主体分为市民和旅游从业者两类。在文化旅游消费市场中,供需关系是引导市场发展的基本要素,供需两方面的参与主体对于文化旅游消费的认知主导者各自的行动目的,因此对作为消费者的市民和旅游产品供给者的从业者认知的了解,是把握文化旅游产业发展状况的前提。通过调查发现:

1. 大多数市民对成都平原经济区有着比较好的了解和认识,并且关注成都平原经济区的一体化发展,更多人认同成都平原各城市之间在文化资源上具有先天的共同性和协调性。

2. 在具体文化旅游资源的认知表现上,接受调查的市民和旅游从业者大多数认为,"熊猫文化""特色川菜""川剧变脸""乐山大佛"等最具有四川文化形象的代表性,具有文化旅游品牌的影响力。这说明当前文化旅游产业的发展与整合可以在这几个方面着力,围绕最具有代表性的文化元素,打造四川文化旅游品牌特色,将特定的文化资源作为旅游消费品融入到整个成都平原旅游产业建设中来,更具有市场吸引力。

3. 无论是市民还是旅游从业者,现在更多地通过微信、电视、微博和专业旅游 APP 来了解文化旅游产品,因此在文化旅游品牌的宣传推介方式上,可以采取传统电视媒体与网络新媒体相结合的方式,发展"互联网+"智慧旅游产业,能够有效地起到市场宣传的结果。

4. 在文化旅游产品开发和推广方面,旅游从业者相比较于市民而言,对于成都平原经济区各城市近年来不断推出的文化旅游产品,更为熟悉。只有旅游从业者对文化旅游部门的文化旅游产品宣传比较关注。这说明,政府和市场在推广新的文化旅游产品时,其宣传效果不佳,没有被消费者市场很快了解和接纳。

（二）对成都平原经济文化旅游发展的态度

1. 作为消费者的市民群体对于加强旅游管理部门之间的合作、增加旅游开发的投入、实现旅游品牌和旅游资源的优化整合与提升，是持积极地肯定态度。对于加强各城市旅游资源管理整合，打造统一文化旅游品牌，加大旅游开发投入，发展川菜川剧同一品牌，优化区域内旅游路线，提升文化旅游品质，旅游从业者均表现出了高度赞同。

2. 大多数受访者对于当地的主要旅游景点是熟悉的，并且消费态度积极，乐意将其熟悉的景点推荐给亲朋好友。这从侧面反映了当前成都平原地区市民的消费结构在悄然发生着变化，旅游消费逐渐成为人们主要的消费品类。推荐度较高的旅游景点基本是一些已经发展成熟的文化品牌，比如青城山、乐山大佛、武侯祠、都江堰、大熊猫繁殖基地等，是长期被旅游消费市场认可的景点。

二、文化旅游消费状况

1. 从旅游消费偏好来看，90%左右的市民选择在日常空闲时间进行成都平原地域范围内的短途旅行，旅行目的地基本都选择在本市或其他成都平原城市。出行方式采取自驾游，大多数受访者能够接受4小时以上一天以内的时间跨度旅行。这些旅游消费表现，均得益于成都平原日益发达的交通干线建设和"一小时经济圈"的逐步形成，比如"成绵乐"城市快线的开通，环绕成都市的米字型高速公路网建设。

2. 在旅行线路信息获得上，市民们一般主要是通过亲朋好友的介绍和电视广告宣传。在旅游线路选择上，"成绵乐"快线的开通使得沿线城市逐渐成为成都市民短途旅行的目的地，"最想去的城市"中排在前五位的城市中有四个城市，即成都市、绵阳市、乐山市、德阳市，均属于这一快线沿线城市。

3. 对旅游景点的选择更偏好于自然景观，更看重旅游景点的门票价格和服务质量，而对人文景观如历史古迹、文化娱乐景点等消费选择偏低。对这一区域范围内的旅游景点在整体上是比较满意。

三、文化旅游环境的满意度

1.成都市民对于旅游景点的公共设施方便性、景点文化品牌内容的认可度以及景点配套设施的舒适多样性,相比较于其他城市市民而言,总体上更为满意一些。

2.旅游从业者对各旅游景点内设施的便捷性、旅游消费的市场与人文环境、景点所蕴含的文化资源多样性等方面,基本持较高的满意度。

3.受访的旅游从业者绝大多数对当前成都平原文化旅游业的整体发展业态比较满意,认为来自成都平原地区的游客量有明显增加,成都市旅游从业者的感受更明显;增加了更多的地区内旅游线路,游客旅游目的地的选择更多。

4.旅游从业者对政府推行的文化旅游政策和发展措施都比较了解,对政府在吸引社会投资、打造提升旅游品牌资源、实施智慧旅游建设、推荐文化旅游产业转型升级、开展区域旅游资源整合、规范旅游消费市场等方面的工作和政策实施,在总体上是比较满意的。

成都平原经济区文旅企业及
游客调查统计分析报告

一、研究设计

(一)调查范围

成都平原经济区,即成都市、德阳市、绵阳市、乐山市、眉山市、资阳市、遂宁市、雅安市。

(二)调查对象

根据项目需要,调查对象主要包括:

1. 文旅企业,含景点管理企业、酒店、餐饮店、旅行社等;

2. 游客,年龄在16—70周岁之间。

(三)调查样本量

拟完成文旅企业调查样本量共计80份,均在成都市范围内展开调查,采取实地调查的方式开展调查,由访问员在全市范围内采取配额抽样的调查方式,在全市范围内随机抽取10个区(市)县:锦江区、青羊区、金牛区、成华区、武侯区、郫都区、都江堰市、双流区、大邑县、彭州市。其中,锦江区、青羊区、金牛区、成华区、武侯区抽取文旅企业不低于10家,郫都区、都江堰市、双流区、大邑县、彭州市不低于6家,覆盖景点管理企业、酒店、餐饮店、旅行社等类型。

拟完成旅游调查样本量合计不低于920份,成都市完成不低于200个游客调查样本,其余7市各完成游客样本量不低于100份。

(四)调查方法

本次调查采取电话访问的方法进行数据收集。

疫情期间,为了保证调查数据的客观性,提高调查工作的效率,采用电话访问方式开展。电话访问遵循经济、准确、高效的原则,以实现随机抽样功能,确保数据的随机性、真实性、科学性。

执行方式:一是根据样本库中分区域号码,提前采用系统进行号码筛选,将空号、关机等无效号码进行剔除;二是将有效号码导入编辑好的问卷系统中,由系统自动进行拨号,接通后自动转入坐席台,由专业的访问员进行访问工作;三是对无人接听号码进行归库,设置不低于三次的拨打,并将时间覆盖到不同日期与不同时间段;四是根据问卷要求、问卷内容,制定质检计划与质检标准,明确废卷标准,严格按要求进行质检;五是电话访问根据项目要求抽取对应比例进行录音的抽听,针对电访前三天的数据进行百分之百抽听,之后根据拨打情况按一定比例抽听,但覆盖到每个工号,对抽听质量较差人员进行全覆盖抽听并做对应培训。

(五)调查成效

本次调查,共计完成调查问卷 1002 份,完成率 100.20%。文旅企业调查问卷 82 份,游客调查问卷 920 份。其中,文旅企业调查问卷中,锦江区、青羊区、金牛区、成华区、武侯区各完成了 10 家,都江堰市、大邑县、彭州市各完成了 7 家,郫都区完成了 6 家,双流区完成了 5 家。游客问卷调查中,成都市完成了 206 份,德阳市、绵阳市、乐山市、眉山市、资阳市、遂宁市、雅安市各完成了 102 份。

二、被调查企业情况

(一)基本信息

1. 被调查企业类型以酒店和餐饮店为主

在此次企业类型调研中,酒店企业占比 34.15%,餐饮店企业占比 32.93%,旅行社企业占比 21.95%,景点管理企业占比最少,为 10.98%。

表1　企业类型

序号	企业类型	百分比
1	酒店	34.15%
2	餐饮店	32.93%

序号	企业类型	百分比
3	旅行社	21.95%
4	景点管理企业	10.98%

2. 被调查企业上半年营业主要分布在 1000 万以下

具体来看,企业上半年营业收入在 1000 万(含 1000 万)以下的企业占比 93.90%,占比最高;1000—3000 万(含 3000 万)的企业占比 3.66%;3000—5000 万(含 5000 万)的企业占比 1.22%;1—5 亿(含 5 亿)的企业占比 1.22%。

表 2　企业上半年营业收入

序号	企业上半年营业收入	百分比
1	1000 万以下(含 1000 万)	93.90%
2	1000—3000 万(含 3000 万)	3.66%
3	3000—5000 万(含 5000 万)	1.22%
4	1—5 亿(含 5 亿)	1.22%

3. 被调查企业主要收入来源是餐饮和酒店住宿

具体来看,文旅企业主要收入来源是餐饮企业,占比 47.56%,比重相对较高,酒店住宿收入占比 42.68%,景区收入占比 32.93%,文化娱乐收入占比 10.98%,交通收入占比 8.54%,其他收入占比 3.66%。

表 3　企业主要收入来源

序号	企业行业	百分比
1	餐饮	47.56%
2	酒店住宿	42.68%
3	景区	32.93%
4	文化娱乐	10.98%
5	交通	8.54%
6	其他	3.66%

4.被调查企业主要客源是游客自主上门咨询

具体来看,企业的客源主要是游客自主上门咨询,占比93.90%,比重较大;接下来是网络询问和电话询问,分别占比52.44%和47.56%;车站机场问询/介绍、导游推荐和其他占比较小,分别占比6.10%、6.10%和2.44%。

表4　企业客人来源

序号	客人来源	百分比
1	游客自主上门咨询	93.90%
2	网络查询	52.44%
3	电话问询	47.56%
4	车站机场问询/介绍	6.10%
5	导游推荐	6.10%
6	其他	2.44%

(二)疫情对企业经营状况的影响

1.疫情对文旅企业的游客接待量影响比较大

对文旅企业来说,疫情对游客接待量的影响较大,调查的82家企业中有77家企业觉得影响较大,其中61家觉得影响非常大,16家觉得影响比较大,只有1家企业觉得影响比较小。

表5　疫情对企业的影响

序号	影响比重	百分比
1	影响非常大	74.39%
2	影响比较大	19.51%
3	一般	4.88%
4	影响比较小	1.22%

2.运营收入减少和运营成本压力是企业感觉最困难的地方

对文旅企业来说,营业收入减少和运营成本压力是最困难的地方,分别占比97.56%和59.76%,接下来是资金周转困难、游客恐惧心理难以消除和员工复工率低,分别占比32.93%、31.71%和20.73%,银行贷款压力、企业内部重建、税收税费压力和其他占比相对较低,均在15.00%以下。

表6 疫情对企业带来的困难影响

序号	影响比重	百分比
1	营业收入减少	97.56%
2	运营成本压力	59.76%
3	资金周转困难	32.93%
4	游客恐惧心理难以消除	31.71%
5	员工复工率低	20.73%
6	银行贷款压力	14.63%
7	企业内部重建	14.63%
8	税收税费压力	10.98%
9	其他	2.44%

3. 游客接待量恢复21%—50%的企业占比最大

对企业来说,游客接待量恢复了21%—50%和51%—80%的企业占绝大多数,分别占比39.02%和34.15%,恢复81%—100%的企业数量也相对较多,占比21.95%,只有4.88%的企业游客接待量恢复不足20%。

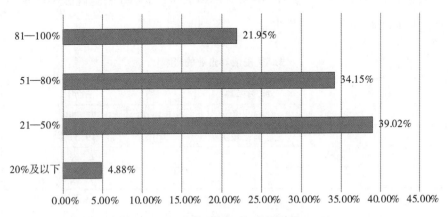

图1 游客接待恢复量比重

4. 2020年上半年企业营业收入同比减少21%—80%的企业最多

在此次调查中,上半年企业营业收入同比减少21%—80%的企业最多,占比 73.17%,其中,收入同比减少 21%—50% 的企业占比 39.02%,收入同比减少 51%—80% 的企业占比 34.15%,仅有 4.88% 的企业上半年营业收入同比减少 20% 以下。

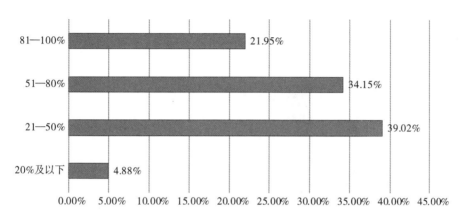

图2 上半年企业营业收入同比减少量

5. 近一个月,企业营业收入恢复到同比的 21%—50%

在此次调查中,近一个月企业营业收入同比恢复到 21%—50% 的企业最多,占比 41.46%,仅有 2.44% 的企业营业收入恢复到同比的 81%—100%。

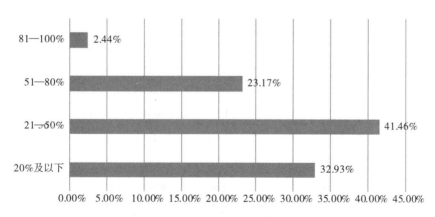

图3 近一个月企业营业收入恢复量

6. 企业对政府出台相关措施的了解情况和评价

在此次调查中,企业对相关政策的了解程度不高,有 30.49% 的企业听说过但不了解,有 25.61% 的企业略有了解,21.95% 的企业完全不知情,仅有

21.95%的企业政策了解程度较高,其中15.85%的企业比较了解,6.10%的企业非常了解。

企业对政府帮扶政策的评价,有69.51%的企业觉得效果一般或者没有明显效果,其中42.68%的企业觉得效果一般,26.83%的企业觉得没有明显效果,19.51%的企业觉得有一定效果,仅有10.98%的企业觉得有比较好的效果。

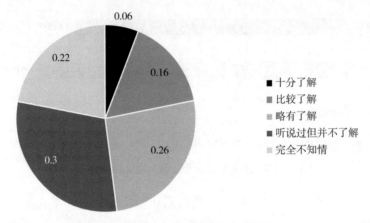

图4　企业对政府帮扶政策的了解情况

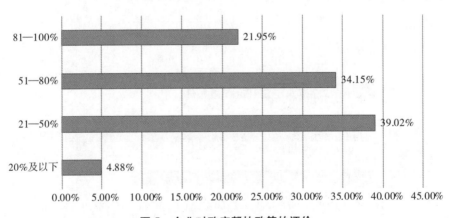

图5　企业对政府帮扶政策的评价

7. 文旅企业更希望政府出台行业专项支持政策和持续减免税收

在此次调查中,希望政府出台行业专项支持政策和持续减免税收的企业分别占比75.61%和63.41%,比重较大,其次是希望政府多提供信贷支持,占比 26.83%,选择其他的企业中,有 1 家企业希望政府提供门店房租补贴,有 1 家企业希望政府稳定物价,有 3 家企业不需要提供任何政策支持。

表 7　希望政府出台的政策

序号	政策内容	百分比
1	出台行业专项支持政策	75.61%
2	持续减免税收	63.41%
3	多提供信贷支持	26.83%
4	其他	6.10%

8. 文旅企业对政府推动文旅发展的建议

在此次调查中,文旅企业希望政府丰富文旅发展业态、大力发展夜间文旅的占比 70.73%,加强文旅基础设施建设、推动文旅消费便利化的占比 64.63%,推动文旅与体育、农业等融合发展的占比 51.22%,以文彰旅,充分挖掘城市文化底蕴的占比 50.00%,加大历史文化挖掘力度,形成显著文化品牌的占比 48.78%,加强智慧文旅,推动文旅线上线下融合发展的占比 48.78%。

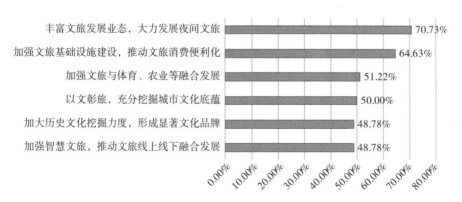

图 6　企业对文旅发展的建议

三、被调查游客情况

(一)基本信息

1. 被调查的游客主要分布在 16—60 岁区间

在此次调查中,31—40 岁和 16—30 岁的游客最多,分别占比 26.85% 和

24.46%,接下来是 41—60 岁游客,占比 23.59%,51—60 岁的游客占比 19.24%,61—70 岁的游客数量较少,仅占比 5.87%。

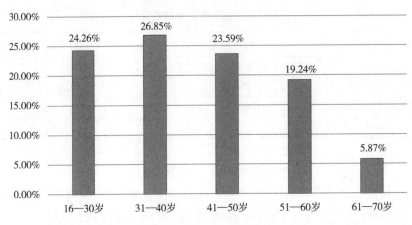

图 7 游客年龄分布图

2. 被调查的游客学历主要为高中及以下

被调查的游客学历主要为高中及以下,占比 49.89%,接下来是大专和本科,分别占比 29.78% 和 18.70%。

表 8 被调查游客的学历

序号	学历	游客数量	百分比
1	高中及以下	459	49.89%
2	大专	274	29.78%
3	本科	172	18.70%
4	硕士研究生	5	0.54%
5	博士研究生	5	0.33%
6	拒绝回答	7	0.76%

3. 被调查的游客在成都平原经济区均匀分布且男性居多

被调查的游客中,成都市有 206 人,德阳、绵阳、遂宁、资阳、眉山、乐山、雅安各有 102 人。男性有 515 人,女性有 405 人。

(二)疫情对游客的影响

1. 被调查的游客收入主要集中在 8000 元以下

被调查的游客中,有 80.87%的人收入在 8000 元以下,其中,5000 元及以下占比 58.80%,5000—8000 元占比 22.07%。

疫情发生后,收入在 8000 元以下的游客占比 85.33%,较疫情前增加 4.46%,其中,5000 元及以下占比 67.28%,较疫情前增加了 8.48%,说明疫情发生后,大家收入减少。

图 8　疫情前后游客收入对比图

2. 被调查的游客中去年出去旅游了一次及以下的人占绝对比重

在此次调查中,去年旅游一次及以下的游客有 652 人,占比 70.87%,旅游 2—3 次的人占比 22.17%,旅游 4—5 次的人分别占比 3.37%和 3.59%。

新冠疫情以后,有 821 人旅游 1 次及以下,占比最大,为 89.24%,旅游 2—3 次的人占比 10.11%。新冠疫情发生后,游客的旅游次数锐减。

3. 疫情发生后,游客对旅游的态度是外出旅游不安全,尽量减少外出

疫情发生后,有 59.46%的人觉得外出旅游不安全、尽量减少外出,有 37.72%的人觉得收入降低、没钱旅游,有 14.46%的人觉得旅游景点限制、带来旅游麻烦,有 13.91%的人觉得疫情没有带来任何影响,同时,有 10.76%的人认为景区游客变少更适合游玩。

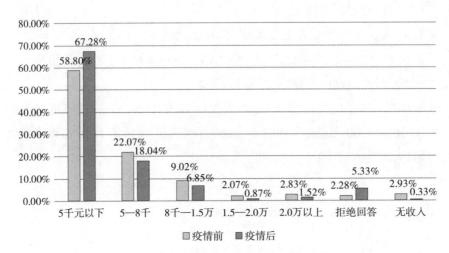

图9 疫情前后游客出游次数

注:因该题为多选题,所以总比例加起来超过100.00%。

表9 疫情后游客对出游的态度

序号	政策内容	百分比
1	收入降低、没钱旅游	59.46%
2	旅游景点限制、带来旅游麻烦	37.72%
3	没有带来任何影响	14.46%
4	外出旅游不安全、尽量减少外出	13.91%
5	景区游客变少、更适合游玩	10.76%

4. 游客对疫情防控常态化旅游发展满意度较高

在本次调查中,74.46%对疫情防控常态化旅游发展满意度较高,非常满意的人数占比30.87%,满意的人数占比43.59%,仅有8人不太满意,占比0.87%。

5. 大部分游客对"云旅游"了解不多且体验感不好

云旅游是指在家中通过直播等方式游览旅游景点,是一种全新的旅游模式,可以让人们足不出户领略到更多的美景。"云旅游"是线下旅游业受到冲击而催生出来的一种旅游新思路,这种思路不仅可以给旅游者们带来方便,也

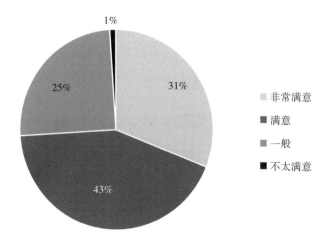

图 10 游客对疫情防控常态化旅游发展满意度

可以缓解线下旅游业的压力。

本次调查有 66.09% 的人不太了解"云旅游"或了解一点,其中有 314 人不太了解,占比 34.13%,294 人了解一点,占比 31.96%,272 人完全不了解,占比 29.57%,仅有 40 人非常了解,占比 4.35%。

有 36.09% 的游客觉得"云旅游"没有体验感,有 48.80% 的游客觉得"云旅游"没有参与感,有 15.43% 的游客觉得"云旅游"没有获得感,其中,有 66 人觉得"云旅游"体验感、参与感、获得感都没有,占比 7.17%,有 249 人感觉"云旅游"还不错,占比 27.07%。

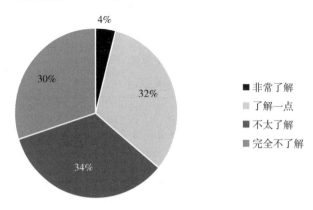

图 11 游客对"云旅游"的了解程度

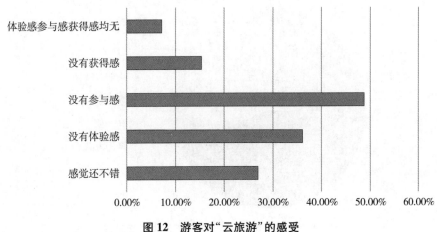

图 12　游客对"云旅游"的感受

6. 疫情后大部分人选择在家,不外出旅游

本次调查有 547 人选择不外出旅游,人数最多,占比 59.46%,有 210 人选择在成都平原城市群旅游,占比 22.83%。

表 10　疫情后游客的出游目的地

序号	政策内容	百分比
1	疫情后没有旅游	59.46%
2	成都平原城市群	22.83%
3	四川省内其他地区	10.11%
4	国内其他地区(除港澳台)	3.91%
5	四川省外西南地区	3.15%
6	境外(含港澳台)	0.54%

7. 疫情后政府应在保证安全的前提下鼓励市民在市内省内旅游

本次调查有 78.48% 的游客觉得政府应在保证安全的前提下鼓励市民消费旅游,其中,有 40.54% 的游客觉得鼓励市内消费旅游,37.93% 的游客觉得鼓励省内消费旅游,同时有 45.00% 的居民觉得政府应保持中立,由居民自己做主决定。

8. 大部分游客希望得到减免门票和开通免费旅游路线的旅游消费补贴

有 62.83% 的游客希望得到减免门票的补贴,46.52 的游客希望得到开通免费旅游线路的补贴,有 9.24% 的游客希望得到住宿费用、高速费用的补贴、景区提高服务质量。

9. 区域对比

(1) 成都和乐山的游客去年一年出游在 3 次及以下的人数最多,其他六个城市游客去年一年出游在 1 次及以下的人数最多。本次调查中,成都有 89.81% 的游客去年一年出游 3 次及以下,其中出游一次及以下的游客占比 52.91,出游 2—3 次的游客占比 36.89%;乐山有 96.08% 的游客去年一年出游 3 次及以下,其中出游一次及以下的游客占比 64.71%,出游 2—3 次的游客占比 31.37%;德阳、绵阳、遂宁、资阳、眉山、雅安等城市游客去年出游在 1 次及以下的人数最多,其中资阳人数最多,占比 84.31%,德阳人数最少,占比 72.55%。

表 11 疫情前各城市游客出游次数

序号	城市	1 次及以下	2—3 次	4—5 次	5 次以上
1	成都	52.91%	36.89%	3.40%	6.80%
2	德阳	72.55%	17.65%	2.94%	6.86%
3	绵阳	78.43%	18.63%	1.96%	0.98%
4	遂宁	78.43%	11.76%	4.90%	4.90%
5	资阳	84.31%	11.76%	2.94%	0.98%
6	眉山	74.51%	18.63%	5.88%	0.98%
7	乐山	64.71%	31.37%	2.94%	0.98%
8	雅安	79.41%	15.69%	1.96%	2.94%

(2) 疫情后,德阳、绵阳、遂宁、资阳、眉山、乐山、雅安等城市游客对旅游的主要态度是不安全减少外出和收入降低没钱旅游,成都游客的意见较为分散,主要是不安全减少外出和收入降低没钱旅游,接下来是景点管制带来旅游麻烦和没有影响。

表 12 疫情后各城市游客对旅游的态度

序号	城市	没有影响	不安全 减少外出	收入降低 没钱旅游	景点管制带 来旅游麻烦	景区游客变少 更适合游玩
1	成都	17.48%	68.45%	41.26%	22.33%	14.08%
2	德阳	13.73%	58.82%	32.35%	12.75%	10.78%
3	绵阳	18.63%	50.00%	43.13%	14.71%	10.78%
4	遂宁	15.69%	52.94%	41.18%	14.71%	12.75%
5	资阳	12.75%	49.02%	32.35%	4.90%	10.78%
6	眉山	12.75%	55.88%	32.35%	11.76%	4.90%
7	乐山	9.80%	65.69%	40.20%	15.69%	6.86%
8	雅安	6.86%	65.69%	35.29%	10.78%	11.76%

（3）疫情后，成都、绵阳、遂宁、资阳、眉山、乐山等城市游客认为，政府应该在保证安全的前提下，鼓励市民在市内、省内旅游消费，也有相当多的游客觉得政府应该保持中立，由居民自己做主；德阳游客认为，政府应该在保证安全的前提下，鼓励市民省内旅游消费及保持中立、由居民自己做主；雅安游客认为，政府应该在保证安全的前提下，鼓励市民市内旅游消费及保持中立、由居民自己做主。乐山、成都、德阳的游客，有超过一半的居民认为政府应该保持中立，由居民自主决定，其中乐山人数最多，占比 52.94%。

表 13 各城市游客对政府培育市民旅游消费行为的看法

序号	城市	保证安全的前提下 鼓励市民市内旅游	保证安全的前提下 鼓励省民市内旅游	鼓励跨省 旅游消费	保持中立，由居 民自主决定
1	成都	51.94%	45.63%	19.90%	50.49%
2	德阳	29.41%	31.37%	12.75%	50.00%
3	绵阳	39.22%	38.24%	15.69%	45.10%
4	遂宁	36.27%	34.31%	15.69%	38.24%
5	资阳	39.22%	46.08%	15.69%	39.22%
6	眉山	41.18%	40.20%	13.73%	31.37%
7	乐山	40.20%	33.33%	13.73%	52.94%
8	雅安	35.29%	26.47%	12.75%	47.06%

12.疫情后,成都和绵阳的游客希望通过减免门票、开通免费旅游线路、发放旅游消费券的形式进行旅游消费补贴,德阳、资阳、眉山、乐山等城市的游客希望通过减免门票、开通免费旅游线路的形式进行旅游消费补贴,仅有遂宁和雅安的游客希望通过减免门票的形式进行旅游消费补贴

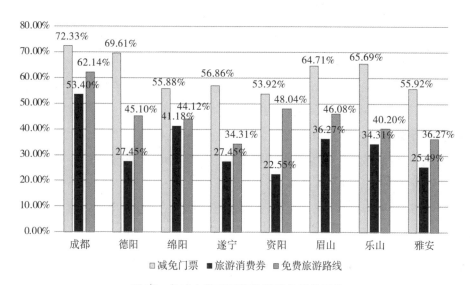

图13 各城市游客对旅游消费补贴的看法

四、总结

(一)文旅企业

本次调查的 82 家企业中,企业年营业收入主要集中在 1000 万以下,企业的主要收入来源为三大块:餐饮、酒店住宿和景区。

对文旅企业来说,游客主要来源为游客自主上门咨询和网络咨询,尤其是游客自主上门咨询占绝对比重。疫情对文旅企业冲击较大,大部分企业都觉得游客接待量受疫情影响非常大,疫情发生后,营业收入减少和运营成本压力是企业面临最困难的地方,企业上半年的营业收入较去年同比减少 21%—80%,近一个月,营业收入同比恢复到 21%—50% 的企业数量最多。疫情发生后,多数企业对政府出台的帮扶文旅企业政策了解不足,仅有 6% 的企业十分了解,同时,企业觉得政府出台的帮扶政策效果一般,更希望政府出台行业专

项支持政策和持续减免税收。

对后疫情时期,企业对政府推动文旅发展的建议一是加强文旅基础设施建设,推动文旅消费便利化,二是丰富文旅发展业态,大力发展夜间文旅,三是推动文旅与体育、农业等融合发展,四是以文彰游,充分挖掘城市文化底蕴。

(二)游客

本次调查的 920 名游客中,游客年龄主要集中在 16—40 岁,学历主要为高中及以下和大专,男性人数多于女性。

疫情发生前,游客一年出游次数主要为 3 次及以下,月均收入主要分布在 8000 元以下;疫情发生后,出游 1 次及以下的游客占绝对比重,月均收入主要分布在 5000 元以下,疫情原因导致游客收入减少;游客对外出旅游态度主要为收入减低没钱旅游,旅游景点管制给旅游带来麻烦,绝大多数游客对疫情防控常态化旅游发展满意度较高。

大部分游客不太了解甚至是不了解"云旅游",有近一半的游客觉得"云旅游"没有参与感,三分之一的游客觉得"云旅游"没有体验感,仅有四分之一的游客对"云旅游"感觉还不错。

疫情发生后绝大部分游客没有旅游,近四分之一的游客选择在成都平原城市群旅游。大部分游客认为政府在保证安全的前提下,鼓励游客在市内、省内旅游消费,同时也有相当一部分游客认为政府应该保持中立,由居民自主决定。大部分游客希望通过减免门票的方式来进行旅游消费补贴,其次是发放个人旅游消费券。

后　记

本书由王苹、李好、郑妍、王胡林、徐苑琳著。

成渝地区双城经济圈是习近平总书记亲自谋划、亲自部署、亲自推动的重大国家战略。习近平总书记重要讲话精神，饱含了总书记对两地人民实现高品质生活的关切与厚爱，为成渝地区双城经济圈建设指明了前进方向，提供了根本遵循。2020年1月3日，习近平总书记主持召开中央财经委员会第六次会议，作出推动成渝地区双城经济圈建设、打造高质量发展重要增长极的重大决策部署，强调"支持重庆、成都共建巴蜀文化旅游走廊"。2021年10月，中共中央国务院发布《成渝地区双城经济圈建设规划纲要》，为成渝地区的未来发展提供了重要指引。这是一部深入学习贯彻习近平总书记关于成渝地区双城经济圈重要论述的图书。

本书以国家社科基金项目"西部农村和谐文化建设的重点、难点与对策研究"为基础，是四川省哲学社会科学研究规划重点项目"成都经济区文化旅游一体化对策研究"（结项等级：优秀）、全国党校（行政学院）系统重点调研课题"成都平原经济区文化旅游融合发展状况调查研究"（结项等级：良好）、四川省委党校"成渝地区双城经济圈建设"专项项目"成渝地区双城经济圈文化旅游一体化发展战略研究"（结项等级：优秀）的阶段性研究成果。同时，本书也是中共成都市委党校"纪念中国共产党建党100周年研究项目"、成都市哲学社会科学研究基地项目的最终成果。

本书是管理学与经济学、历史学等学科交叉性研究成果，长期以来，课题组深入实际，加强田野调查，分批次做了数千份专题调研问卷，掌握了大量一手丰富的素材。一方面聚焦文化旅游产业发展的高级形态"文化旅游一体化"作为研究的切入口,以未来发展及消费升级为重点研究对象,这在以往研究中很少涉及,拓展了文化旅游的研究领域。另一方面从新冠肺炎疫情发生的背景出发,聚焦文化旅游消费满足人民美好生活需要这一主题,提出通过文化旅游一体化发展战略,更好实现以文促旅、以旅彰文、消费升级,增强文化旅游行业的发展"韧性",与时代发展呼应、与社会现实共振,丰富了文化旅游的深层价值。本书系统探讨了成渝地区在文化旅游发展中坚持"一盘棋"思维,协同打造具有巴蜀味、国际范的世界级休闲旅游胜地的理论思考与实践探索,不仅能进一步丰富区域一体化、城市群等理论的内涵,还对双循环格局下打造文旅消费驱动式的增长极和动力源有借鉴意义,因而具有重大的学术价值和应用价值。

本书的编撰集聚众多学者专家的智慧,凝聚所有调研人员的心力。在此,仅向对本书的调研予以关爱与鼎力相助的各个单位和专家学者表示深挚的谢意。同时也诚挚感谢人民出版社对本书出版的大力支持。

由于我们水平有限,对现实的把握、资料的占有和分析的深度等尚有不足之处,加之时间仓促,存在问题在所难免,恳请读者批评指正。

责任编辑：柴晨清

图书在版编目（CIP）数据

成渝地区双城经济圈文化旅游一体化发展研究/王苹 等 著. —北京：
　人民出版社,2021.11
ISBN 978－7－01－024411－2

Ⅰ.①成…　Ⅱ.①王…　Ⅲ.①旅游文化-旅游业发展-研究-成都
　②旅游文化-旅游业发展-研究-重庆　Ⅳ.①F592.771.1②592.771.9

中国版本图书馆 CIP 数据核字（2021）第 276830 号

成渝地区双城经济圈文化旅游一体化发展研究
CHENGYU DIQU SHUANGCHENG JINGJIQUAN WENHUA LÜYOU YITIHUA FAZHAN YANJIU

王苹 等 著

人民出版社 出版发行
（100706 北京市东城区隆福寺街 99 号）

中煤（北京）印务有限公司印刷　新华书店经销

2021 年 11 月第 1 版　2021 年 11 月北京第 1 次印刷
开本:710 毫米×1000 毫米 1/16　印张:19.75
字数:316 千字

ISBN 978－7－01－024411－2　定价:79.00 元

邮购地址 100706　北京市东城区隆福寺街 99 号
人民东方图书销售中心　电话（010)65250042　65289539